陆蕾 著

丑极俗至
化美雅
朱世慧评传

学苑出版社

图书在版编目（CIP）数据

丑极俗至化美雅：朱世慧评传 / 陆蕾著. --
北京：学苑出版社，2024. 9. -- ISBN 978-7-5077
-7028-5

Ⅰ．K825.78

中国国家版本馆CIP数据核字第2024L2G155号

出 版 人	：洪文雄
责任编辑	：周　扬
出版发行	：学苑出版社
社　　址	：北京市丰台区南方庄2号院1号楼
邮政编码	：100079
网　　址	：www.book001.com
电子信箱	：xueyuanpress@163.com
联系电话	：010—67601101（销售部）　010—67603091（总编室）
印 刷 厂	：北京建宏印刷有限公司
开本尺寸	：710 mm×1000 mm　1/16
印　　张	：21.5
字　　数	：265千字（插页、图等）
版　　次	：2024年9月第1版
印　　次	：2024年9月第1次印刷
定　　价	：138.00元（精装）

作者简介

陆蕾,北京市文艺评论家协会会员,专业方向为文艺评论、戏剧戏曲剧本创作。个人编剧作品有京剧《嫦娥奔月》、话剧《风雨三庆园》《王朝》、音乐剧《篮筐下的梦》等,作品曾获北京市西城区文化艺术创作扶持专项资金资助、国家非遗重点保护资金专项资助。个人专著有《杜近芳口述实录》(合著),小说《查理日记》(6—10册),翻译《悲惨世界(缩译版)》。曾在《人民日报》《光明日报》《中国文化报》《文艺报》等报刊发表理论评论文章10余篇。

朱世慧生活照

朱世慧(左)拜著名京剧丑角艺术家孙盛武先生(右)为师

《徐九经升官记》朱世慧饰徐九经　　　　　　《膏药章》朱世慧饰膏药章

《法门众生相》朱世慧饰贾贵

《曾侯乙》朱世慧饰曾侯乙

《春草闯堂》朱世慧饰胡进　　　　　　《药王庙传奇》朱世慧饰高小明

《神雕侠侣》朱世慧饰老顽童

电影《风流乾隆》朱世慧饰穆鱼

《四郎探母》梅葆玖(中)饰铁镜公主,艾世菊(右)、朱世慧(左)分饰大国舅、二国舅

《群英会》朱世慧（右）饰蒋干，叶少兰（左）饰周瑜

《群英会》朱世慧（左）饰蒋干，尚长荣（右）饰曹操

《活捉三郎》朱世慧（右）饰张文远，陈永玲（左）饰阎惜娇

《活捉三郎》朱世慧(右)饰张文远,宋丹菊(左)饰阎惜娇

《钓金龟》朱世慧(右)饰张义,王梦云(左)饰康氏

《四进士》朱世慧(左)饰刘二混,陈少云(右)饰宋士杰

《江油关》朱世慧(右)饰马邈,朱莉丽(左)饰李氏

著名京剧花脸表演艺术家袁世海（左）与朱世慧（右）合影

著名京剧旦角表演艺术家张君秋（左）与朱世慧（右）合影

著名京剧武生表演艺术家厉慧良（左）与朱世慧（右）合影（拍摄于1994年）

著名京剧旦角表演艺术家关肃霜（右）与朱世慧（左）合影

著名相声表演艺术家马三立（右）与朱世慧（左）合影

著名相声表演艺术家马季（左）与朱世慧（右）合影（拍摄于2000年）

朱世慧（左）在台湾与辜振甫先生（右）合影（拍摄于1996年）

著名京剧老旦表演艺术家李鸣岩（左）与朱世慧（右）合影（拍摄于2022年）

1992年朱世慧在香港参加中央电视台《欢乐金秋》记者招待会留影（前排左起：杨丽萍、倪萍、赵本山、董文华、杨伟光、毛阿敏，后排左二：解小东，左四至七：邓婕、陶慧敏、马兰、朱世慧）

1996年朱世慧在台湾演出《法门寺》后留影（后排右一：朱世慧，右二至四：赵葆秀、尚长荣、李宝春，右六：薛亚萍）

2005年朱世慧主持春节戏曲晚会（左起：武和平、董艺、赵宝乐、朱世慧）

朱世慧(右)与中国驻波兰大使徐坚及其夫人在大使馆交谈

2006年朱世慧在全国政协会议期间留影(左起:蔡正仁、张学津、尚长荣、梅葆玖、李世济、于魁智、朱世慧、谭孝曾)

2007年朱世慧参加全国政协会议期间留影

朱世慧一家三口,夫人林蓉,儿子朱凌(拍摄于20世纪80年代初)

序

朱世慧是一个很有成就的演员，我与他很熟悉。我已经很长时间不能去剧院看戏了，眼睛不太好，耳朵也听不太清，但是他早年来北京的演出我都看过，像《一包蜜》《药王庙传奇》《徐九经升官记》《膏药章》《法门众生相》等，有古装戏，也有现代戏。他演丑行的经验是很好的，是改革开放以来变化创新得比较好的演员。

朱世慧演的丑角，跟老的、传统的演法是不一样的，是有变化、有突破的，这种突破是按照戏曲的规律去变化、突破的。他有很深厚的麒派老生的基础，所以他的丑融合了老生的唱法和表演，像《徐九经升官记》里不只是丑，而是丑生。广东粤剧里有"丑生"这个行当，马师曾的丑生就演得比较好——小生不完全是小生的演法，他把小生变成丑生，有丑的味道。在整个戏曲表演体系里面来说，湖北的京剧与广东的粤剧虽然是不一样的，但是朱世慧和马师曾的表演既不是传统意义的丑，也不是原来传统的表演丑角人物的方法。朱世慧的表演探索是很大胆的，他的表演不是一般的丑角，而是用新的方法来表演新的人物。像《徐九经升官记》中，只演人物丑的一面是不够的，他就把老生的麒派的表演、唱腔融合到里面去，所以不完全是丑的东西——仔细看跟传统的表演方法是不一样的，是按照新的虚拟程式来表演的，对人物的理解比较深刻。

好的演员身段程式好，表演起来好看，能把人物的情绪都体现出来，观众看得很清楚，也喜欢看。像《膏药章》，传统京剧的丑角表演，比较偏重念和做，可是在这个戏里，他不但用念和做，还根据人物情感的需要，设计了旋律优美的唱腔，既丰富了角色的表演，又使传统丑角唱腔更加艺术化、多样化。总之，他的行当、表演，是根据人物、根据实际需要去变化、去创造，这个东西要发展下去。变化是好的，要朝新的、好的方向去变；变的时候要注意什么，怎样才能变得好，这个也要把握好，只有这样，戏曲才能往好的、高水平的方向发展。听说《徐九经升官记》演了800多场，这可了不得，好戏还是得多演。还听说他们排了《建安轶事》《楚汉春秋》等戏。我年纪大了，很长时间不出去看戏了，听他们演了这么多场，排了这么多新戏，我也感到很高兴。

  这次，朱世慧要出传记，我觉得很好，很有必要，把他学戏的经历、演戏的经验记录下来，特别是把他的丑行表演经验记录下来，传承下去，既是对他丑角表演艺术的总结，也是对我国当代丑行表演艺术发展的记录，给我们的戏曲事业做出了贡献。他让我给他的书写序，我已经不能亲自执笔了，只能谈谈我对他的印象。我对他传记的出版感到很高兴，也衷心地表示祝贺。

郭汉城①

2021年8月31日

---

① 郭汉城，著名戏曲理论家、剧作家和诗人。曾任中国艺术研究院副院长、戏曲研究所所长、《文艺研究》副主编（兼）等职。他在戏曲理论和评论方面有着深厚的造诣，与张庚共同主编了《中国戏曲通史》和《中国戏曲通论》，并在戏曲创作上有所贡献，创作和改编了多部戏曲作品。郭汉城一生致力于戏曲事业，被誉为"前海学派"的重要学术带头人，他的研究和实践对推动中国戏曲现代化有着深远的影响。

目 录

第一章 为戏而生 / 1

日子苦，听戏甜 / 3
铭新街裕润里 1 号 / 10
华中里小学的"文艺骨干" / 12

第二章 梨园新蕊 / 19

因缘际会入梨园 / 21
氍毹学戏苦作乐 / 25
与麒派有"天缘" / 29
由生入丑"两门抱" / 39
见多识广曰守正 / 55
学演现代戏，学会"描红" / 59

第三章 "丑生"第一人 / 67

跑出创作人物第一步 / 69
第一次"触电" / 77
从《一包蜜》到《奇冤记》/ 80
《徐九经升官记》首开文丑挑梁先河 / 84
《药王庙传奇》关注青年人才问题 / 128
小人物的悲喜剧——《膏药章》/ 136
《法门众生相》老戏焕新颜 / 153
《曾侯乙》为丑行开辟新天地 / 162
跨界能人，既专且博 / 168

第四章　一院之长 / 175

　　以京剧规律办事 / 180
　　用眼去识才，用心去爱才 / 182
　　狠抓剧目生产，剧院以戏立足 / 209
　　开拓演出市场，助力国粹传播 / 214

第五章　政协建言：为京剧呐喊 / 229

　　注重戏曲人才培养，让经典久演不衰 / 233
　　加强交流合作 发挥重点院团领头羊作用 / 238
　　以多种媒介扩大戏曲影响力 / 241

附　录 / 247

　　附录一：弟子谈恩师 / 249
　　附录二：朱世慧署名文章选编 / 270
　　附录三：朱世慧获奖情况 / 291
　　附录四：湖北省京剧院剧目创作和生产情况（2009—2020）/ 293
　　附录五：湖北省京剧院交流演出情况（2009—2020）/ 301

后　记 / 315

第一章
为戏而生

日子苦，听戏甜

1947年1月26日，正月初五，汉口中山大道永安里一号二楼迎来了一桩喜事。午时时分，一个聪明伶俐的男孩呱呱坠地。当父亲的按照族谱里"永世士光荣"的排序，给这个孩子起名"朱世慧"。

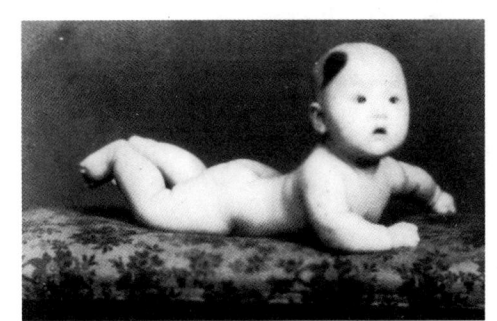

图1 朱世慧百天照

朱家的祖籍原在安徽宣城泾县黄村，黑瓦白墙的徽派建筑映衬着船屋，是一个山清水秀、人杰地灵的地方。朱家世代盐商，家境殷实。到了朱世慧爷爷这辈，许是世道艰难，家道没落。他老人家在50多岁时挑着"八根系"，从安徽泾县来到湖北随州做贩盐生意，后在随州病故。朱世慧的父亲，名唤朱永果，小时候念过私塾，写得一手好字，18岁时，为谋生，经人介绍去到汉口布店当学徒，颇吃了一番苦，因为字好，成为钱庄的伙计，后落户华中重镇武汉。中华人民共和国成立以后进了银行，在银行一直工作到退休。

朱家有五个孩子，朱世慧排行老大。母亲没有工作，一大家子的生活全靠父亲一个月66.5元的收入支撑，十分贫苦。那时候，他们每天的

图 2　母亲与朱世慧兄弟姊妹五人合影
（后排左一为朱世慧）

图 3　朱世慧三个月

早餐是头天晚上母亲灌进开水瓶里的粥泡饭，就着点儿腌菜。有时，母亲会去集市买一锹铲 5 分钱的小虾，把它磨细剁碎做成虾鲊，改善孩子们的伙食。一件衣服，也往往是大孩子穿完，再传给下一个，打着层层的补丁。

　　小朱世慧生性活泼好动，是出了名的顽皮。日子过得苦，没有玩具，就自己动手制作。用纸叠成风车，用根线一拴，在风中奔跑起来，看纸风车呼啦啦地转。但也因此常常闯祸。比如，看别人家的孩子玩滚铁圈，自己没有，怎么办呢？他眼珠子一转，回到家便把全家人用来洗澡、洗衣服的大木盆上的铁箍卸下来，做成铁圈。玩得正开心呢，被朱妈妈从后面提溜着领子拎回家去，自是逃不了一顿好揍。又或者，家里没钱买洋画，他就自己捡烟盒，叠成三角，砸着玩儿。有一次，为了取得更好的游戏效果，他想着用家里炒菜的油给洋画表面抹一抹，谁承想小孩子搬不动大油瓶，一个失手，把油瓶打碎在地，一大瓶油尽数流完，这下可闯了大祸！小世慧吓得不敢回家，一直在外面溜达到日落西山，肚子饿得咕咕叫。朱妈妈只好拜托邻居们四处寻人，终于把小世慧领回了家。爱儿心切的母亲让他吃饱了饭，又洗漱妥当睡上了床，到底难忍心中的苦闷，来到儿子床前，照着儿子的胳膊又拧又打了一番，末了坐在床头，发出一声无奈地叹息："快到月底了，明天，我又要去借钱买油了……"这一声叹息，叹到了小朱世慧的心里，叹得他想流泪。童年如此顽皮种种，总是不一而足，倒是让清苦的日子多了点儿趣味。好动脑筋，有主意，有想法，小时候的朱世慧总是能自己给自己找点乐子。当然，最最重要的是，小小的朱世慧，已经有了属于自己的爱好——听戏。

说起来，朱世慧与京剧的结缘或许从娘胎里就开始了。朱世慧的祖父是一位京剧戏迷，至今，在朱世慧的家里还珍藏着一张祖父在《武家坡》中饰演王宝钏的剧照，这至少是半个世纪以前拍摄的。或许是受老爷子的影响，朱世慧的父辈们更是一代戏迷，爸爸能唱小生、老生，几个叔叔不是台上票戏，就是台下票"器"。叔叔朱永朴票旦角，曾登台表演过梅派的《苏三起解》《宇宙锋》，四叔善吹唢呐、笛子，票《珠帘寨》的李克用。就连他的姑妈都"非票不嫁"，竟然找了个既能上台票戏，又能拉一手好胡琴的姑爹。姑爹刘龙骧极擅拉京胡，朱世慧小时候每逢遇上姑爹，总要吊嗓子唱上一段。每到家庭聚会，一大家子便其乐融融开始聊戏，平日里走亲访友，所聊之事也多与京剧相关。朱世慧的父亲是一位忠实的老生票友，唯一的爱好便是京剧。巧的是，朱世慧的母亲也是一位戏曲爱好者，其爱好除京剧外，还有越剧和楚剧。虽然日子不富裕，但只要有好角儿到武汉，夫妻俩总要想办法买一张戏票看戏去。即便是怀着朱世慧的岁月，朱妈妈也未曾放弃听京剧的习惯，咿咿呀呀的京剧成了朱世慧的胎教安眠曲。

朱世慧长到一两岁时，有一年夏天，到了听戏的日子。朱妈妈见怀里的朱世慧睡得香甜，便将他放置在门口走廊靠墙的竹床上，夫妻二人满心欢喜地看戏去了。待到弦停曲罢，戏瘾过足，走回永安里一号，尚未上二楼，就听到了儿子撕心裂肺的哭声。邻居们见夫妻俩回来，纷纷上前说道："哎呀！快去看看你儿子，他都哭了快一宿啦！"原来小朱世慧夜深醒来，但见黑乎乎的走廊，不见身旁的父母，害怕得哇哇大哭，贴身穿着的小背心都被汗水浸透了。夫妻俩安抚好儿子，转念一想，干脆带着孩子进戏园吧！自此以后，朱妈妈再去看戏，怀里就多了个小小的朱世慧。睡得香甜的小孩子，锣鼓一响便醒了。起初朱世慧闹着要回家，朱父朱母却是被儿子闹着也要坚决将戏看到底。久而久之，朱世慧便也习惯了，甚至锣鼓一响便兴奋起来，睁着滴溜溜的眼睛盯着台上。

当时，朱世慧叔叔所在的外贸公司和父亲工作的中国人民银行武汉分行都有属于自己的票房。尤其是中国人民银行武汉分行的行长，特别喜欢京剧，因此他们的票房里，不仅蟒、靠、帔、凤冠等京剧行头齐全，就连刀枪把子等也一应俱全。几乎每周，在银行下属的大礼堂里，总有票友演出。朱世慧的父亲总能从行里得到戏票，抱着小朱世慧一起去看戏。日子一天天过去，朱家父母发现，曾经被迫被他们带着进戏院的儿子，现在自己主动吵着闹着要进戏院看戏了。他喜欢听京胡弦音、听锣鼓敲响，倘若有时候受到父亲好友的邀请去到京剧演出的后台，那更像是进了天堂。刀枪把子，头上戴的盔头，靠、蟒，文场、武场的乐队，一切的一切都闪着光，在朱世慧眼中是那么神奇。有一次，临要开戏，父亲要去前台观众席听戏了，可朱世慧就是不愿意走，他一个人走到下场门犄角里安安静静地坐着。"哐唥仓吠，哐唥仓吠……"乐队的声音是那么清晰，京剧演出的氛围是那么迷人，朱世慧觉得，自己似乎已经爱上戏曲这门艺术了。

一旦热爱上一样东西，与之相关的一切便都披上了迷人的面纱。家里大人们再次喝茶聊戏的时候，旁边的小板凳上也多了一个忠实的小小身影。有一天，朱世慧的父亲不知从哪儿借来了一台留声机和一堆老唱片，《失空斩》《击鼓骂曹》《借东风》《打渔杀家》《玉堂春》《捉放曹》

等名家名段在屋内飘扬，大人们围坐在一起，边喝茶边争论着唱片里京剧名家们的唱法，生性爱玩爱动的朱世慧愣是在家里安安稳稳地坐了整整一天，他陶醉地听着、想着，抑扬顿挫的旋律在他的耳中铺展出一个瑰丽的京剧世界，这个世界是多么迷人啊。

等朱世慧长到5岁多，他已经不满足于只是单纯地听京剧，家里长辈们哼唱时，他也在一旁有样学样地哼上两句，他的父亲有心在这方面多培养他，说，"来，我干脆教你两段吧！"朱世慧便跟着父亲学了他人生中的第一段京剧——《打渔杀家》里面萧恩的唱段"昨夜晚吃酒醉和衣而卧……"。朱世慧虽对这段唱词并未完全理解，但抑扬顿挫的唱腔在嘴里，好似那叮叮咚咚的果糖，比唱歌还多了几分乐趣。等上了小学，每逢寒暑假，他都要去武昌的姑姑、姑爹家玩上几日。姑爹操起胡琴说："小子，唱上一段儿？"单会一段总是不够，"来，我再教你一段。回家让你爸爸也多教教你。"就这么着，朱世慧跟着父亲和姑爹认真地学了几段，包括《借东风》《空城计》中诸葛亮的唱段，《打渔杀家》中萧恩的唱段，《三娘教子》中老薛保的唱段等。

9岁那年，朱世慧迎来了第一次登台演出的机会。这一天，他和往常一样去父亲银行的票房玩耍，票友们吊嗓子时，他也在一旁放开嗓门唱。大人们一看，这小孩子唱得不错呀，便有一人提议："孩子，周末咱们的演出，你也上台演上一段好不好？就唱《汾河湾》！"真的吗？！朱世慧简直不敢相信自己的耳朵。他感觉似乎天上掉下个大馅饼砸在自己头上，把他砸得觉也睡不好，饭也吃不下，一颗心也怦怦乱跳，激动极了！既然要上台，自然是要严肃对待，父亲对朱世慧提出要求，不仅安排人给他说薛丁山的戏，还请了一位票友专教他耍枪。对这杆枪，朱世慧爱不释手。"老师，这杆枪能暂时借我吗？我回家也想接着练！"不仅在家练，就是去上学朱世慧也要带着它，课间还不忘给同学们耍一段枪花，再耍个皮猴，赢得同学们的阵阵叫好声。到了晚上睡觉，就把枪放在床边手摸得着的地方。那段日子，每天一放学，他就往银行票房跑，和大人们找空地儿排练，别提多认真了。终于，到了演出的那一天，朱妈妈早早地就准备好晚饭，朱世慧却满脑子都是晚上的戏，一点儿也吃不下去。太阳怎么还不落山？天怎么还没黑下来？父亲安抚他："别紧张，你也没几句唱。饱吹饿唱，来，把饭吃饱了好上台！""我不饿，咱们吃完了快走吧！"朱世慧催促道。他还要早早到后台化妆扮戏呢！他盼着自己可以早点上场。可是，真正穿戴整齐站上了舞台，朱世慧却在一出场就愣住了。明晃晃的脚灯把整个舞台照得仿佛一个陌生的世界，台下的观众席仿佛怪兽的巨口黑洞洞的。晃神中，他按着平时排练的感觉往前走，忽听台边有人喊："站住！停下！"他定睛一看，原来自己已经站在台边，只差一步就要跌落到台底了。在慌乱中，朱世慧完成了他的舞台初体验。

倘若问童年的朱世慧最喜欢去什么地方，是公园还是动物园？他一定会毫不犹豫地告诉你，他最爱去"新市场"！"新市场"在武汉是个类似于上海"大世界"的地方，是个有几层楼高的文艺演出场所，杂技、京剧、汉剧、楚剧、电影，各种演出应有尽有。武汉市的曲艺大家康立本、王树田，也经常在这里演出。"新市场"里有个"小京班"，是女子京剧团，常年都有演出。对于朱世慧这位小小的京剧爱好者来说，进入"新视界"简直就是一种享受。当然，两毛钱一张的门票是买不起的。怎么办呢？靠小孩子的小机灵。比如，看见有些名演员推着自行车要进去，朱世慧就立刻帮人家扶着自行车，检票员以为朱世慧是演员家里的孩子，便也让他进了门。久而久之，检票员与他慢慢熟了起来，进门也就方便多了。每逢周末的下午，朱世慧常常一头扎进"新市场"里，一待就是一天，为此常常一天饿着肚子，水米不进。下午的京剧看完了，离七点的晚场还有很长时间，朱世慧喜欢趴在戏园的窗户上津津有味地看后台，看演员卸了服装，带着妆吃、喝、聊戏。等到晚上七点，戏又开演了，一直到夜里十一二点才依依不舍地回家。

第一章　为戏而生

铭新街裕润里 1 号

1954 年武汉发大水，朱世慧的家由义和里搬到了华中里，最后又搬至铭新街。铭新街，是一条文艺家会聚的街道，街边的独门独栋里，住着不少京剧艺术家和画家。和朱世慧一般大的小伙伴们很多都学艺术，这给他营造了良好的艺术环境。

男孩子们总是闲不住。一有空，几个小伙伴就商量着寻找一块儿地方玩耍。他们很快相中了青少年宫的草坪。为此，他们常常需要翻过一条铁路。在这片草坪上，大家翻跟头、虎跳、拿顶、走轱辘毛。别的小伙伴做什么，朱世慧就跟着学什么。因为他天性灵活好动，反应又快，总能迅速掌握动作技巧。

平时，朱世慧最喜欢做的游戏，就是把隔壁小朋友们组织起来，用废报纸叠几顶官帽，又用剪成条条的纸贴在脸上当胡须，家里的竹竿、叉棍、扫帚全都拿来当刀枪把子，自编自演地唱几嗓子京剧，那劲头看起来可比台上的演员还要大得多，常常玩得汗流浃背、声嘶喉哑。

朱世慧家的斜对过儿，住着京剧大家郭玉昆和杨菊萍一家，郭玉昆是京剧武生演员，终生精研猴戏，造诣深厚，在当时也算武汉京剧院的大主演。夏天的夜晚，朱世慧跟着父亲在屋外乘凉，总能看见演出结束的郭玉昆坐在自家屋檐下吃消夜，同时督促大儿子郭新德在马路边练功。

武汉夏夜的马路上几乎看不见什么车,就见郭新德扎着靠,穿着厚底靴,在马路边挥汗如雨。而郭玉昆则时不时在一旁纠正、指点,要求十分严格。对于朱世慧来说,这简直是大饱眼福、求之不得的学习机会。他目不转睛地看着,时而也跟着比画比画。因为他好学,也好问,郭新德很快就喜欢上了邻家这个聪明伶俐的小弟弟。武汉京剧团在周日常安排有日场演出,早上九点开演。有一天,郭新德来找朱世慧,"明天跟我一块儿看我演出去,《挑滑车》,就在'新市场'演,你肯定喜欢!"那个周日,朱世慧起了个大早,郭新德骑着自行车,朱世慧跟在后面一路小跑,从家里满头大汗地跑到"新市场"。看着舞台上扮相英武的大哥哥,朱世慧的心里又羡慕又惊讶,他对京剧的兴趣更加浓厚了。

华中里小学的"文艺骨干"

在念戏校前,朱世慧就读于华中里小学。华中里小学位于江汉路,是一所银行子弟小学,专收银行职工的孩子,每学年的学费不到1块钱,每周还组织学生们去银行大礼堂观看一部电影。学校的文艺氛围浓郁,是以开展文艺活动而闻名江城的"少年文艺之家"。每逢"五一"劳动节、"六一"儿童节、"十一"国庆节、元旦、春节,学校都会组织文艺晚会,鼓励孩子们踊跃参与。朱世慧刚进校门时,已然学会了《打渔杀家》《空城计》等京剧名段,平日在同学当中难免显摆显摆,更不会放过学校里登台演出的机会。每次活动,他必然积极报名,很快,他的京剧表演成为华中里小学文艺演出必有的保留节目,他也一跃成为学校各大节日晚会的文艺骨干。

在这个时候,朱世慧遇到了学习京剧的第一个坎。因为京剧形成于北京,主要为北京地方发音,而朱世慧的湖北口音很重。有一次放暑假,朱世慧跟着父亲去参加银行同事间的聚会,大人们很喜欢聪明伶俐的朱世慧,就邀请他说:"小朱,来给我们唱一段吧!"刚巧那会儿,朱世慧跟父亲学了《空城计》中司马懿"有本督"的唱段,他满怀信心地表演起来。谁知,才一开口,大人们就笑了起来。怎么回事呢?原来,朱世慧唱成了"有本督(dōu)",这用的是武汉音,实际应该是"有本督

（du）"。父亲的同事们纠正朱世慧的同时，也和小朱世慧开起了玩笑，以后只要见着小朱世慧，就"有本督（dōu）、有本督（dōu）"地喊起来。朱世慧这才明白，原来唱京剧是要用标准的普通话或者北京话来报字发音的。

值得庆幸的是，朱世慧在学校里遇到了一位好的班主任贾麟老师，与其他武汉籍老师不同，这位兼任语文老师的班主任说着一口标准的普通话，而且对语音学有所研究。又因为朱世慧善于动脑筋，写作文总能切中主题言之有物，他的作文总是得到贾老师的好评，被当作范文上台朗诵。有一次，朱世慧在班里朗读作文，当他念到"粗枝大叶"几个字时，按照武汉话的习惯，念成了"粗枝（zī）大叶（yé）"。在武汉话里，是没有卷舌音的，按京剧的说法，武汉人的发音都是尖字，没有团字。这位语文老师，当时立马严肃地纠正了朱世慧的发音。她用一根手指指着自己的舌头，告诉朱世慧，舌头要顶在上颚发卷舌音，并带着朱世慧一遍遍地练习。也就是从这时候开始，朱世慧才知道，普通话里是有卷舌音的，普通话里"一、二、三、四、五、六、七、八、九、十"的发音是有要求、有讲究的，需要专门练习。

这些事情都给朱世慧留下了深刻的印象，使他认识到无论是学语文还是唱京剧，掌握好普通话是非常重要的，这也坚定了他好好学习普通话的决心。在语言学习方面，可以说朱世慧是个很有灵气和悟性的孩子。在接下来的日子里，他总是特别注意听班主任老师的说话咬字，琢磨其中的发音规律，遇到不懂的问题敢于向老师提问。由于他刻意地注意自己的发音，勤学多说，仅仅用了一年多的时间，就改掉了武汉话的发音习惯，连班主任都夸他"口齿伶俐"，是个"非常爱动脑筋的孩子"。

在掌握了普通话的基础上，朱世慧并不满足于仅仅是京剧艺术的学习，他开始接触北方的另一门曲艺艺术——相声。那是一年夏天，武汉人照例在傍晚时分用一盆凉水泼地散热，然后放上竹床，躺着纳凉。平时，朱世慧洗了澡，会光着脚和院子里的男孩们下竹床追逐打闹一番，得等玩得出一身汗、脚上脏兮兮再上床睡觉。可是那一天，不知谁家把话匣子拿到了屋外，话匣子里，侯宝林先生正绘声绘色地说着相声《夜行记》。朱世慧不觉听得入了迷。他乖乖地趴在竹床上，一边认真听，小脑瓜里一边想着许多问题：为什么这些相声演员的普通话说得这么溜呢？他们为什么说得这么好笑？我们同样的人说话，为什么就没有这种效果呢？他既不玩了，也不睡了，守在话匣子边听了一个晚上。到了白天，他越想越有意思，便也学着自己模仿。谁家话匣子里再放侯宝林的相声，他一准儿要凑过去听。朱世慧的父亲看儿子对相声有浓厚的兴趣，便经常买《中国少年报》给朱世慧看，《少年报》上时常会登载一篇短小的相声作品。朱世慧还会邀着同学一道，根据这些相声作品排演双口相声，模仿着侯宝林的语气，倒也学得有模有样。于是，在小学的文艺晚会上，除了演唱京剧以外，他又多了相声的表演节目。

1958年，朱世慧报名参加了全国小学生普通话比赛。比赛十分激烈，要经过学校、区里、武汉市的层层选拔，最终只能有6个孩子代表武汉市进入全国决赛。朱世慧凭借自己标准的普通话和流利的口才杀出重围，最终以相声《武松打虎》作为武汉市六个代表之一，参加了全国小学生普通话比赛，取得了不错的成绩。他突出的才艺被学校少先队大队辅导员芦明老师发现，芦明老师见朱世慧口齿伶俐，反应敏捷，便"因材施教"，把他推荐到湖北省人民广播电台下属的少儿广播团，成为一名少年相声演员，几乎每周都要为全市的小学生们录制相声作品。对小朱世慧来说，这可是件特别光荣的事。他总是翘首期盼着少儿广播团的通知。通常，少儿广播团会将挑选好的相声剧本交给朱世慧，由他在家练习之后，再到学校演给老师们看，老师们再针对他的咬字、发音进行

专项指导。每个月，总有这么两三次，少儿广播团会派一辆三轮车来家门口接朱世慧去录相声，录制前，广播电台的专业老师会再次对朱世慧的相声进行辅导，最终完成录制。那时，朱世慧不过11岁，却已经是电台录音室的常客了。在与相声这门语言艺术的长期接触中，朱世慧不仅普通话说得越来越标准，发音吐字也更为清晰真切，尤其对于说话的语气、节奏的把握有了更为深入的学习与实践。在那段时间里，他录制了《人民公社好》《杜勒斯拿大顶》《杜勒斯发高烧》等许多有趣的相声段子。这段经历，也为他以后学习京剧丑行艺术打下了良好的基础。

　　除了舞台上的表演，朱世慧在绘画上也有着自己的热爱，甚至一度的理想是成为一名画家，自己改编、自己画叶圣陶的童话《稻草人》。三四年级时，母亲每天给他6分钱买早点，他总是3分钱吃个粑粑面窝，把另外3分钱攒下来。等到一月一期的杂志《少儿时代》出刊便买上一本，又或者在书摊前租上几本小人书，坐在地上津津有味地看完。看得多了，对小人书上的连环画产生了兴趣，朱世慧便回家翻出旧报纸，照着书上的人物画孔子、张飞、关羽。同时，他还在父亲的督促下每天练毛笔字。朱世慧的叔叔看他这么感兴趣，觉得或许可以把侄子往书画方面培养。于是，在外贸局工作的叔叔便为朱世慧物色了几位专门画出口国画的老师，让朱世慧拜在他们名下学艺。说是老师，其实是南洋大楼出口贸易公司的几位老先生，每日在南洋大楼楼顶的画室里作画。四年级每天下午无课，朱世慧便从家走半个小时到达南洋大楼顶楼画室，为老先生们擦桌子、涮笔，老先生们给他腾出一张桌子，再给他一张白纸，朱世慧便在白纸上作画，画完拿给老先生们指教。在这间画室里，朱世慧不仅画了许多小人书上的人物，还学习了动物的画法。向老先生们请教学习的机会，使他感到格外珍惜。五年级时，朱世慧在家里给自己办了一场画展。他在墙上牵出两根绳，上面挂上自己这些年来满意的绘画成果，然后兴致勃勃地邀请亲朋好友前来观看。

可以说，上小学的朱世慧充满了求知欲和好奇心，就像一棵小树苗，贪婪地吮吸着各个艺术门类的养分。他兴趣广泛又爱动脑筋，调皮捣蛋又鲜活灵动，常让老师们又爱又恼。

朱世慧的数学老师是个上海人，平时说普通话带有点上海口音。朱世慧自学习普通话后，便对语言之间的差别产生了兴趣。上海人说话，喜欢把2（er）说成两（liǎng），这在朱世慧听来是一件颇有意思的事情。这一天，数学老师教算术，照例又把3+2说成"3+2（liǎng）"。待老师背过身去在黑板上写字时，朱世慧站起身，学着数学老师的样子向同学们学舌："3+2（liǎng），3+2（liǎng）！""哗！"全班哄堂大笑。数学老师气得涨红了脸，"这课没法上了！"夹着书本就离开了教室。这下可闯了祸。不一会儿，另一位老师来到他们班："朱世慧！带着你的书包，到教务处来一趟！"原来，数学老师把朱世慧的捣蛋行为报告了教务处。教务处的老师严厉批评了朱世慧："你不懂礼貌，不尊重老师，扰乱课堂纪律。去！到墙角站着去，好好反省反省自己的行为！"到了中午，老师又来问他："认识到错误没有？"朱世慧小声嘟囔："认识了。"老师不满意："我看你认识不够深刻。这样吧，你中午先放学回去吃饭。下午上学，我跟你们班主任说你不要到课堂去了，到这儿继续站着。听见没有？"没办法，朱世慧只好下午继续去教务处报到。他站在墙边，无聊地左瞅瞅、右看看，有点昏昏欲睡。突然，教务处外面的大教室里由学校的老师领头请进来了几个人，看起来像是外校的老师。不一会儿，"呼啦啦"，又进来十几个学生，朱世慧隔着窗玻璃一瞅，各班的文艺骨干都到齐了！老师们似乎在给学生们考试，有的同学唱起了《东方红》。这下朱世慧可来了兴趣，一时间，他忘记了自己还在罚站的处境，凑到窗边有滋有味地看了起来，身上的文艺细胞也跟着蠢蠢欲动。听到激动

处,甚至打着节拍,手舞足蹈起来。

"嘿!窗边的那孩子挺机灵,他是干吗的呀?"一位男教师发现了朱世慧。人生的缘分有时候就在寸劲之间,这一问,就彻底改变了朱世慧的人生轨迹。

第一章 为戏而生

第二章
梨园新蕊

因缘际会入梨园

1959年，湖北省戏曲学校开展招生工作。因为华中里小学是文艺活动开展得较为出色的学校，戏校便派几位老师前来招生，物色好苗子。华中里小学非常重视，将戏校的几位老师们请到教务处，又召集各班的文艺骨干前来参加面试。命运的书写就是充满巧合，当这乌泱泱的人群站在教务处外间的大房间里面试时，仅一墙之隔的里间小房间里，孤零零站着的朱世慧正难耐罚站之无聊隔着窗玻璃热切地朝外张望。同学们表演的大多是歌曲《东方红》《卖报歌》，戏校参与面试的花鼓戏名家、旦角演员潘春阶老师只在听歌间隙不经意的一抬眼，一个远在人群之后隔着玻璃却摇头晃脑自娱自乐的脑袋瓜引起了他的注意。嘿！这小子挺灵啊！等到孩子们都演唱结束，"窗外站着的那孩子是怎么回事呀？"潘老师问道。"这孩子，他是我们学校的一个文艺骨干，太调皮！今天刚在上课的时候拿数学老师开玩笑，正罚站呢！"教务处的老师解释道。"哦？文艺骨干？把他叫过来，也唱两句给我们听听！"潘老师挺感兴趣。朱世慧在墙角早就待不住了，老师话音刚落，他就一溜烟跑了过去。"老师好！"喊得响亮。"说说，你会唱什么呀？""我也会唱《东方红》。""那来一段！"朱世慧亮开嗓门唱起来，因为太兴奋了，调门起得挺高。"不错不错"，老师频频点头，"听说你是文艺骨干，你还会什么？""我还会说相声。""还有吗？""我还会唱京剧！""谁教你的？""我爸爸教的！""那你唱一段。"老师们都来了兴致。朱世慧也不怯场，清清嗓子就唱了一段《打渔杀家》。戏校的老师们彼此对了一个会意的眼神，待朱世慧唱完，老师们连说几个"好，好，好！不错，不错！"教务处的老师说道："行了，你继续回屋站着去吧"，言语里似乎也没那么严厉了。

十多天后，华中里小学收到了来自湖北省戏曲学校的通知，让被选中的几个孩子到湖北武昌阅马场省戏校所在地参加下一轮复试，朱世慧的名字赫然在列。接到通知，朱世慧兴奋极了。一放学，他就飞奔回家，把这个好消息告诉了爸爸妈妈。想到儿子可以获得一个很好的锻炼机会，他的父母自然十分高兴。朱世慧更是连续几天晚上在床上翻来覆去睡不着，一想到要去复试，他的嘴巴就忍不住咧到耳朵根。

湖北省戏曲学校的复试由校长黄振亲自主持，现场有钢琴伴奏。黄校长坐在钢琴旁边，听朱世慧跟着伴奏唱完《东方红》，看了看手中的表格说："你还会唱戏呐？那来唱一段。"朱世慧想了想，唱了段《空城计》。"挺好。你会表演吗？""我会演活报剧。"那个年代，经常有一些以时事为主题的小戏剧表演，好像"活动的报纸"。朱世慧在学校时，也曾和同学们创作过这样的小剧，他当即汇报了一下剧情。"行，就演这一折！"黄校长说。"可是，我没有道具呀！"朱世慧有点犯难。"没关系，我们主要看你的表演，别紧张，你大胆地演，不要有什么顾虑。"老师鼓励他。演完了剧，老师们又看了看朱世慧的身高，摸了摸他全身的骨架。"好啦，回去等通知吧！"老师说。

一个月以后，湖北省戏曲学校的录取通知书寄到了朱世慧家，上面写着："湖北省戏曲学校录取朱世慧。请于1959年3月26日到湖北省戏曲学校阅马场校区报到。"看到录取通知书的那一刻，朱世慧难掩内心

图 4 朱世慧练功照

第二章 梨园新蕊

的狂喜,他欢呼雀跃,他想大声呐喊,恨不得让全世界都知道这一喜讯!家里人非常高兴,只有姑妈提出了反对意见。姑妈虽然也喜欢戏,但以戏为职业到底不同。在旧社会,这是不被人尊重的行业,她建议朱世慧的父亲慎重考虑。朱世慧却不管这些,在他的童年生活里,京剧早已成为一个不可或缺的珍贵爱好,他的大半时间都浸淫在京剧艺术之中,如今有了这么难得的学习机会,他是非去不可!朱世慧的父亲很有自己的见识,虽然他认同自己姊妹的话,却也尊重儿子的选择。早些年间,他也曾动过让朱世慧考中国戏曲学校的念头,如今倘若儿子可以学京剧,他倒也并不反对。只是有一件事让他颇为介意。在他的印象里，湖北省戏曲学校并没有京剧科。事实上，正如他所知，湖北省戏曲学校创办于1958年，创办之时只有汉剧、楚剧两科，没有京剧科。为此，朱世慧的父亲专门去戏校了解情况，并表明自己的态度：倘若学校没有京剧科，那么他的儿子就绝不会入学。学校的招生人员做了一番解释，并表示今年起，省戏校已有试办京剧科的想法，正在落实，今年学校一定会组建京剧科并试招收12名学生。朱世慧一定可以进入京剧科学习。得到戏校老师的保证，朱世慧的父亲这才放下心来。1959年的3月26日，这个日子朱世慧永生难忘，他带着铺盖卷、洗漱用品、换洗衣物，背着书包，跟在父亲的身后走进了湖北省戏曲学校，怀里还揣着奢侈而珍贵的弹珠，装在母亲缝制的布袋子里。

也就是在步入戏校的这一天，朱世慧正式开启了他的艺术生涯，这一年，他12岁。

氍毹学戏苦作乐

进入戏校，朱世慧领到的第一件东西是一只带把的搪瓷缸，上面印着"湖北戏校140号"，140是他在京汉楚三科里的学号，算是身份的认证。第二件便是一根板带。比他早一年入学的师哥们或许是想给这个小师弟一个下马威，殷勤地提出要帮他系在身上试一试。师哥们这么一勒，直把朱世慧勒得两眼冒金星，气都快喘不上来了，"不行，不行，我受不了啦！""这就受不了啦？等到上课的时候，老师们勒得比这还紧呢！"师哥们说。

第二天，随着响彻整个校园的刺耳电铃声，戏校的生活从清晨的喊嗓开始了。将将五点四十分，外面尚未有一丝天光，朱世慧就揉着睡眼跟随同学们起了床。大家排着队走到戏校马路对面的街心公园喊嗓，一直喊到六点半。接着，回教室练早功，主要是拿顶、下腰、溜虎跳类的毯子功。班里有好几个梨园世家的孩子，练功有点儿基础，朱世慧很是羡慕他们。八点吃过早饭，上午四堂业务课，下午四堂文化课，晚上有时候排大戏，或者上晚自习，九点半准时休息，生活十分规律。当前几天的新奇劲儿过去，朱世慧很快就体会到学戏的辛苦，以前人们常说坐科是七年大狱，戏校虽不比科班，但在前期打基本功的阶段，却也夹杂着数不尽的汗水与泪水。每天早上的毯子功，人人要翻跟头、溜虎跳、拿顶、下腰、小翻，尤其拿顶，一般要拿三把顶。第一把时间略短，第二把的时间长一点儿，第三把时间更长耗在那儿。全部一套动作下来，手臂直打哆嗦。除此外，他们还要踢四种腿：正腿、十字腿、旁腿、蹁腿等。50米长的地毯，每种腿要踢一个来回。一个多月以后，恐怖的撕腿课开始了。孩子们把两腿劈开靠着墙，老师扶住臀部将腿往里推，直至紧贴墙面。疼得受不了了，挣扎与痛哭总是难免的，老师却不让动弹。等到最后被允许站起来时，两腿早已发麻，疼得不听使唤，只得由老师慢慢把人拖离墙面。站起来以后，又要忍着痛赶紧踢腿、跑圆场，防止抽筋。在这堂课上，这样的罪至少要受个两三回，而每天都有的课程对当时的朱世慧来说就像周而复始的酷刑。此外，还有身训课：山膀、云手、走轱辘毛等，把子功课：学小五套、大快枪、三十二刀、小快枪等。当儿时的兴趣转为正规的学习，朱世慧才开始懂得"演戏"二字的真实含义和做一名演员应有的要求，这其中的艰难是朱世慧之前从未预料到的。第一个周末回家，朱世慧便忍不住开了口："爸妈，我想回了。"这一句"我想回"话音未落，母亲的眼泪就落了下来。

那个年月，人们的口粮总是难以管饱，戏校的孩子们也是如此。早上喝点儿见不到米粒的粥，吃点儿高粱面掺大麦面的发糕。中午和晚上，学生每人四两米饭。学校偶尔会去乡下取些萝卜青菜，以菜代粮。朱世慧正是长身体的时候，白天练功学戏，吃完晚饭还要上晚自习、排大戏，每天肚子总是饿得咕咕叫。国家对戏曲学校的学生有照顾，每个月额外补贴半斤白砂糖。然而，也不过睡个午觉的工夫，半斤糖就被吃没了。每逢周末回家，父母心疼儿子学戏辛苦，总是从自己的口粮里节省出来一些给他多蒸一两米饭。有一次，朱世慧吃完午饭回到宿舍，发现父亲正在等着自己。原来，父亲从自己的口粮里节省出五两粮票，给他买了五个发饼，特意送来学校。"孩子，我知道你晚上总是喊饿。这五块发

图 5 初入戏校，朱世慧（左）与同学上街宣传演出

饼你留着，每天晚上吃一块，也好垫补垫补。这五块正好可以吃上一周。"朱世慧满口答应，送父亲出了门，他回身看着这五块香喷喷的发饼，上面盖着的红章子格外诱人。没等父亲从3层宿舍楼上下到地面，五块发饼已经全进了朱世慧的肚子。那一天，他才有了一点儿饱的滋味。

虽然苦累，但朱世慧并不是个轻易服输的孩子，对京剧的热爱支撑着他。平日里，老师的谆谆教导让他坚定了自己一定要成为角儿的信念，而同学之间比较的，也是谁的练功服上的汗碱更多，谁就更光荣。偶尔课间偷闲时，他会拿出自己带入戏校最奢侈的玩具——弹珠，以前只能在泥土地里玩儿的他，如今可以在排练场、练功房的地毯上打弹珠，朱世慧觉得这就已经是种幸福。当然，在戏校里，他仍然还是那个调皮捣蛋的孩子。戏校处在荒郊野外，周围除了农田便是坟地，还有小水塘。朱世慧常去水塘里游泳。有时，田边大树上拴着不知谁家的水牛，朱世慧喜欢骑在牛背上玩耍，再偷偷地把水牛引导、牵往京剧科一楼的学生宿舍里，把灯和门统统关上，等待毫不知情的同学打开宿舍门，被骤然出现的水牛吓出一声惊天的尖叫。

与麒派有"天缘"

朱世慧进戏校时，戏校里可以教京剧的老师不多，师资力量尚且不足，京剧科迟迟未能成立。抱着京剧梦想进戏校的朱世慧只能与汉剧、楚剧的同学们一起，在大教室里跟着这两科的老师学戏。男生们统一跟着汉剧艺术家、演"一末"（汉剧"一末"为老年生角，剧中多饰演戴白髯口的老年人）的魏平原老师学唱，朱世慧的第一出戏就是魏老师教的汉剧《男绑子》。"金钟响，玉乐吹，王登宝殿。……"这段开蒙戏给朱世慧留下了深刻印象，多年以后仍能将此段信口唱来。由于朱世慧在家时就随着父亲学过几段老生戏，对唱腔、报字已有一些感觉与艺术积累，因此学起戏来比其他同学又快又好，汉剧科的老师们觉得朱世慧是个唱汉剧老生的好苗子，有意留下来培养。因此，在几个月之后，戏校开始分科时，京剧科的12个孩子里并没有朱世慧的名字，他被留在了汉剧科，交给当时汉剧科一位著名的"三生"（在剧中多饰演戴黑髯口的中年人）、著名汉剧表演艺术家徐继声老师继续打磨，接着学习全出的《男绑子》。朱世慧是个听话的孩子，学校这么分配，心里也不敢有异议，便也认真学了三四天。到了周末，父亲照例询问起他在学校的学习情况。"我被分到汉剧科，在学《男绑子》呢！""什么？！"父亲的脸色变了。"我们入学是去学习京剧的，这件事绝不能妥协！"一刻也等不得，朱世慧的父亲第二天就去到学校,再次向老师重申了只想让儿子学京剧的坚定态度,并亲眼看着老师从汉剧科的名单里划去"朱世慧"三个字,又在京剧科的名单添加上,方才满意离开。这样,朱世慧成了湖北省戏曲学校首批京剧科学生。

因为由老生唱段录取,又在汉剧科老生行有出色的表现,转入京剧科后,学校仍安排朱世慧学老生行当,至此开启了他与麒派的不解之缘。

图6 朱世慧3岁照

其实,早在朱世慧3岁时,他就无意间"扮"过麒派著名剧目《萧何月下追韩信》里的萧何。那还是他3岁生日的时候,父亲带他去汉口江汉路上的一家照相馆拍生日照,许是太喜欢京剧,父亲为他选定了一套特殊的生日照扮相。照相馆工作人员为小朱世慧贴上白眉毛,穿上小棉袍,腰里别上腰巾子,一番打扮之后,随着相机"咔嚓"一声响,嘿!一个小萧何被定格在了照片上。这或许是朱世慧第一次与麒派结缘。

再长大一些,朱世慧从家里长辈们的聊戏中,常常捕捉到一个特殊的名字——"麒麟童",这便是京剧老生名家周信芳先生的艺名。大人们总是聊起麒麟童的表演是如何精彩,唱得是如何抑扬顿挫,听得多了,"麒麟童"三个字就在朱世慧的脑海里扎下了深深的印象。

等到朱世慧上了戏校,正式成为一名京剧艺术的从业者,戏校给朱世慧安排的前后三位老生老师居然都是工麒派!这是怎样的一种机缘!

朱世慧的第一位老生老师叫张善慈。张善慈老师个子不高,嗓子很堂。从上海来到武汉,进戏校时已经六十七八岁了,资历很老,肚子里

会的戏也很多，工麒派老生。跟着张老师，朱世慧学了他京剧老生的第一出开蒙戏《三娘教子》。这也是朱世慧第一次真正脱离父亲票友式的教学方法，学习到专业教学中老师对京剧的咬字、归音、气口等方面的要求，领略到京剧这门艺术独特的"讲究"。张善慈老师教戏很认真，他总和朱世慧说："眼睛看着我！"他要求朱世慧眼睛不错神地盯着自己怎么张嘴唱，怎么分辨板和眼，怎么走身段动作，并把这一切都死死地记在脑子里。朱世慧是个极有悟性的孩子，老师教会了他一句唱腔，他可以本能地从中领悟到某种演唱的规律，并在第二天老师教的下一句唱中很好地反馈出来。这种举一反三的能力，对他日后的成长帮助很大。在《三娘教子》里，朱世慧既学老薛保，也学薛倚哥，并在京剧科的校

图 7 戏校期间演出《三娘教子》，朱世慧（左）饰薛倚哥

内演出中首演了薛倚哥。后来，朱世慧还跟张善慈老师重新学了《打渔杀家》，周六回家时，朱世慧特意告诉父亲："我们老师的教法和你不一样！""哦？小子，唱我听听。"朱世慧开口一唱，父亲连连点头，"这下我就放心了。"

  因为年岁大了，张善慈老师在学校只教了一年左右。接管他教学工作的老师名叫郜俊卿。郜俊卿老师和他的夫人李兰英同时来到戏校，夫人教老旦，他教老生，时年已60多岁。按戏班的话说，郜老师是个"戏包袱""戏篓子"，肚囊宽绰，见得多，也会得多。当时戏校京剧科演出的水牌子都由郜老师负责，每个戏所需人手、行当、道具、站位诸多事宜，他一应全知。郜俊卿老师同样工麒派老生，每逢教戏，念白和唱俱上调门，他和朱世慧说："唱腔要打远。你要考虑的不是前三排的观众，而是楼座最末一排的观众。"朱世慧跟着郜俊卿老师学了不少麒派剧目，其中《打銮驾》一出，郜老师按照周信芳先生的戏路，教的是南派的包公，可惜这出戏朱世慧只在戏校响排过，未能真正演出。此外，他跟着郜老师学了《扫松》《萧何月下追韩信》《徐策跑城》《清风亭》。他似乎对戏有种天生的悟性，在学校演《徐策跑城》时，脚步跟随着锣鼓点，台下看戏的老师感到惊喜："哟，这孩子会踩锣呀！"朱世慧的《徐策跑城》在学校里演的小有名气，凡是重要的晚会、去省委礼堂汇报演出，或是慰问部队，学校总会要求汉、楚、京三科各出一台戏，而朱世慧的《徐策跑城》总能代表京剧科出演。学校为了培养他，特意请来尚在武汉京剧团二团团长陈鹤峰先生观看朱世慧的《徐策跑城》，并为他重新教授该戏。可以说，郜俊卿老师为朱世慧学习麒派打下了非常坚实的基础。

  湖北省戏曲学校的黄振校长是位非常有远见的领导，他意识到学校教学水平的提高离不开高质量的师资队伍。自京剧科组建初始，就在积极寻找、物色优秀的京剧从业者并力邀他们来校任教。在他的努力下，

1960年，京剧科新增了一批优秀教师，包括工麒派老生的陈鹤峰、旦角云艳霞、小生杨玉华、武生贺玉钦、小花脸张啸庄、花脸叶盛茂等，京剧科在教学上发生了质的变化，面貌为之一新。陈鹤峰就是朱世慧的第三任老生老师。

陈鹤峰是周信芳先生的入室弟子，著名麒派老生艺术家。原在武汉市京剧团任副团长，是位非常著名的老生演员。在黄振校长的动员下，他偕夫人、旦角演员云艳霞来到湖北省戏曲学校，任副校长同时兼京剧科的老师。在朱世慧的印象中，陈鹤峰老师在京剧艺术上是极为讲究的。陈老师刚来戏校时，为其置办行头的程文泉老师就专程去苏州定制了30出戏的行头，蟒上所绣皆用真金线。陈老师在扮戏上，也极为讲究漂亮。逢其演戏，到后台时必先用热毛巾往脸上一敷，接着化妆时先抹凡士林，再用干胭脂搽很淡的一点儿红，不画眉眼，脸上带着红光满面的亮堂气。

陈鹤峰到戏曲学校时，约50岁的年纪，正是年富力强、艺术上炉火纯青的时候，在艺术理念上颇为成熟，在舞台实践上更是经验丰富，他所教授的许多舞台呈现手法和艺术思维理念，对朱世慧日后的创作思想影响很大。

其一，陈鹤峰主张学流派但不要囿于流派。比如，陈鹤峰工麒派老生，从唱念做打舞到劲头尺寸的拿捏把握，无不在麒派的规范之中。但因为他的嗓音有别于周信芳先生，因此在具体的唱腔处理上与其师周信芳略有不同。他亦鼓励朱世慧要"活学"，在守正的基础上发挥自身的特点。

其二，陈鹤峰非常注重京剧的咬字发音，讲究将汉字拼音的字头、字腹、字尾发得清楚分明，嘴皮子要有劲。注重劲头、韵味、尖团字的区分等。在那个年代，京剧演出不像现在有字幕机显示字幕，全是用毛笔将唱词写在胶卷纸上人工抽拉。全国只有两位京剧演员演唱不需要打字幕，观众也可以听得清楚明白，人称"南陈北赵"，即南方的陈鹤峰、北方的赵燕侠。朱世慧在学戏时，陈鹤峰尤其注意在这方面去要求和纠正他，加深了朱世慧对吐字发音的认识，对他以后转为丑行打下了很好的基础。

第三，陈鹤峰演戏非常讲究节奏，讲究轻重缓急。朱世慧至今还记得陈老师的一句名言："台上的活儿，就在分秒之间。"只在这分秒之差，决定了是否能"有戏"。越长大了，朱世慧越琢磨陈老师的这句话，越感到受益匪浅。

当然，陈老师教课时的金句还有很多，比如"一个演员在台上不会偷气换气就等于不会唱"。这是要求朱世慧学会偷气换气的方法，当缓的时候缓上一缓，这样不仅能保证演唱时气息的稳定性，还可以唱出韵味。再比如"戏是演给观众看的"。在教戏时，陈鹤峰尤其强调戏曲演员要得当地处理"跳进"与"跳出"的关系，该给观众做交代的地方一定要交代得清楚、明确。

陈鹤峰未到戏曲学校任教时，戏校就已经请他专门观摩过朱世慧演的《徐策跑城》，并为朱世慧重新教授该戏。等陈鹤峰到了戏校，正式成为朱世慧的老师后，他给麒派学生们说的第一出戏仍是《徐策跑城》。陈老师非常喜欢并看重朱世慧，将自己所得倾囊相授，他对艺术的理解、对舞台呈现上的选择与把握，有形无形间对朱世慧产生了重要影响，不仅在学戏的当初，就是在很久之后，也根植在朱世慧的艺术创作之中，让他终身受益。跟着陈鹤峰老师，朱世慧还学习了《萧何月下追韩信》《坐楼杀惜》《路遥知马力》《四进士》《海瑞上疏》等麒派名剧，他崇拜陈鹤峰老师，将陈老师作为一生学习的榜样。

在陈鹤峰的引荐下，朱世慧得以见到麒派的"真佛"——周信芳先生。1962年春，上海京剧院赴武汉巡回演出，从汉口到武昌连演一个半

图 8 戏校期间演出《望江亭》，朱世慧（右二）饰小杨衙内

月，最后三场戏是周信芳的三出大戏，即全部《乌龙院》，全部《四进士》，全部《澶渊之盟》。周信芳于开戏前一周到达武汉。那段时间，朱世慧和同学们在省府大礼堂演出《望江亭》和《海瑞上疏》，朱世慧在《望江亭》中饰演小杨衙内。学校邀请周信芳先生前去观看。听说周先生来看戏，朱世慧又激动又紧张，上台时，一开始腿和嗓子都紧张得不听使唤。但随着剧情的展开，台下周信芳频频点头，朱世慧紧张的情绪一下子消除了，他更加投入人物当中。朱世慧饰演的小杨衙内，给周信芳留下深刻印象，他特别夸赞："这个小杨衙内演得好！"演出结束，周信芳在陈鹤峰的陪同下，走上舞台和学生们一一握手，当朱世慧握住周信芳先生那温暖的双手时，高兴得嘴都合不拢。周信芳用他的大手帮着朱世慧把搭垂在脑袋边的小甩发捋了捋，"孩子，演得不错呀！学了几年戏了？"朱世慧连忙回答："学了三年多了！""好，好！"周先生拍拍他的肩膀。

合影时，周信芳招呼大家往他身边站，朱世慧竟激动得不敢过去，还是陈鹤峰老师把他一把拉到了周信芳先生身边，这才留下了一张极其珍贵的合影。也是天赐机缘，他们演出的省府大礼堂是湖北省戏曲学校的专属排练场，周信芳来汉这几日定在这里排练《澶渊之盟》。身为周信芳的入室弟子，陈鹤峰自然全程陪同，而朱世慧这一班学麒派的学生便可顺理成章地在老师的带领下观看周信芳先生排戏。"台上可都是好角儿，看看人家是怎么排戏的！"陈鹤峰老师提点他们。排戏时，周信芳先生坐在下场门琴师边，总体把握场上调度。倘若台上演员对唱腔等地方有异议，他就会要求大家按演出的调门开唱，以确定唱腔是否合适。他排戏极其严格，因他的严格，台上纵然是有些名气的角儿也都各个严肃认真地排练。看着台上赵晓岚、李仲林、孙正阳、王正屏、汪正华等一众好角儿，朱世慧着实羡慕。等到排戏间隙，陈鹤峰老师领着朱世慧等几个麒派学生上前，将他们正式介绍给周信芳先生："先生，这个孩子叫朱世慧，您前两天看的《望江亭》里的杨衙内就是他唱的。""哦！"周先生应道。"他呀，跟我学戏，还唱过《徐策跑城》呢，是您的徒孙！""啊？"周信芳有些惊讶，"好，好啊孩子！好好学！"能得到周信芳先生的夸赞，朱世慧感受到莫大的鼓舞。

周信芳院长亲演三出大戏的消息在汉口人民大舞台一经贴出，戏票旋即售罄。戏曲学校也没有多余的票给学生们前往观摩。为了能够看到麒派创始人的演出，朱世慧和同学们有个辛苦却有效的办法——在演出当日下午三点半偷偷溜进剧场后台，躲进厕所里，一直待到天黑观众入场。这个办法他们之前屡试不爽。这一天，他们和往常一样躲进厕所，到了晚上，朱世慧的肚子饿得咕咕叫，但心情却万分急迫，平日里父母所谈论的、老师所师承的、自己所学的麒派"真佛"近在眼前，他的戏到底是什么样的呢？他难忍激动的心情，偷偷将厕所的门掀开一条缝往

外张望，恰巧陈鹤峰老师经过。"校长！""哎哟，你们怎么在这儿呀？"陈老师忍俊不禁，"出来吧，走，跟着我一块儿去看看周老师去！"陈鹤峰有心让自己的学生多学习学习。这对朱世慧可是难得的机会！他诚惶诚恐地随着陈鹤峰老师来到周信芳先生的化妆间，远远地、小心翼翼却又如饥似渴地观察着周先生扮戏，虽然待的时间不长，内心已是激动万分。随后，陈老师就安排他们去台下看戏。朱世慧记得那天剧场里乌泱泱的人头，那热烈得仿佛一根火柴就能点燃的火爆气氛。此前，他已和老师学过《乌龙院》中"坐楼杀惜"一折，也学过全部《四进士》，如今，老师平日里所要求的、自己学戏要达到的最高标准就在眼前。《乌龙院》里，周信芳演到宋江丢了书信，只听幕后一声撕心裂肺的叫喊，紧接着一个脸上抹黑、油脸、鬓发纷乱的宋江急迫地冲上舞台，强烈的情感、巨大的视觉和听觉冲击让朱世慧受到深深的震撼，同时对周信芳先生在舞台上的气魄佩服得五体投地。那时，周信芳已是67岁，连着三场大戏，舞台上却未见疲乏。"周先生的舞台交代得干干净净，清清楚楚，苍劲有力而富于激情和感染力，那一回我见到了真东西。"多年后朱世慧回想起那时候的场面，仍无尽感慨。

1964年，朱世慧与十几名同学一道跟随陈鹤峰老师到上海学习现代京剧。有天下午，大家正在排练，突然，陈老师兴致勃勃地走进来说："同学们，周院长看大家来了！"听见心中崇敬的艺术大师来看望自己这些小演员，朱世慧激动得顾不得手上还拿着剧本和道具，跟着同学们一起冲向门口，这时周信芳刚好走进屋，"周院长好！"同学们将周信芳先生团团围住。周信芳把双手扶在学生们肩上，笑着问："大家怎么样，来上海习惯吗？"同学们齐声应道："习惯了。"他又问："小杨衙内来了没有？"陈鹤峰老师连忙把朱世慧推到周信芳面前，"喏，他就是。"周先生用慈祥的眼光打量着朱世慧："哈哈，这个小花脸长得挺俊的嘛。"

说完，周先生先爽朗地笑了。在周信芳面前，朱世慧激动得一句话也说不出来。后来，朱世慧跟随陈鹤峰老师观看了周信芳先生排现代京剧《杨立贝》。彼时周先生说戏时并不亲自走动，由他的徒弟、该戏导演李桐森说明站位与戏路，但周先生响排时仍然风采不减当年。只可惜该戏并未公演，也成为周信芳毕生出演的最后一个角色。

在朱世慧的眼里，他与麒派似乎存在某种"天缘"。从3岁在父母的安排下不经意于照相馆里留下了一张麒派名剧《萧何月下追韩信》的照片，到戏校里恰好被安排给了三位宗麒派的老师学习麒派艺术，在京剧开蒙戏的深刻感悟里、在三位恩师所传授的剧目里、在所见"真佛"的震撼里，在经年累月对麒派的学习与钻研里，麒派老生的艺术基因已经融入他的血脉，在他的咬字发音、唱腔吟哦、身段做派、节奏分寸里刻下属于麒派的特有的烙印，并对其一生的创作产生深远影响。多年以后，当朱世慧开始创作属于自己的新的人物形象时，他也自觉不自觉地从麒派老生的艺术宝库中汲取养分。1987年，当他的《徐九经升官记》远赴香港演出，报纸称其为"麒派小花脸"，这或许是对他与麒派缘分的有力注解。当然，这是后话。

由生入丑"两门抱"

倘若朱世慧一直在学习老生的道路上走下去，或许今天的戏曲舞台就会少一位极为优秀的丑行演员。然而，命运的齿轮自有它前进的道理，在朱世慧进校约莫半年后，他的人生航向悄然发生了变化。彼时，京剧科只有12个学生，大多集中在生旦两行，排起大戏来，丑角人选成了老师们头疼的问题。丑这一行在戏中所占戏份虽不大，但却如同一味甘草，少了它便少了些滋味，因此才有"无丑不成戏"之说。一方面愿意学丑行的学生人数本来就少；另一方面学这一行的难度却不低，其重念白且大多需要念京白的行当特色尤其需要学生口齿清晰、清脆流利，且普通话要过关，如能带点京味儿就更好了。可是，戏校的学生们大多来自南方，说话时总是带着南方方言尖团不分、平翘舌不分的诸多问题，想要短时间内把口音改正，十分困难。这时，朱世慧的优势在同学中就显得格外突出。因为小学就已经在班主任的指导下进行了标准的普通话学习，长期与相声艺术的接触更使他说话里还带着京味儿，每到戏校有晚会时，他表演的相声节目总是声情并茂、嘴里利落，把老师同学们逗得哈哈大笑。这不就是个学丑的好苗子吗？

有一次，戏校打算排演《辛安驿》这出大戏，其中何阴阳这个角色没有找到合适人选。老师们思来想去，最后提出："要不让朱世慧试试吧！这孩子看着挺灵的！"收到学校通知，朱世慧也没多想，就跟着安排给他的丑行老师学起来。教他这个戏的老师，少说也有70岁了。刚开始，朱世慧连走道儿都不会。原来，他所学的老生行当一直走的是方步，可是丑行却小步走。这该怎么走呢？没了既定规矩，朱世慧似乎连手都不知道放哪儿了。老师走两步，他跟着学走两步，老师直摇头："你这走的哪儿有老头的样儿啊？""我，我是跟您学的呀！"朱世慧不明白。"我是这么教你的吗？你看好啊，老年人走路要注意三点，第一，满脚落地，踩得要实；第二，要弯点腰，佝偻着点儿；第三，手要攒着点儿。看明白了吗？你再走走。"老师一一说出要领，让朱世慧再试试。可是，不管怎么走，朱世慧总是找不到感觉。老师让他攒着手，他就捏着两拳头。老师气乐了："你这是攥着两个手榴弹呢？别僵着，放松，随意点儿。"可朱世慧演老生端着惯了，一时还真卸不下身上的劲儿来。老师想了想，"这样吧，你呀，去生活里看看，观察观察。看看老先生们都是怎么走路的。观察好了再来学。"朱世慧回去直发愁，这可怎么办呀？赶巧的是，第二天，学校组织大家去武昌电影院看电影。朱世慧一走进大堂，就看见有一位年岁很高的老先生。他一看，嘿！走路还真和老师说的一样，满脚落地，佝偻着身子，手在身体两边虚空攥着。朱世慧立刻跟上老先生，老先生在前面走，他在后面全方位不错眼地盯着看。老先生去上厕所了，他就在门口等着，等老先生一出来，又继续跟在他的身后。直到老先生落座了，朱世慧才回自己的位置坐下。经朱世慧的细致观察，老年人走路，不仅有老师所说的三个特色，他们的脚步落地的时候还很沉，不像年轻人那么轻盈。通过观察生活，朱世慧找到了饰演老年人的感觉，也通过对细节的准确把握，抓住了人物特点。这一段经历让朱世慧对"戏曲来源于生活"这句话有了更深刻的认识，观察生活，从生活中寻找人物原型并进行艺术上的再创造，成为他日后创作人物的有力手段。

"六一"儿童节那天,《辛安驿》在戏校的省府大礼堂如期演出。朱世慧饰演的何阴阳获得观众的高度认可,尤其是走圆场的一场戏,观众报以热烈的掌声。这掌声让朱世慧懵了,在此之前,他从来没得到过这样热情的掌声,何况这似乎也不是鼓掌叫好的地方啊?他差点把嘴里的词儿都忘了。

演出的成功,让戏校的老师们认定朱世慧在学习丑行方面有极大的发展潜力,恰好学校里也缺少这样的丑角人才。于是,对朱世慧的教学慢慢开始往丑行方向转变。学校排《铁弓缘》,就让他去学石伦。对学校让自己学丑的安排,一开始朱世慧并没有太大的不愿意,一来因为年龄小,学校里老师说什么也就服从安排,二来他感觉这些戏自己只是去

图 9 戏校期间演出《打渔杀家》,朱世慧(右)饰教师爷

帮个忙，主业还是老生。可又有一次，学校要安排学生演《打渔杀家》，临到彩排演出，突然通知朱世慧去学教师爷。这下，朱世慧闹了情绪。这个戏，他从还没进校门就一直唱的是萧恩，演了这么长时间，怎么一下子把自己赶去学教师爷呢？"老师，我演教师爷这是不是有点不归行呀？"他向老师提出抗议，心里非常抵触。"你先学着，先学着。"老师为了安抚他，打着马虎眼。朱世慧没办法，心里虽然有一百个不情愿，也只好先跟老师学。周六回到家，朱世慧的父亲照常询问儿子的学业情况："最近在学什么戏呀？""要排《打渔杀家》！""哦？唱给我听听，我也听听行家说的戏。"朱世慧的父亲很有兴致。"我，我现在在学的是教师爷。"朱世慧有些嗫嚅。"什么？"父亲的声音拔高了几度。"现在老师要我学教师爷。"朱世慧说。"居然让你学丑？不行！我这就去找你们老师去！"朱世慧的父亲急得立刻站起身来。作为一个资深京剧票友，他当然非常清楚在京剧丑行和老生行之间存在的鸿沟和巨大差距。在京剧"生、旦、净、丑"四大行当里，把"丑"摆在最后一个不是没有道理的，只有生行和旦行，才是京剧的大行当。这两个行当不仅剧目多，甚至可以唱一个月不重样，而且所饰演角色基本都是站在舞台中间的主角，因此旧社会挑班唱戏的多是这两个行当。而丑则大多是"红花配绿叶"的那一枚绿叶，以丑为主角的戏码极少，绝不是一个可以挑大梁的行当。让儿子从学主角到学配角，从舞台的中间转为舞台的边缘，这怎么可以呢？又一次，朱世慧的父亲周一一大早就赶到了戏曲学校，向教务处反映了自己的要求："我绝不能培养自己的儿子当一个配角！朱世慧必须接着学老生！"许是学校确实缺少丑行学生，又许是朱世慧确实是不可多得的学丑的人才，这一次，学校并没有像上一次由汉剧转京剧那样答应得爽快。但朱世慧的父亲对于朱世慧继续学老生的问题也绝不松口。僵持不下，这件事最后汇报到了黄振校长那里。黄校长委托教务

处告诉朱世慧的父亲,"学校答应让朱世慧继续学老生,但同时也兼学丑,看这孩子以后自己的发展。"由此,朱世慧成为湖北省戏曲学校京剧科唯一的一位同时学两个行当的学生,并一直持续到毕业。后来,朱世慧每每回忆至此,都万分感慨,正是自己父亲在关键问题上没有松口,这才改变了他的人生。

此后,朱世慧的学习更忙了。每天上午四节业务课,他两节在丑行的课堂上,另两节在老生的课堂上。在丑行这里,他学习了《金玉奴》里的金松,《贵妃醉酒》里的高力士,《群英会》里的蒋干,《女起解》里的崇公道,《法门寺》里的贾桂,等等。遇到老生戏里又有丑角的情况,他就要两边同时学。比如,他跟着郗俊卿老师学《萧何月下追韩信》时,既要学萧何,也要学夏侯婴。

朱世慧的丑行老师名叫张啸庄,工萧派丑行。这位老师原是京剧票友,在北京念大学时,特别喜欢京剧的丑行,不仅在票友组织的演出中经常上台实践,还热爱钻研,爱这门行当爱到痴狂。因他热爱丑行,机缘之下认识了丑行的老祖师爷、富连成科班的总教习萧长华先生,经

图10 戏校期间演出《金玉奴》,朱世慧(左)饰金松,张憨身(右)饰莫稽

图11 戏校期间演出《群英会》,朱世慧(右)饰蒋干

图12 戏校期间演出《双下山》，朱世慧饰小和尚本元

常去萧老家学戏，也和其他丑角名家学，最后下了海（下海：指由票友转为专业演员），跟随剧团去各地演出，又来到武汉市京剧团，最终由黄振校长引入湖北省戏曲学校。和京剧大多数老前辈缺乏文化知识的情况不同，这位大学生出身的老师在文学、历史等方面都有较为扎实的知识储备。如果说，朱世慧之前遇见的老师只能让他明白"知其然"，那么这位老师则致力于让他"知其所以然"。在教戏上，除去舞台上的表演外，张啸庄老师非常注重对台词和人物的分析。教戏时，他首先会分析这出戏的故事情节是什么，需要演的是个什么样的人物，人物的背景是什么，性格是怎样的。接着会帮助朱世慧分析人物的台词，分析这个人物是在什么样的状况下说出这句话，这句话的意义是什么，是否有潜台词，以及人物说话时的情绪是什么，再由情绪和性格引出在表现这些台词时应该怎么念，为什么这么念，萧老前辈传下的是怎样的表演，为什么会选择这样的表演处理方式，等等。

张啸庄老师非常强调，演员在台上的一切技巧都是为塑造剧中人物所服务的。朱世慧还记得，有一次，他在《双下山》

中饰演小和尚本元。戏中有一个下场，小和尚脖子上耍着素珠，在越打越紧的"抽头"锣鼓声中，步子由慢到快，直冲幕内。以往每次演到这里，观众都是报以热烈的掌声，但那一天，朱世慧都已经走到下场门，眼看就要进入幕内了，观众仍毫无动静。这下，朱世慧沉不住气了，为了得到掌声，他临时决定不下场了，而是退着步子又耍着素珠到了台口，这时，观众掌声大作，朱世慧在心理上得到了满足。但是，刚一下台，张啸庄老师就将朱世慧叫至一边，责备如倾盆大雨般兜头泼来。老师严厉地责问道："你是在演戏，还是在耍猴？"朱世慧被问得哑口无言，脸上火辣辣的。张啸庄老师叹了口气，缓了缓语气，开始给朱世慧讲解剧情和小和尚耍素珠时的心境，如果退着走，就完全违背了剧情，更无从表现人物性格。这件事对朱世慧的教育很深。自那次不久之后，学校又安排了他一场演出，在《拾玉镯》中饰演刘媒婆。上场以后的规定情境是，刘媒婆在音乐声中走到孙玉姣门前，一抬手叩门，正应在最后一锣上，屋里的孙玉姣也在这一锣中显得惊慌失措。但那一天，朱世慧抬手抬早了，如果不等锣响就叩门，不但破坏了戏的整体节奏，而且会冲淡气氛，怎么办呢？朱世慧急中生智，在等锣响的空间里，加了一个探着身子往上场门方向瞭望的动作，加重渲染了刘媒婆此时的忐忑心情，然后，再回身抬手叩门，正好凑上最后一锣。这个即兴动作立刻受到张啸庄老师的肯定和表扬。这两次演出中老师对朱世慧的一贬一褒，引起了他长久的深思。朱世慧认识到，这两次一成一败的原因只有一个，就是老师平时教导他们的"装龙像龙，装虎像虎"，演戏是演人物，不是表现自己。戏曲本身有丰富的表现程式，演员在舞台上切忌滥用，要使一招一式都有明确的目的，要为表现人物和特定情节服务。

跟着张啸庄先生，朱世慧不仅学会了大量丑行传统戏，更重要的是明白了前辈大师们在创造人物时背后的逻辑思想和艺术处理方法，树立起了正确的创作意识,对他日后自己创排新剧目、创作新的人物形象埋下了一颗生机勃发的种子。

跟随张啸庄老师,朱世慧有幸得见萧长华老先生的真容。1961年夏季的一天,张啸庄老师去北京看望萧长华先生,带上朱世慧一同前往。那是个阳光明媚的上午,在一间宽敞的四合院里朱世慧见到了萧长华先生。坐下聊天前,萧老沏好一壶茶。他问朱世慧:"孩子,喝茶吗?""我、我、我不会喝茶。"朱世慧站起来战战兢兢又毕恭毕敬地说。"没事儿,尝点儿。"萧先生给朱世慧找来一个小茶碗。张啸庄老师和萧长华先生聊的无外乎是一些许久未见的问候,他问候萧老的身体情况,萧老则关心他在武汉过得如何,在南方是否待得习惯。至于朱世慧,他全程处在一种极度激动的情绪之中,眼睛始终盯着萧长华先生的一举一动,他看着萧长华先生留着山羊胡子,说话的时候时不时捋一捋,仿佛见到了神仙。半个多小时的时间转瞬即逝,却在朱世慧脑海中留下极为深刻的印象。

张啸庄老师对朱世慧的教导是不遗余力的,也是无私的。因为曾为票友,他并无门第的窠臼陈规,反而鼓励朱世慧应该多向不同的老师学戏。《秋江》里的老艄翁就是朱世慧向小生名家杨玉华老师学习的。学这出戏时,朱世慧同样发挥了自己观察生活、寻找人物特点的艺术处理方法。那时,武汉过河要坐木筏子,朱世慧发现,船工撑船时,因为太阳照着水面,反射的阳光刺眼,他们总是习惯眯缝着眼睛。那么《秋江》里的老艄翁是不是也如此呢?他就把自己观察到的人物习惯运用到了戏里。这个表演上的小细节得到了老师的夸奖。在戏校,《秋江》也成为朱世慧常演的剧目。

朱世慧在丑行上进一步明确方向是在1960年,那一年,陈鹤峰先生来到戏校担任副校长。他看到戏校京剧科整体风貌不错,五六十名学生人才济济,便产生了一个较为长远的规划。那时,在湖北,只有武汉

图 13 戏校期间演出《秋江》，朱世慧（左）饰演老艄翁，宦桂珠（右）饰陈妙常

市京剧团一个市级京剧院团，还没有省级京剧院团。陈鹤峰打算，五年之后，以戏曲学校京剧科的学生们作为班底，成立湖北省京剧团。由他挑梁作为主演，再带着这些学生一块儿成长。基于这个规划，陈鹤峰一方面非常重视京剧科学生的培养工作，另一方面也希望尽量使这个班底的行当搭配齐全。陈鹤峰来戏校时，朱世慧已然生、丑兼学了一段时日，陈鹤峰观看过朱世慧饰演的教师爷等，心中相中了这个学生可在日后自己挑梁唱戏时作为丑角给自己搭戏，因此有心对朱世慧在丑行方面进行栽培。当他教授朱世慧麒派老生戏时，总是会单单嘱咐他一句，倘若学《萧何月下追韩信》，他便说："这个夏侯婴你得盯着。"教《乌龙院》，他便说："这个张文远你得盯着，这是丑行应工的。"教《路遥知马力》，则让朱世慧注意日久的演法。

戏曲学校经常组织"师生合演"，即让老师们带着学生在台上演同一出戏，以此提高学生的演戏水平，及早发现问题，从而更好地指导下一阶段的学习。陈鹤峰演戏时，常点名要朱世慧陪他一块儿，他演《四进士》，朱世慧便是"一赶三"：一赶刘二混，二赶看堂人，三赶绍兴师爷。陈鹤峰是老师，又是戏校副校长，因此和他一块儿演戏，朱世慧觉得格外地发怵，表演起来难免紧张，无法完全放开。陈鹤峰总是鼓励他："你放开来演，没关系。你要先学会放开，等到需要收的时候我会告诉你的。"能够和陈鹤峰一起演戏，朱世慧收获很大，陈老师"活儿全在分寸间"的明快的节奏感，入戏时的劲头与神情，似乎都在逼着朱世慧、刺激着朱世慧将自己的表演调动、激活起来，他不仅要能接住老师的戏，还要争取可以有来有回。每次演完，朱世慧总要感慨："演得真过瘾呐！"除了与陈鹤峰搭演麒派戏，朱世慧还与花脸老师叶盛茂合演过《法门寺》，正是朱世慧在这出戏里精彩的表演，给时任楚剧科丑行老师的余笑予留下了深刻印象，才有了后来的《法门众生相》。当然这是后话。

此外，朱世慧还与老师们合演过全部《玉堂春》，王金龙由杨玉华饰演，蓝袍有时是郜俊卿老师，有时是陈鹤峰老师，他的同学王明仙饰演苏三，崇公道有时由张啸庄老师演，有时则由朱世慧演。师生合演，对朱世慧的丑行学习提高很大。所谓"千学不如一看，千看不如一练，千练不如一演"，老师台下教完，再在舞台上带着演一遍，一场下来，朱世慧对戏的理解力、感悟力，以及分寸、节奏各方面的把握一下就比其他同学高出好几倍。这也是老师们有意要培养、提拔朱世慧。

除了在校内与老师们学习，1961至1963年，朱世慧还获得向北京的诸多丑角名家学习的机会。1961年，注重人才培养的黄振校长与中国戏曲学校的史若虚校长商定，选派湖北省戏曲学校的部分学员前往北京进行更深一步的学习进修。当年暑假，朱世慧和同学们跟着老师来到北京。两个月的时间里，他在中国戏曲学校向汪荣汉学习《双下山》，在北京京剧院向钮荣亮学习《昭君出塞》。

1962年初，北京京剧团的张君秋与武汉京剧团的高盛麟"走马换将"，成为京剧史上一大盛事。张君秋带着小生刘雪涛、小花脸李四广、老旦耿世华来武汉演出。尚是冬末春初，寒风料峭，但汉口人民大舞台的门口早已盘起了买票的长龙。人们连夜排队，只为抢得一张《望江亭》的戏票。《望江亭》一贴数场，场场爆满，票价已经涨到一块多钱，这在那个年代可是个不得了的大数字。纵然如此，仍是一票难求。戏校每场只能组织几个学生前去观看。当时，校内正准备排演《望江亭》，安排由朱世慧饰演杨衙内，他因此得以进入戏院，连着看了四天《望江亭》。朱世慧看此戏，是带着任务去的。他必须努力地记下这出戏的大致剧情、走位，以及自己将要饰演的杨衙内的戏词，以及基本的演法。看完戏当天晚上，就要和老师同学们开个小会，将各人记下的部分对上一对，从而捋出这出戏大致的全貌。接着，根据回忆，他与同学们要先搭出这出

图14 1961年湖北省戏曲学校组织学员赴北京学习（左三朱世慧）

戏的大致框架,做到基本会唱、会演。而最让朱世慧感到惊喜的,是在陈鹤峰老师的盛情邀请下,有一天下午,张君秋、刘雪涛、李四广三位先生亲自来到戏校排练厅,为他们教授《望江亭》。对当时的戏校学生们来说,这就好比今天见到大明星一样激动。教授朱世慧的丑角名家李四广先生是一位德艺双馨的艺术家,受人尊重,为人和善,对这些戏校的孩子非常亲热,给朱世慧说起戏来非常细致,绝不因他们年纪小而马虎糊弄。他给朱世慧详细分析了杨衙内喝醉酒的三个层次:由清醒到略微迷糊失态,再到酒酣耳热,原形毕露,最后至酩酊大醉,舌头满嘴打转。看朱世慧理解起来有些吃力,李四广先生亲切地拍拍朱世慧的脑袋:"小子,没喝过酒吧?""没有,我不敢喝酒。"朱世慧老实相告。李四广先生并未露出丁点儿不耐烦的神色,"你听好了啊,这喝了酒,首先是头要发晕,眼神带点迷糊,舌头要绕嘴。我再给你示范一下。"在李四广的

图15 戏校期间,张君秋(左一)、李四广(右二)两位老师为朱世慧(右一)、王明仙(左二)教授《望江亭》

悉心教导下，朱世慧饰演的杨衙内神形兼备，演出时受到高度评价。李四广先生在武汉演出期间，朱世慧还专门溜进剧院观摩了《孔雀东南飞》中李四广饰演的恶婆婆，并在日后自己演婆子戏时借鉴了当时记下的李四广先生的绝妙演法。也是在1962年同年，上海京剧院在武汉巡回演出一个半月。其间，经陈鹤峰老师介绍，朱世慧耗时三天，向孙正阳先生直工直令、一招一式地学习了《小放牛》。此后朱世慧在学校里经常演出这出戏。

图16 著名京剧丑角艺术家孙正阳（左）与朱世慧（右）合影

1963年暑假，朱世慧与同学们再次来到北京进修学习。这一次他和旦角王明仙在张君秋先生家学习《诗文会》，仍是由李四广给他教授车步青一角。《诗文会》后来也成为京剧科演的较为频繁的剧目。在学习《诗文会》间隙，李四广在北京工人俱乐部又单给朱世慧教授了一出《老黄请医》，钮荣亮给朱世慧教授了《艳阳楼》中的贾斯文一角。

1963年回到戏校后，张啸庄老师又按照萧派丑行的规矩重新教授了朱世慧《三不愿意》《打面缸》《拾玉镯》《苏三起解》《连升店》几出戏。

在生、丑"两门抱"的过程中，朱世慧对自己学习丑行的心情始终是复杂的。一方面，学校老师十分培养他，认为他是学习这行的好苗子。他自己在学习丑行的同学中也始终是翘楚，表演优异，成绩拔尖，获得大家认可。同时因为自小喜欢相声的缘故，他对丑的行当特点和塑造的人物角色并不反感，有时甚至挺喜欢。另一方面，他的父亲始终反对他学丑，多次强调只有学老生才能成为站在舞台中间的主角，而学丑成不了角儿。在学校里学了丑行的相关戏，朱世慧回家也不太敢在父亲面前提起，心里发怵。受父亲的影响，他对丑这一行当有些想法，再加上身边看到的一些真实案例，让朱世慧心中疑虑重重——仅从物质上来说，教老生的陈鹤峰老师每月能有650元的工资，而教丑行的张啸庄老师每月工资仅有120元。自己学了丑行，将来能有多大的前途呢？他虽不得不听老师的话学习丑，但在脑海中始终留存一个大大的问号。因此在前期的学习中，他将学戏的重点仍然放在对老生的学习上，对丑的学习兴趣不大。

让朱世慧真正坚定自己学丑的决心与信心的转折点发生在1962年。那一年，上海京剧院来武汉巡演，在湖北剧院演出李玉茹的《梅妃》，由孙正阳饰演高力士。朱世慧去到后台看望孙正阳先生。孙正阳先生正在扮戏，看见朱世慧招呼道："来啦？我忙着呢，我先拍个底彩。"朱世慧一惊。拍底彩？在教朱世慧的老师中，他从来也没有看过有哪一位丑行老师化妆是需要拍底彩的。往往是素脸，搽上红胭脂，刷上白豆腐块，直接勾眉毛眼睛。但孙正阳先生却是先铺底彩，再抹红，定妆，之后画完豆腐块，还需再定一次妆，最后勾眉眼。这种扮相的小花脸朱世慧第一次看见，妆面那么干净！那么漂亮！当天晚上，孙正阳在《梅妃》中扮演的高力士也让朱世慧大开眼界。以往他学的都是北派的小花脸，但孙正阳却是敢于革新的。他对高力士这个人物的塑造，一举一动都透出一个"美"字。这是朱世慧第一次看见丑行可以这么化妆，第一次看见丑行可以在舞台上有不同的人物处理方法，一下子改变了他以往对丑行的刻板印象。他第一次觉得，原来"丑"也可以这么美！在那一刻，朱世慧突然觉得自己真正地喜欢上丑角这个行当了。丑也是可以被演美的！他的心中阴霾顿开。那次巡演，他还看了孙正阳先生的《挡马》《五人义》《大英杰烈》，孙正阳先生允文允武，让朱世慧由衷佩服。后来他演《智取威虎山》中的栾平，《磐石湾》中的08，都借鉴学习了孙正阳的演法。从此以后，朱世慧喜欢上了丑行，对学丑行的戏也再没有排斥感了。在化妆上，他也借鉴了孙正阳拍底彩的方法，以淡淡的肉色打底，整个妆面干净漂亮。

生、丑"两门抱"的学戏经历，对朱世慧来说仿若擎天大厦的磐石之基，奠定了他整个艺术生涯的深度和广度。现在回头看看朱世慧由"生"转"丑"，虽然与"生"相比，"丑"属偏行，但不得不承认，丑行在戏曲中是颇有特色的。丑行演员要戏路广，功底深，所谓"上至八十三，下至手里搀"，都是丑行扮演的对象。再说，丑行还是中国戏曲的开山鼻祖，远在唐朝戏曲尚未形成完整的艺术形式之前，就有了擅长笑谑幽默的"弄参军"，其中"苍鹘"一角就是现今舞台上丑行的前身。因此，朱世慧的由生改丑也可以说给他提供了一个施展艺术才能的新机遇。有人说：弱者等待机遇，而强者创造机遇。朱世慧就是把握了这个人生的转折，为自己创造了更多可能。从其以后的演戏道路回望，至少可以总结出三条裨益：其一，朱世慧以老生行入戏门，在生理条件上，他有着一条高亢纯正的好嗓子。特别是他向著名麒派老生陈鹤峰学过老生，对老生的行腔归韵、吐字发声有所掌握，与一般的丑行比起来，他不仅不惧胡琴，还能将丑行讲究跳跃顿挫的行腔和麒派老生要求深厚有力的喷吐结合起来，在唱上更有优势。其二，很多人认为朱世慧嘴皮子有劲。这一方面得益于丑行本身给他打的基础，因为念白是京剧丑行的一个重要的表现手段，所以它自然也就成了朱世慧训练的一个重要的基本功。另一方面，麒派老生在咬字上也是极有特点的流派，尤其是陈鹤峰老师非常重视培训朱世慧的念字，不仅嘴皮子要有劲，还要讲究快慢节奏、抑扬顿挫。两两加成，这就使得念白也成为朱世慧的强项，念起来如干板剁字，干净入耳。其三，京剧的表演是通过一些程式动作来完成的，丑行是唯一能够"出得厅堂，下得厨房"的角色，可以在任何时间和地点出现，不受局限，其说辞也可以随心调侃，不受条条框框的约束。但有时也难免失于规范。这也就是为什么人们常说丑行里文丑最难演的是汤勤、蒋干、张文远，因为这三个角色要在不失规范的情况下演出丑的韵味来。当初朱世慧在老生初学丑时，身上因规范多而难以松懈，如今这些规范反哺为滋养他丑行的养料，让他从内里生出一份独属于老生的气质，在丑行中独树一帜。

多年以后，当朱世慧凭借《徐九经升官记》打开局面，形成影响后，他的父亲也不禁感叹："当年你们戏校的老师和校长确实独具慧眼！"

见多识广曰守正

戏校阶段，也是朱世慧增长自己眼界的重要阶段。在自己的学校里，凡是有老师演出或是师生合演，他总是抢着去看。即使不是自己的本行当，他也愿意多与老师们合演。戏校的武生老师贺玉钦人称"勇猛武生"，在戏校里师生合演《三岔口》，他饰演的任堂惠一个飞脚可以过三张桌子。朱世慧不仅常看他的戏，在贺玉钦演《闹天宫》时，朱世慧还串演过花果山众猴中的大猴。在桃园里"偷桃"一折，贺玉钦饰演的美猴王拔根毫毛一吹，朱世慧饰演的大猴便从幕后单独翻出来。除了京剧科老师们的戏，汉剧科、楚剧科的戏朱世慧也常去观看。遇到精彩唱段，他也会用心学习。比如，他曾自学过楚剧科老生教师李雅樵在《访友》中梁山伯的唱段，在《打金枝》中皇上的唱段，以此丰富自己。

当年的武汉京剧团是一个了不起的剧团，拥有高盛麟、郭玉昆、关正明、高百岁、陈鹤峰、李蔷华、高维廉等多位大家名角儿。朱世慧几乎每周都想方设法去观看他们演出。当时，京剧科的学生们住在湖北剧场附近的阅马场。朱世慧他们往往要坐电车到三民路，再走到民众乐园去江夏剧场看演出。等演出结束时，时钟早已指向十一点半，电车已经收班，朱世慧得和同学们从汉口民众乐园、六渡桥一路走回武昌阅马场。清凉的夜晚，长长的马路，然而当时的朱世慧却不觉得辛苦，有时候走

图 17 朱世慧练习矮子步

在半道上,他还拉起架势练练跑圆场,有时穿着练功鞋练练矮子步。

武汉是享誉全国的"戏曲大码头",凡是名家大角儿总要到此登台演出。除了此前提到过的周信芳、张君秋外,朱世慧还观看过"四大名旦"之一、花旦名家荀慧生先生的演出。那时,荀慧生正在武汉的湖北剧院演出全部《金玉奴》、全部《红娘》等戏。演出持续一周,场场爆满,一票难求。朱世慧没有票,怎么办呢?他发挥自己的武功底子,打算从剧院后台的围墙上翻进去。当时,荀慧生先生正在自己的化妆室里扮戏,朱世慧也是初生牛犊不怕虎,竟直接敲了敲荀先生化妆室门上的玻璃窗。荀先生抬头一看:"哟!你们是哪儿的?"朱世慧说:"我们都是湖北省戏曲学校的,我们想看您的戏,可是我们没有票。""来来来,快把这些孩子们抱下来。"荀先生招呼身边的工作人员,竟一个个地把朱世慧和他的同学们从围墙上抱了下来。用这种法儿,朱世慧得以天天看荀慧生先生的精妙演出。赶巧,那时与荀慧生合作的还有一位非常厉害的丑角大师朱斌仙先生,他有着不同于朱世慧的丑行老师们所教的另一种丑行表演的处理方法和念白方法。朱世慧得以开了眼界。

除了在武汉,1961 年和 1963 年赴北京期间,除了进修学戏,朱世慧他们更重要的是看戏、观摩,由此有机会见到一些北京的老前辈和大家名角儿的好戏。1961 年,他观看了马连良的《三娘教子》,马连良和谭富英的《赵氏孤儿》。观看了张君秋、裘盛戎、马长礼的《大探二》。在北京吉祥戏园,他观看了裘盛戎、李多奎的《赤桑镇》、《秦香莲》。

在北京中山公园音乐堂,他观摩了马富禄和茹富华的《连升店》。尤其是马富禄在念白时嗓子响堂,带着堂音,给朱世慧留下极为深刻的印象。他觉得,丑在念白时带着堂音,显得嗓子又宽又亮,非常悦耳好听。自此之后,朱世慧在念白时都会有意识地寻找带着堂音的发声位置,用这样的声音念白。他也开始认识到,虽然老生和丑都是大嗓念白,但应该发挥丑行的自身特点,用丑行代表性的嗓音念白,而不应用老生的本工。在北京长安戏园,朱世慧观看了张春华和高玉倩的《小放牛》,张春华厉害的矮子功让他钦佩;观看了张春华和张云溪的《三岔口》,在朱世慧的印象里,那是他见过最好的《三岔口》。1963年,朱世慧主要在张君秋家跟着李四广先生学习《诗文会》。他们通常在十点半后抵达张先生家。张先生说戏极其认真,他要求学戏必须得打起调门儿来唱。朱世慧在一旁听张先生教学,心里感叹:原来京剧唱腔还能这么讲究呢!学戏的间隙时间,他观看了李和曾的《逍遥津》。这是他第一次听高派老生戏,高昂激越的唱腔让他深深震撼:原来老生还有这种唱法!原来天下还有这么好的嗓子!原来京剧竟然还有这么大一个导板!此外,他还有幸观看了李少春的《白毛女》《大闹天宫》。那是他第一次见北派的美猴王。

可以说,正是在对这些前辈艺术家演出的观摩和学习中,朱世慧对京剧的认识一步步加深了,由喜爱京剧,到敬畏京剧。在学戏初入门的阶段能够见到这些好角儿,他备感

图 18 著名京剧丑角艺术家张春华(右)与朱世慧(左)合影

振奋。"原来角儿是能把戏唱成这样的呀！"他感到自己学戏更有目标、更有奔头了。也正因为有了这样多看、多听的过程，朱世慧才得以知道京剧的本源是什么，京剧需要"守正"的"正"是什么，从而在以后的创作中能够在坚守京剧本体的基础上进行创新性发展。

学演现代戏，学会"描红"

1964年六七月间，全国现代京剧观摩汇报演出大会在北京举行。此次会演推出35个剧目，包括哈尔滨市京剧团的《革命自有后来人》、天津市京剧团的《六号门》、上海京剧院的《智取威虎山》、中国人民志愿军京剧团的《奇袭白虎团》、武汉市京剧团的《柯山红日》等。随着全国排演现代戏的气氛越来越浓烈，湖北省戏曲学校的课程也从一个月教一出或两出传统戏，慢慢向学习排演现代戏转移。他们首先排演的是哈尔滨京剧团的《革命自有后来人》。这出戏在1964年前就已在哈尔滨演出引起轰动，上演逾百场。说来也奇怪，许是朱世慧生、丑两门抱的缘故，学校给他安排角色时往往并不只安排丑角应工戏。在《革命自有后来人》中，朱世慧饰演鸠山。这出戏他在学校唱了很多场，后来武汉市京剧团从戏曲学校借调两名学生去演该戏时，陈鹤峰老师还特意点名让朱世慧陪他共同演出。此后，戏校又排演了天津市京剧团的《六号门》。朱世慧饰演的小六子若从行当上说应算半个武生，有一场戏，他需要从高高的桌上翻下来。对于这些安排，朱世慧都欣然接受，乐于学习尝试。

这一年，朱世慧还跟着陈鹤峰老师，与十几个同学一道前往上海京剧院学习了一批小戏。比如，向李玉茹和尹鸣铎学习《审椅子》中地主

图19 戏校期间演出《革命自有后来人》，朱世慧（左三）饰鸠山

图20 戏校期间演出《六号门》，朱世慧（右四）饰小六子

一角,跟童芷苓学习《送肥记》,跟李炳淑学习《两块六》,以及去往上海青年京昆团,学习现代小戏《母子会》。

1965年7月1日至8月15日,中南五省(河南、湖北、湖南、广东、广西)和武汉、广州部队,在广州举行戏剧观摩演出。这是继1952年在武汉举行的"中南区第一届戏曲观摩会演"之后,一次规模空前的戏剧盛会。参加这次会演的除话剧、歌剧、京剧外,还有地方戏的19个剧种。参演的51个长短剧目,除8个革命历史题材和1个反映国际反帝斗争的剧目外,其余42个都是反映社会主义革命和建设的,从各个方面表现了时代的面貌。其中,由湖北省戏曲学校楚剧科教师余笑予导演的楚剧《双教子》在此次会演中得了大奖,并被珠江电影制片厂看中拍成艺术电影。湖南花鼓戏《打铜锣》(由湖南花鼓戏剧团著名演员凌国康主演)也反响热烈。湖北省戏曲学校决定由京剧科将湖南花鼓戏《打铜锣》移植改编后上演,朱世慧被选中饰演其中的主角蔡九。《打铜锣》写的是农村题材,讲的是秋收季节的南方农村,生产大队委派社员蔡九打铜锣,督促社员关好鸡鸭,防止糟蹋庄稼的故事,反映人民公社的社员爱集体的主题。朱世慧学完蔡九没多久,湖南花鼓戏剧团就到武汉演出来了,恰好在湖北剧院演出《打铜锣》,且第二天便要到湖北戏曲学校观看学生们的汇报演出,朱世慧新学的京剧《打铜锣》也位列其中。要在原创团队面前表演该剧,朱世慧既兴奋又紧张。当晚,他特意前去观摩取经。大幕刚一拉开,演员还未上场,观众就报以热烈的掌声。原来,湖南花鼓戏剧团给该戏设置的舞台布景十分写实,惟妙惟肖。等到凌国康扮演的蔡九敲着铜锣上场,充满生活化细节的表演极尽生动,跟朱世慧之前所学的表演大有不同。朱世慧边观演,边注意模仿凌国康的神情动作,整场戏下来,竟也模仿了个八九不离十。光神似,朱世慧还不满足,他要追求神形兼备。那时,他所留的是中等长度的短发,而凌国康则是短短的寸头。于是，第二天，朱世慧起了个大早，在剧场附近找到一家理发店，要求剃头师傅将他的头发理短。没想到，那位师傅一边剃头一边和旁人聊天，手下一个没留神，竟将朱世慧的头发全部剃光，成了个大光头！这下，朱世慧慌了。一会儿自己还要去剧场化装扮戏呢！这样光溜溜的脑袋，岂不算是一个大大的舞台事故？眼看演出时间将至，朱世慧只能硬着头皮来到剧场后台。迎面正撞上戏校的黄振校长。黄校长一看到朱世慧，"哎哟我的娘耶！"忍不住脱口叫出了声。一旁楚剧科的丑角教师余笑予笑了起来，他灵机一动，"我来我来。"他把朱世慧拉到一边的椅子上坐下，找出黑色的油彩均匀地拍打在朱世慧的光脑壳上，拍完以后，再用粉扑淡淡地扑上一层粉。从远处看去，真的如同寸头短发一般。朱世慧终于得以顺利上场。没想到，他本身在后台受了惊吓，上台以后又希望可以弥补回来，因此在表演时付出全力，"呼啦啦"竟出了一头大汗。这一下可好，汗水伴着油彩，一道道黑水顺着他的脑袋滴滴答答往下流，别提多狼狈了。好在，他超强的反应能力和出色的表演还是得到了凌国康的夸奖，而这段"油彩当头发"的故事在同学中也成为流传甚广的校园美谈。同年，凌国康在汉口开办了中南培训班，专门教授《打铜锣》《烘房飘香》《补锅》等现代小戏，朱世慧参加了培训班，并重新和凌先生学习了该剧。这出戏在学校里较受欢迎，演出了很多场，武汉电台还给朱世慧专门录了音。后来，时任中南局第一书记的陶铸先生去武汉考察时，朱世慧在宾馆里给陶铸演出了这部戏。

可以说，在1964至1965年，朱世慧都一直肩负着学习现代戏并参与演出的重要任务，一刻也没有闲着。与传统戏注重一招一式的学习传承不同，新编现代戏基本有着明确的主题思想，人物角色也往往起着烘托主题的作用，因此更为注重对人物形象的分析。同时，传统戏因为所

述故事年代久远，从水袖髯口到服饰道具虚拟意味更强，表演的程式化也更为浓重。而现代戏则紧贴时代，布景写实，要求表演更接地气，需要演员由端着的状态放松下来。对朱世慧来说，这是又一次学习提高的过程。

1965年下半年，朱世慧即将迎来毕业。按照陈鹤峰老师之前的想法，京剧科的学生毕业后，将组建湖北省京剧院，下分两个团。然而，时局已悄然发生变化。1966年，一场席卷中国大地的运动如摧枯拉朽的飓风，吹散了一切构想。毕业的学生无法进行分配，只能留校"闹革命"。这一时期，京剧科所有的传统戏已经全部停演，师生们的主要精力均放在对革命样板戏的学习排演上，排演的样板戏包括《红灯记》《智取威虎山》《沙家浜》《海港》《奇袭白虎团》《龙江颂》《杜鹃山》《磐石湾》等。在这些戏中，朱世慧均担任了较为重要的角色。他是《红灯记》中的王连举，《智取威虎山》中的栾平、《沙家浜》中的刁德一、《海港》中的韩小强、《磐石湾》中的08、《奇袭白虎团》中的伪排长。通过这些人物，可以看出朱世慧在角色的选择和塑造上拥有比一般老生或丑更为广阔的空间。

有意思的是，在演出这些样板戏时，为了配合主演们赶场化装，部分场次开场的闷帘导

图21 戏校期间演出《白毛女》，朱世慧（左一）饰穆仁智

图22 戏校期间演出京剧样板戏《沙家浜》，朱世慧饰刁德一

板是由朱世慧试先在幕后演唱完成的。比如《智取威虎山》中高亢的"穿林海，跨雪原，气冲霄汉"，《奇袭白虎团》中严伟才改装后唱的"巧改扮，捣匪巢插入敌人心脏"，等等。这两出戏的导板都不好唱，最后两个字皆为嘎调，但每次朱世慧都能出色地完成。

样板戏的学习要求非常严格，从服装道具到舞台走位，从唱腔唱词到身段动作，甚至是唱段的时长，都要求一秒不错地按照样板复刻，否则就要"犯错误"。可以说，学习样板戏，就好比写大字的"描红"。为了学习《沙家浜》，武汉市京剧团的高盛麟专门将谭元寿请来武汉，朱世慧也在湖北省戏曲学校的组织安排下前去聆听学习。他们还去北京观摩学习《磐石湾》，去上海学习《海港》《龙江颂》，等等。每一次的观摩，对他们来说都是一次记忆力和观察力的集训。导演要忙着画图记方位调度，演员要对自己所学角色的唱段进行大脑"录音"。除了明晰自己负责的人物角色怎么演外，朱世慧还需连带记下对手演员的演法。每次观摩结束，大家要立刻聚在一起复盘研究，遇到不明白的地方，有时需要偷偷向主演们再次请教。在上海观摩学习《海港》时，朱世慧就曾私下拜访过该剧主演李丽芳，由她请剧组老师教工人扛包等舞蹈动作，再进行排练。

学习样板戏的阶段，对朱世慧来说是一段新的学习体验。样板戏在艺术上多是精益求精、精雕细琢之作，要"描红"样板戏，达到样板戏的标准，无形中对朱世慧在唱念做表等各方面都提出了更高的要求。此外，样板戏在艺术形式上融入了大量创新元素，唱腔、念白、服饰、道具以及音乐均大不同于以往，如设计有层次的成套唱腔，妥善处理声与情、流派与人物、韵味与形象三方面的关系；将交响乐队引入京剧伴奏，改变了京剧"三大件"较为单一的听觉印象等。这些都促使朱世慧不断学习新的知识，对艺术的理解力也进一步提升扩展。

如今，朱世慧回忆起戏校经历，常常引用那时老师常说的一句话："肚子就是仓库，装吧，学吧，搁里头不会烂掉的，总有用到它的一天。"戏校里广收博采的每一点，在时光的日积月累中都沉淀为他艺术仓库里的宝贝，在今后的艺术创作中任他淘选、化用，受益一生。

第三章
"丑生"第一人

跑出创作人物第一步

1970年夏天，与朱世慧同一届的戏校学生们面临毕业分配的大问题。根据政策，汉剧科的学生大部分分到湖北省汉剧团，楚剧科的学生分到湖北省楚剧团，省级院团里唯独没有京剧团。由此，当时的省领导决定，以湖北省戏曲学校这一届京剧毕业生为主体，成立湖北省京剧团。湖北省京剧团不仅包括大部分戏曲学校京剧科的毕业生，包括学校排演样板戏期间，因为京剧科人员不够而向汉剧和楚剧科借调的部分学生，还包括戏曲学校各个科的退休老师、学校行政管理岗位的老师、京剧科的老师以及汉剧、楚剧的武功老师。此后，又陆续招入十几个中国戏曲学校毕业的学生。一时之间，湖北省京剧团成为湖北省规模最大的戏曲院团。

最为重要的是，湖北省京剧团保留了原戏曲学校一支优秀的创作人才队伍——余笑予，楚剧科教丑行的老师，优秀的导演人才，进入戏曲学校之前就创排过现代戏《刘介梅》；谢鲁，教授历史的文化课老师，在音乐作曲方面有很多经验，曾移植过歌剧《江姐》；习志淦，汉剧科二净花脸，很好的戏曲编剧；欧阳明，汉剧科武生，戏曲导演。此后，又吸纳了中国戏曲学院毕业的小花脸、一位特别善于攒故事的戏曲编剧郭大宇。最终，成立了湖北省京剧团创作组——这支创作组，后来为湖

图23 朱世慧（右一）与同事在大街上宣传演出

北省京剧团成为"五连冠"院团立下汗马功劳，也成为朱世慧艺术生涯中的重要合作伙伴。

京剧团成立初期，仍以演样板戏为主。带着《龙江颂》《磐石湾》《海港》等戏，朱世慧跟着院团下部队、下农村，到地市县进行慰问演出。常常是一声令下要出门，他们就得立刻打行李、背背包，在大卡车车厢里放上长凳、摇摇晃晃地出发。晚上，则睡在破旧礼堂后台的大通铺上。寒风凛冽的冬天，他们在山坡上慰问部队，在四面窜风的广场上搭台演《海港》，朱世慧将母亲专为他做的小棉坎肩衬在汗衫里穿着，仍是冻得直打哆嗦，手指都是僵硬的。正是在演《海港》的过程中，一个天大的机缘降临在朱世慧身上。

当时，中央文化小组根据群众意见，在全国开发了三个地方小戏，后来又叫"样板小戏"，它们是湖北的楚剧《追报表》、山东的吕剧《半边天》、浙江的越剧《半篮花生》。这三部戏，均有拍成戏曲艺术电影的打算。

1973年，楚剧《追报表》的拍摄工作提上日程，由长春电影制片厂负责影片拍摄任务。楚剧《追报表》讲述了红岭大队在年终产量汇报过程中，实事求是汇报生猪产量的故事。为了选择合适的电影角色人选，长春电影制片厂的知名导演严恭带着整个摄制组来到武汉。他们首先观看了楚剧团表演的原版《追报表》，严恭导演对其中的2号人物、会计小张的扮演者提出了异议，认为其在剧中的表现没有达到自己心目中理想的人物形象，决定另外物色人选。由于摄制组远道而来，当天晚上，武汉的军代表招待摄制组观看湖北省京剧团的演出，当晚的演出剧目正是朱世慧参演的《海港》。

值得一提的是，由于朱世慧在戏校学戏时生、丑两门抱，戏校组建京剧团后，领导与同事们都对他知根知底，因此在样板戏的角色安排上，对他并不囿于其本行丑行。除《智取威虎山》中的栾平归了行外，《沙家浜》中的刁德一、《红灯记》中的王连举均是老生应工。在《海港》中，如按朱世慧的本行，他原本应该饰演钱守维，一个搞破坏的仓库保管员，是个反面人物。但由于他老生与丑行技艺兼备的特点，最终的角色分配中，朱世慧饰演的是一个由老生应工的人物韩小强，一个不甘心干装卸工的小伙子。正因为这种安排，朱世慧塑造的韩小强进入了严恭导演的视野，并与导演心中的理想人物模型达到了某种契合。严恭导演当即表示："我看这小子行！"

很快，楚剧团的电话就追到了朱世慧的京剧团传达室，"朱世慧同志，楚剧《追报表》剧组导演选中了你，请你于明天上午去楚剧团报到，导演需要与你做进一步沟通。"接到电话，朱世慧激动极了！虽然这部戏与京剧隔着剧种，可湖北省戏校原本就有京、汉、楚三科，学戏时朱世慧没少受楚剧的熏陶，楚剧的传统剧目《百日缘》《访友》也曾自学过，完成这部戏并不成问题。何况，这部戏还将拍电影，这可是自己的第一次"触电"呀！晚上，他躺在床上翻来覆去，激动得怎么也睡不着。倒是他的新婚妻子在一旁调侃安慰他："你呀，快睡吧！明天能不能选中你还不一定呢！还是睡觉要紧！"第二天一大早，朱世慧就迫不及待地蹬上自行车奔赴楚剧团。严恭导演与他打个照面，又交谈了几句，频频点头，指着朱世慧与身旁的副导演低语几句，副导演当即拍板："严导说，就是他了！"组织上很快与朱世慧谈了话，将他借调到楚剧团，希望他好好把握这次机会，把这部戏演好，出色完成任务。

朱世慧进入楚剧团后，第一件事便是随同《追报表》剧组去往湖北孝感农村体验生活。在这期间，他接触了黄陂、孝感的十几个大队小队的100多名会计，与他们同吃同住同劳动，晚上也住在会计家里。朱世慧发挥了在戏校时观察生活、提炼出典型人物的典型动作的创作方法，同时，他观察到农村的会计们都会斜背一个军绿色布书包，平时将账本、算盘都放在里面，他将这一从真实生活中提炼的细节也运用在了戏里。

半个多月后，朱世慧回到武汉，开始正式学习、排练楚剧《追报表》。这出戏的舞台导演是楚剧的名丑熊剑啸先生。有意思的是，第一场戏，朱世慧就遇到了平生未遇的一个大难题，他突然"不会"跑步了！怎么回事呢？原来，楚剧《追报表》的第一场戏，开头描述的是老队长出场要向上级去交报表，朱世慧饰演的小会计要在幕里高喊一声"老队长——"然后跑着上场叫住老队长。可是，朱世慧却怎么也迈不开脚，愣是跑不出去。导演急了，"你倒是跑啊！"怎么跑呢？朱世慧紧走两步，总觉得哪里别扭得慌，手脚仿佛都找不着位置。"导演，我跑了啊！"他心虚地说。"你这是跑步吗？"导演纳闷了，"哎呀，你怎么连跑步都不会呀？"其实，朱世慧并非不会跑步，只是，以往学习传统戏时，他的

图24 朱世慧（中）在武汉与汉剧丑角艺术家李克罗先生（右）、楚剧丑角艺术家熊剑啸（左）先生合影

一招一式都是亦步亦趋地跟着老师学，等到学习现代戏时，他又得按照样板戏的模板一模一样地"描红"复刻。按照他自己的话说，"没有老师，我感觉自己就和瞎子一样找不到方向。"然而这一次，没有人教他应该怎么演，演员必须按照导演所给的提示，自己设计动作。这是朱世慧第一次接触导演，第一次面对没有老师，也没有模板的情况，该怎么演呢？他心里没底，在导演的要求面前一下子懵了。在舞台上试了几次不成功后，熊剑啸导演将朱世慧领到后台，"来，放松点，按照你平常跑步的样子，在这儿你来回跑一跑给我看看。"朱世慧不明所以，来回跑了跑。"对啊，就这样跑。你再加点情绪在里面。今年年底任务快完成了，今年的成绩不错，小会计该是什么心情？"导演启发道。"高兴，兴奋。"朱世慧说。"对！你应该兴致勃勃，你再跑跑，带着这种情绪你再跑跑。"导演继续启发。朱世慧的头脑里充满疑惑，"这么跑是戏吗？"他尝试着

跑起来。"对了！这就对了！就是这么跑！"熊剑啸导演一拍大腿，大声肯定道。

可以说，楚剧《追报表》中跑出的这一步，对朱世慧的艺术创作生涯有着里程碑式的意义，由此，他也迈出了从老师手把手地教到自己创作人物的第一步。

在武汉完成排演后，楚剧《追报表》先在武汉当地演出了几场，获得观众普遍认可后，楚剧团又来到北京，在公安部礼堂进行二轮演出，接受审视，随后去到中央电视台由杨洁导演进行全剧录制。1973年春天，楚剧团带着《追报表》和另两出小戏前往长春演出，接受最后的审阅。演完回到武汉，没过多久，朱世慧就接到通知，可以去长春电影制片厂开拍电影。在长春，朱世慧拍了定妆照，试了几组镜头，剧组将这些资

图25 楚剧《追报表》，朱世慧（左）饰会计小张，张巧珍（中）饰二嫂，高少楼（右）饰老队长

料报送给中央文化小组后，就开始了漫长的等待。从 1973 年朱世慧接手这个电影，到 1977 年《追报表》最终成片，这部时长仅仅 45 分钟的电影整整拍摄了近 4 年的时间。其间，剧组三易导演，最初的导演严恭因年龄问题退出剧组，换为张辉导演，最后，又由刘文余接棒执导。而电影《追报表》的剧本同样三易其稿，头一稿本子送审后，影片拍了一部分便被叫停。中央文化小组认为，朱世慧饰演的这个小会计存在隐瞒虚报问题，是个有缺点的中间人物，对于这个人物刻画的程度把握以及戏份多少，需要做进一步修改处理。朱世慧只好于 1973 年夏天回到武汉。朱世慧离开家时，与自己的妻子尚是新婚宴尔，等他回来时，儿子即将出生。此后，《追报表》迎来了第二稿剧本。朱世慧二去长春，这一次影片全部拍完并二次送审。而这一次，朱世慧在长春一等就是半年。那时候，从长春到武汉，不仅来回路费的数目不易承担，而且路上所花费的时间也要好几天。在这半年时间里，朱世慧就住在长春电影制片厂对面的招待所里。那里远离市区，是一处偏僻的所在，偌大的招待所里一天下来也见不到几个人影。长长的走廊空旷寂寥，朱世慧每天最大的事就是在空荡荡的走廊里练功、吊嗓子，声音孤零零地飘荡在招待所上空。这样的日子长了，人容易得抑郁症，何况朱世慧本是个爱热闹的人。他感到寂寞、孤独。与朱世慧同住一屋的是电影《追报表》里饰演老队长的高少楼，著名的楚剧老生演员。高少楼爱喝酒，连吃早饭时都要倒上一盅小酌。在那样孤单的环境里，朱世慧和高少楼学会了喝酒。有时候喝完酒，百无聊赖的他就扔酒瓶子玩，听酒瓶砸在地上碎裂的声响。那些日子里，朱世慧最大的乐趣就是观看长春电影制片厂的内部电影《朝阳沟》《永不消逝的电波》，反反复复。此后，《追报表》迎来了第三稿，也是最后一稿的拍摄。1977 年年初，《追报表》终于完成拍摄任务，并在全国上映。

拍摄期间，朱世慧也闹过笑话。比如，一开始导演已经为他拍摄了十几个镜头，但朱世慧自觉造型师给自己理的头发不太好看，于是上街重新理了个自己满意的发型。导演一看傻眼了，这下可好，前后人物形象完全不连贯，电影行话叫"不接戏了"，已经拍完的镜头只能全部作废。但同时，在拍摄中，朱世慧也了解了一些电影拍摄的知识，对影视艺术有了初步的概念。

《追报表》虽然是戏曲艺术影片，在表演方法上除了需要比舞台上演得稍微收敛一点以外，并没有太大变化与突破，但它为朱世慧铺展了一条用自己学过的艺术手段创作人物角色的道路，对朱世慧今后的艺术生涯具有深远意义。

第一次"触电"

朱世慧在长春拍摄楚剧《追报表》期间，湖北省原创的另外两部现代戏汉剧《高山劲松》、话剧《迎着朝阳》也在如火如荼的演出中。其中，由武汉话剧院创排的话剧《迎着朝阳》去往北京演出时获得好评，并被珠江电影制片厂看中，改拍成电影故事片，更名为《同志，感谢你》，片名取自周总理凌晨与环卫工人握手的一段佳话。其中的主要人物也从原话剧的环卫工人姐妹俩改为男、女两位主人公，讲述了杨洁、方翔等知识青年来到清洁队当清洁工，从瞧不起清洁工，到提高认识、转变思想，成为热爱本职工作的先进青年的故事。

有缘的是，这部戏的编剧曾看过朱世慧的演出，认为朱世慧很适合影片中的男主角方翔这个人物，便向珠江电影制片厂推荐了他。朱世慧还在长春拍摄《追报表》，就接到了珠江电影制片厂的沟通电话。于是，他将自己在《追报表》中的定妆照发给对方。该剧的导演陈鹰看了照片，认为其形象很符合要求，朱世慧饰演方翔的事便一锤定音。

1977年中旬，刚结束《追报表》拍摄的朱世慧马不停蹄地赶到了广州，与后来因为电影《小花》走红的刘晓庆搭档，正式开拍《同志，感谢你》。为了体验清洁工人的生活，他们在广州上下九路扫了半个多月的马路，熟悉清洁工人的生活习惯，观察他们的职业特点，细致到擦汗用的毛巾、扫帚的拿法，都一一留心。朱世慧还观察到，清洁工人都有一股干事的麻利劲儿，并把它运用在电影的表演中。这部电影前前后后拍了8个月的时间，直到1978年初才在全国放映。

《同志，感谢你》是朱世慧真正接演的第一部电影故事片，需要他完全摒除戏曲的程式化、虚拟化、写意化的表现方法，表演要生活化、写实化，这无疑给朱世慧提出了更高的要求。长期浸淫在戏曲艺术中的他在潜意识里早已把锣鼓点的节奏感融在习惯性的表现中，并不自觉地在电影表演中流露出来。比如，有一场戏，朱世慧饰演的方翔不满当清洁工人，在与刘晓庆饰演的杨洁争论时，需要折断扫帚，扭头就跑。这场戏演完后，朱世慧感觉自己抓住了人物的情绪，渲染了争吵的紧张气

图26 在故事片《同志，感谢你》中，朱世慧（右一）饰方翔，刘晓庆（左二）饰杨洁

氛，非常有戏。过了三四天，珠江电影制片厂通知他们去厂里看样片，导演特意招呼朱世慧："世慧，来来来，你坐我旁边一起看。"第一遍看完，朱世慧心里美滋滋的，自我感觉演得挺好。导演说："再看一遍。"这一次，当放到朱世慧折断扫帚时，导演嘴里突然开始为朱世慧打起锣来："仓！仓！仓！"而放映机里朱世慧的每一个动作节点都稳稳落在锣鼓点上。朱世慧一下恍然大悟，原来自己的表演还是习惯性地带着戏曲范儿，导演这是在点他呢！这件事给朱世慧留下了深刻的印象，此后，他认真观看组里其他电影演员演戏，细心揣摩，开始有意识地提醒自己多留神，必须改变熟练的表演方式。

可以说，两次的"触电"经历，让朱世慧从面对老师转向面对导演，从灌输式学习转向启发式引导，开始学会阅读剧本、分析人物、揣摩生活，并进一步锻炼了他从生活中提炼人物特点，以恰当的艺术手段塑造角色的本领。

从《一包蜜》到《奇冤记》

1979年,一部新戏让朱世慧塑造角色的本领初显,那就是湖北省京剧团为中华人民共和国成立30周年准备的献礼剧目——现代戏《一包蜜》。

《一包蜜》是湖北省京剧团原创剧目,全剧50分钟,只有四个人物,分别是维护集体利益、敢斗歪风邪气的青年农民艾力,能够深入群众善于解决实际问题的县委书记老陶,因拉关系、走后门而全县闻名的女社员皮昭丽,得了软骨病、不拿物资做交易就直不起腰板的生产队长何启。全剧写的是青年农民艾力为生产队成功培植了良种梨"一包蜜",各方与他展开争夺,想要从中赚取利益,从阵阵哄笑声中提出了一些发人深思的问题。在《一包蜜》中,朱世慧饰演的男主角艾力,是一位年轻而机智的小伙子,在剧中以巧妙的手法抵制了歪风邪气。这样一个人物,在京剧里并没有一个合适他的行当来表现,小生、老生、丑角都不能与他直接对号入座,他需要朱世慧动用自身技艺,从各个行当里抓取合适的演绎方式,融会综合,独辟蹊径。经过对人物的深入思考,朱世慧选择了以老生为主要演绎方法,加入一些丑角的表演方式,同时结合小生的人物扮相。这样的结合,使得朱世慧饰演的艾力,神态活泼机智,唱念清晰动听,成熟中带着几分稚气,健康爽朗又不失幽默风趣。

图27 在新编京剧现代戏《一包蜜》中，朱世慧（左二）饰艾力

《一包蜜》在湖北演出，观众反响热烈，很快被送往北京，参加新中国成立30周年献礼演出。该剧赢得了首都观众和文艺界人士的交口称赞，很多专家认为该剧完成了对京剧艺术的一种突破，打破了当前戏曲反映现代生活的沉寂，是一出思想性、艺术性皆臻上乘的好戏。京剧《一包蜜》在文化部的评奖中荣获创作一等奖、表演二等奖，成为湖北省京剧团在北京打响的"头一炮"。

一系列作品的成功，让湖北省京剧团的领导与创作团队看到了朱世慧身上蕴藏的无限可能。尤其是著名戏剧"怪才"导演余笑予，他如伯乐相马，意欲让朱世慧这匹潜在的千里马再跑上一程，看看他是否有可以驾驭整出大戏的能力。

余笑予在1978年关注到一出剧目，即由郑州市曲剧团演出的曲剧《卷席筒》。这个戏讲述了一个名唤"苍娃"的15岁孩子，跟随母亲姚氏嫁到新家，姚氏欲霸占家产，害死丈夫、赶走继子、反诬儿媳，苍娃挺身而出、替嫂赴死，在最后关头被中了状元的哥哥救出。其嫂以为他已死，便带了席筒前来收尸，苍娃故意逗他的嫂子，在席筒上滚来滚去，是一出有泪有笑的喜剧故事。戏的主角苍娃，丑行应工，由曲剧名家海连池饰演。余笑予看到这出戏以后，觉得该剧是一出极好的丑角应工戏，有意将其移植改编为京剧，并尝试让朱世慧担当这出戏的主角小苍娃。为此，余笑予专门与朱世慧深入分析了该剧，并于1979年将该戏改编为京剧《奇冤记》，由余笑予导演，谢鲁作曲。

这出戏从表演上，朱世慧将一个质朴、可爱的小苍娃演活了。其中一段"赴刑场"起解的戏份，有诸如"抢背""吊毛""僵尸"等复杂的身段技巧，从难度上讲可类比老生戏的《野猪林》起解。在演唱上，朱世慧饰演

图28 在京剧《奇冤记》中，朱世慧（右）饰小苍娃，李春芳（左）饰嫂子

的小苍娃要在剧中唱百句左右，而丑角在一出戏中唱百句，这在地方戏中不足为奇，但在京剧中却极为少见。京剧《奇冤记》中，小苍娃不仅唱了京剧丑行经常唱的【南锣】（此【南锣】与【西皮流水】相糅合，又可曰【西皮南锣】），还唱了【西皮】【二黄】【四平调】【反二黄】【高拨子】，且不乏成套唱腔。其中，小苍娃在"公堂之上"的一段【反二黄】，唱词有30多句，500字左右，由导板、回龙、慢板、原板、垛板、摇板、散板组成。朱世慧需要跪在台上唱十来分钟。在《奇冤记》的演出中，只要唱到这段，台下观众总是一边听、一边笑、一边流泪、一边叫好，为朱世慧饰演的小苍娃叫上五个"好"是最起码的。观众在一段唱中叫上五个"好"，对于京剧其他行当来说也许并不稀罕，但对于京剧丑行，正儿八经地唱，唱出正儿八经的五个"好"来，却是相当不易。可见朱世慧在唱功上完全不输于老生，在丑行中则属翘楚。

因为故事曲折有趣,苍娃的人物形象讨喜,再加上朱世慧生动演绎的加成,京剧《奇冤记》获得了超出想象的观众缘。在江西九江首演时,剧场气氛热烈,观众掌声连连。首演之后,迅速获得好口碑,观众们一传十,十传百。刚演完的头天晚上,剧场售票处就排起了长龙,很多观众甚至用簸箕、砖头和菜篮子占位排队,等着买票。《奇冤记》在九江连演13场,场场爆满。最后剧院不得不贴出通知,每位观众限购两张票,不得多买。不仅在江西,回到武汉后,这出戏又相继在武汉人民剧院、黄鹤楼剧场等多个剧场上演,常常三五场连演,均效果火爆。

丑角戏如此受欢迎,让朱世慧心生感慨的同时,颇受震动。《奇冤记》的成功演出,也让余笑予及湖北省京剧团的创作团队更加明确,朱世慧在唱念做打各个方面已经具备驾驭一出大戏的能力,现在只差一个合适的剧目了。

《徐九经升官记》首开文丑挑梁先河

在朱世慧的创作生涯中,有一部经典作品是一定绕不过去的,那就是《徐九经升官记》。这部首次由丑角挑大梁的大戏在20世纪80年代成为戏曲界爆款剧目,其所产生的广泛影响以及它在艺术领域产生的震动效应,直到今天仍被人津津乐道。而朱世慧及湖北省京剧团创作该戏的过程,也处处充满了戏剧性与偶然性,但在这偶然性中又蕴含着可资借鉴的必然因素。

1979年,一次偶然的机会,湖北省京剧团的编剧郭大宇和习志淦说起了自己曾经听过的一个张寿臣先生的单口相声《姚家井》,故事的大意是:清朝光绪年间,在北京姚家井这个地方,两个有势力的家族为争夺一个女人,闹出了一场人命官司。审案的是一位五品御史,因为两边的势力都不敢得罪,就用了一个奇特的方法,就是把这个女人同时断给两家为妻,致使此女当场自杀,终于令邪恶一方现出原形。后来御史又将此女救活,成全了一对分别多年的情侣。在这段故事中,郭大宇与习志淦敏锐地抓住了一个很好玩的"戏核"——这个御史的断案手法,以及女人的"假死"。虽然这个"戏核"只占了原相声段子的七分之一不到,但这个情节却是极富有戏剧性的,他们心中似乎立刻出现了一个"审案"的御史形象,并产生由这个结尾往前追溯的写作冲动。从人物解决矛盾那一刻的行动出发，放在他们面前的有两条可供开掘的写作路径：一是围绕女主角对爱情的忠贞，写一部以爱情为主题的感情戏；二是围绕官场的黑暗，以御史的行动为契机，写一个具有特殊性格的官员。综合考虑下来，郭大宇和习志淦的兴趣放在了后者上：一个小官如何在官场的两大势力中，用自己的智慧巧于周旋，抑恶扬善。这样的人物是值得书写与钦佩的。于是，御史便理所当然地成为他们想写的主人公。

御史是个好官，但编剧们却不想落入俗套地把他当作英雄来写。写京剧人物首先要确定行当。这时，他们的目光就落在了朱世慧的身上。御史的审案行为，幽默、智慧、机趣，用丑行担纲难道不是最合适吗？

产生了这个创作灵感后，郭大宇和习志淦非常兴奋，他们专门把朱世慧叫到自己的房间里，与他畅谈对剧本的构想，甚至激动地表示："世慧啊，你唱这个戏，准错不了！肯定能红！说不定还能拍电影呢！"然而编剧们的这番话，一开始并没有在朱世慧的心里激起一丁点儿的波澜。他心中只有三个大字：不可能！他深深地明白，丑行在京剧里属于偏行，要演红一出大戏，谈何容易？在京剧历史上，还没有出现过以文丑挑梁的原创大戏，多少厉害的老先生，谁也没有一个丑就能挑一晚上的大戏呀！但郭大宇他们却并没有熄灭创作的热情，很快，剧本的初稿完成了。因为剧本里设置了一个御史断案的关键道具——毒药"仙鹤顶上红"，便以此为题眼，给该剧取名《仙鹤顶上红》。

《仙鹤顶上红》的初排主创为编剧郭大宇、习志淦，导演欧阳明，主演朱世慧。这出戏开排伊始，就受到了重重阻力。一个剧院，连续为一个丑行演员排出《奇冤记》《一包蜜》也就罢了，竟然还要开排一出大戏，"剧院创作组不务正业！""朱世慧想出名想疯了！"等各种酸话、损话、言语攻击纷至沓来。偏偏就在这时，由谢添导演执导、豫剧名家牛得草主演的戏曲电影《七品芝麻官》上映了，一时间红遍大江南北。

朱世慧第一时间就赶去影院看了这场电影。他一边为豫剧电影惊叹，一边为自己排的剧目感到泄气。相似的题材，同样是当官为民做主的主题，珠玉在前，他们再排还有意思吗？能排得过人家吗？意义在哪儿呢？豫剧的丑行是有着唱主角的传统的，京剧的丑就是一味甘草、是没地位的，自己还要坚持什么呢？朱世慧的脑袋里一个自我怀疑接着另一个，自信心也跌落到了谷底。而剧院的很多人也抱着看热闹的心态。在这样的氛围下，加上《仙鹤顶上红》剧本本身不够成熟，剧情略显拖沓而人物张力不足，彩排后引起很多争议，这部戏的初排失败了。一时之间，这部戏的编、导、演等各位同志，几乎都失去了信心，排演搁置，陷入了进退维谷的境地。

在这样的关键时刻，湖北省京剧团的团长高颖显示出了一团之长的勇气与眼光。这位高团长，原先是湖北省戏曲学校的教务处主任，湖北省京剧团开始组建时，他就被调到京剧团担任团长，对组成京剧团艺术骨干力量的教师和历届毕业生都非常了解。对待朱世慧这些学生，更是像对待自己的孩子那样保护与支持。他独具慧眼，认为《仙鹤顶上红》这出戏虽然存在问题，但有可供开发的潜力，于是果断做出决定：加强这部戏的创作力量，继续修改打磨排练，并让余笑予加入这部戏的创作队伍。这个决定一出，全员哗然，很多人当即给出"领导不懂行"的评价。然而正是这一关键决定，才使得这部濒于夭折的剧目最终成为湖北省京剧团最有影响力的剧目之一。

余笑予的介入，对这部戏起到了起死回生的重大意义。余笑予本人曾习演楚剧丑行，有先天的优越条件，是一位可以给演员做出示范的导演。他对丑行艺术的理解很深，且勇于创新。他认为，丑行不一定只表现畸形病态、丑恶的人物，也可展示内心善良、言语机敏、行动另类、头脑智慧的人物形象。在日常的排戏中，他非常强调导演、演员都要深入一度创作中，从一开始就要对剧情知根知底。同时，他又是一个善于思考、乐于听取意见的导演。自他进组后，创作组从精神面貌到研究创作都进入了一个新的阶段。

余笑予首先带领郭大宇、习志淦两位编剧对豫剧《七品芝麻官》的原著《唐知县审诰命》进行了三天的深入研究，认为京剧的剧本从内容到形式都可以做到完全区别于《七品芝麻官》。余笑予信心十足，这也增强了创作组的信心，决定继续排下去。这期间，凡是朱世慧外出演出，创作组团队总是跟着他。余笑予经常与朱世慧分享他作为导演的二度创作思路。最初，初排失败的朱世慧总是说一些丧气话，"这戏不行的""我演不好""剧院有压力"等，而余笑予每次都回他"没关系的，你放心，我会把这部戏弄好的。""没关系，我会处理的。"一遍遍给朱世慧打气。每到演戏的间隙，只要有空的时候，余笑予总是会拉着郭大宇、朱世慧等一块儿聊这出戏的创作，大家彼此给出思路，并碰撞出新的火花。

余笑予在对原版剧本及诸戏剧元素研究的基础上，针对存在的问题

图 29《徐九经升官记·见妃》，朱世慧饰徐九经

做了一番脱胎换骨的改造。他们的第一个攻坚目标是主题。原稿的主题是反对嫌贫爱富，矛盾对立的双方是王府管家与徐九经，且戏开演了许久尚未触及主要矛盾。针对这个问题，在新剧本中，余笑予设计增加了安国侯和王爷两条线，并让这两条线通过王爷的内弟尤金和安国侯义子刘钰的婚姻纠纷对立起来。这样名义上是尤金和刘钰之间的夺妻冲突，实则

图 30《徐九经升官记》朱世慧饰徐九经

已上升到封建王朝上层社会的权力之争。而徐九经则是这重于泰山的矛盾压力下被推上判决地位的七品县令，他的一边是王爷，另一边是侯爷，这样两个大人物的存在无形中增加了其审案的难度。不仅如此，还要让徐九经的个人仕途命运与权力之争紧密相连。

第二个攻坚目标是全力塑造好徐九经这个核心人物。徐九经这个人物在京剧的人物画廊里无疑是特殊的。在京剧传统戏中，赋予丑角的官吏形象基本上都是反面角色，演正面人物没有前例可效仿，而徐九经却是个廉洁的好官。以丑塑造清官本已少见，余笑予他们却决定把这种反差做到极致。原本，戏曲丑行虽名为"丑"，样貌却不一定丑，鼻梁上的那抹豆腐块，仅仅是一种标志，与人物长相、命运并无多大关联。但这出戏里，余笑予他们却有意识地让两者联系在一起，大家首先达成了一个共识，即在徐九经出场前调动各种手段，渲染他的相貌丑陋，并特意为他安排了一个虽才高八斗，却因为相貌丑陋被安国侯参了一本，被

贬为七品县令的遭遇。以丑行演丑人，丑人的内在却是大家心目中追求的美的形象，这就是整个创作团队最终确定的"以不美写美"的创作方法，以此来表现一个与众不同的艺术形象。

这个人物该以怎样的面貌出场，让创作团队颇费了一番周折。首先，徐九经其貌不扬，丑陋无比，如何来扮相他的"丑"？如何让观众第一眼既明白人物形象，却又不至于讨厌？所谓"一扮三像"，对于徐九经的扮相，朱世慧跟余笑予导演真是绞尽脑汁。最初，余笑予想让徐九经走"矮子"。虽然"矮子"是丑角的一功，但整晚两个小时的戏全蹲下来，演员着实受不了，且作为审案主官与主角，用矮子表现显得分量不足。后来，他们又为徐九经设计了歪脸的脸谱，但如果一直歪脸就违反了戏曲最大的艺术特点——美的本质，整个人物显得不可爱，容易引起观众反感。想来想去，总有不尽如人意的地方，最后，余笑予指出，京剧作为一门写意的艺术，不是非要以写实的手段把人物扮得那么丑，以夸张的手法指示，观众自能会意。经反复推敲，最后，他们决定徐九经在丑行正常勾脸的情况下，稍微点缀一下，在他的左肩垫上一块海绵做成高低肩的效果，以显得他"身材不端正，四肢不匀称"。

人物外形有了，该怎么让他一出场便是特定情境里的那个"徐九经"呢？一开始，朱世慧设计的是【闷帘导板】，后用打击乐的"长锤"形式，这也是传统戏的出场模式。余笑予看完，眉头微微一皱。说来有意思，朱世慧与余笑予合作，属于"黄金搭档"，两人十分默契。朱世慧一看余笑予皱眉，就知道导演对这种设计并不满意，内心还在琢磨别的方法。余笑予认为，应当要加强徐九经虽怀才不遇，但是他内心是想当官的，他有自己的政治追求，希望可以把他的满腹才华贡献给国家与社稷，为百姓做点事。他做了九年知县，清正廉明，深得民意，但他的抱负不限于此。徐九经从七品级一下猛升至正三品，其特定心情应该是极度兴

图31 《徐九经升官记》朱世慧（左）饰徐九经，涂竟鸣（右）饰徐茗

奋的。如果套用传统的几种上场模式，即锣鼓中上场—引子—归位—自报家门—接唱，或是唱内导板后上场—四击头锣鼓中亮相—迈着方步缓慢走到台中，这样戏就全"瘟"了，也一般化了。传统程式的出场模式无法满足人物在特定情境下的表现。为此，朱世慧又设计了几种不同的出场方式，但余笑予始终不能完全认可。两人连想了好久，实在想不出来，但戏不能卡在开头上，无奈余笑予只得表示，先进行别的创作，回家后再好好想。余笑予反复和朱世慧强调，要始终记住这时候的徐九经是踌躇满志的。那么，兴奋和踌躇满志用戏曲手段怎么呈现呢？经过反复思考，朱世慧认为，人物的急迫心情表现在行为上应是仿佛觉得世界上一切交通工具都慢了，恨不能插翅奔跑。尽管现实生活中奔跑远不如骑马快，但就舞台表现上而言，奔跑比用马鞭更能释放急切的情绪。当再一次排演时，朱世慧开场就从台口冲出，余笑予一拍大腿，"就是这个味道！"最终，他们在预设的多个出场方案中选中了带有奔跑意味的这种：一句"御札一道传圣命"【导板】唱完，在司钵加快的节奏催促中，徐九经抽起左肩，侧着身子，左手撩袍，右手甩扇，面带喜色，大步圆场疾行至台口，一个撩袍提袖的夸张亮相。然后，面部

肌肉颤动,开扇转身,接唱【回龙】"万岁爷宣诏我这相貌不扬,年岁不大,官阶不高,资历不深……鼎鼎大名的徐九经"。这新颖别致的出场很有感染力,并能表现徐九经怀才不遇,久盼升迁,一旦接到圣命调京上任的急切和兴奋心情。这个出场设计打破了传统戏整冠抖袖的出场程式,创造了一种新型的出场程式。后来,朱世慧和余笑予又把这个出场戏称为"闪电式出场"。实践证明,这种出场设计是成功的。该剧每次演出时,这个出场形式都会引来热烈掌声,剧场效果很好。

形象渲染和出场细节敲定后,就要开始对戏的结构做出调整。中国戏曲编剧结构,讲究起、承、转、合。原版剧本除了在戏核处颇有巧思外,判案过程较为一般化,使得观众从一开始就能判断出正邪双方。而余笑予新改的剧本,在加入王侯对决的基础上,对徐九经的判案在"承"和"转"上做足了文章,完成了"欲正先反"的铺垫。余笑予将"承"的

图 32 《徐九经升官记·见妃》朱世慧饰徐九经

着眼点选在"拜侯"一场戏上。徐九经拜谒侯爷时，坐无落股之席，站无立锥之地。侯爷仅赐一矮凳，徐九经则无奈地将矮凳翻来倒去、倒去翻来，无所定其位。这个细节淋漓尽致地表现出侯爷的以大凌小，也为徐九经错断案子埋下了伏笔。与其相反，徐九经参见王爷时，则是宫娥相迎，围坐打扇，待若上宾。截然不同的两种待遇，误导了徐九经从现象上判定王爷谦恭友好、礼贤下士，是个好人。这时他在脑海里已经断定罪魁祸首是侯爷义子刘钰，王侯之间则是侯爷的不对，断案天平已偏向王爷一方，内心已有了将倩娘断给王爷之内弟尤金的预案。此处编剧们故意给了徐九经一个展示自己聪明才智的空间，即他顺利诓出李倩娘，又顺利求得尚方宝剑，自认为明日断案万无一失。但实际上，编剧却是让他在沾沾自喜中不断地给自己挖着坑，越陷越深而不自知。接着，剧情急速进入"转"的环节，徐九经夜审倩娘，欲获取对王爷有利的口供，却不料事与愿违，倩娘道出实情，新的案情利侯爷而不利王爷。一时间徐九经陷入极度困惑，一生的追求与现实发生了不可调和的矛盾。正在计无所出时，王爷到场逼徐九经置侯爷之子刘钰于死地，并以毒药相威胁。在"苦思"一场中，余笑予让徐九经这个人物不断陷入激烈的矛盾之中，做清官死路一条，做赃官良心遭责。这时的徐九经清官、赃官、私心、良心，双重矛盾，四角对立，交织碰撞，火烧油淋。最终在一番天人交战中，徐九经的一身正气和超人智慧猛然迸发出来，最终完成了李倩娘"假死"的巧计。而当观众长舒一口恶气时，大理寺正卿徐九经却又脱袍，去歪脖子树下卖老酒去了……

可以看出，经过主创们对这出戏从人物、情节等各个方面所做的改动，从筋骨上改变了这出戏的整体风貌，使它成为一出充满机趣、智慧和层层悬念的喜剧。团长高颖看了改动后的剧本，提出"仙鹤顶上红"只是体现徐九经睿智的一个道具，整个故事其实是着眼在"官"字上，

因此将此剧正式改名为《徐九经升官记》。

《徐九经升官记》是一部集湖北省京剧团最佳创作力量打磨出的作品。排练之初，朱世慧就向院里提出，希望可以委派院里各行当最好的演员前来合作。高颖团长非常重视这个提议，起用了旦角演员李春芳、老生演员胡为之、花脸演员程国光，都是当时剧团里各行当的翘楚。首演前，该剧在剧本的修改打磨上就花了一年零八个月的时间，其中大改三次，小改七次。编剧郭大宇、习志淦与导演余笑予、主演朱世慧、音乐设计谢鲁在合作中的默契、冲突甚至矛盾，贯穿创作的始终。可以说，这是一次集体的创作，是完全符合京剧综合性艺术特征的台前幕后的全方位合作，是一个不断发现，相互补充，日臻完善的过程。在这个过程中，朱世慧从始至终都深度参与其中。导演余笑予非常反对演员在排练新剧时，只从二度创作时才进入，他鼓励朱世慧从一度创作，也就是在文学剧本创作时，就实实在在地介入，主动提出自己的想法，而不是被动接受。正是朱世慧的一个质疑，打开了剧组创作新的课题——在文本阶段如何准备适合于丑行应工角色的唱词。

过去京剧的丑行，以念和做为特长，是不太讲究唱功的。丑行和老生的发音虽同用本嗓，但老生在传统上有成套的板式腔体，而丑行的"唱"在传统剧中，多为插科打诨，或者仅为四六句，没有成套的板式腔体，也没有形成自己的唱腔唱词风格。因此，当编剧需要给丑行编写成套唱段时，往往习惯性地按照老生的唱词套路写作。郭大宇和习志淦一开始也是如此。在《徐九经升官记》中，位于戏剧重心位置的"苦思"一场，是表现人物内心焦灼矛盾的场次，应当有一段"核心唱段"来抒发人物心志。最初，郭大宇写的唱词是"一轮明月照窗前，湖水虽平我的心难平"。剧本交到朱世慧手里，朱世慧一看——这不是老生的唱词吗？彼时，他对创作没有整体的、系统的概念，对丑行的唱词究竟该怎么写的认识也是模糊的。但他本能地提出了自己的质疑："这个词从词面上就不适合丑行唱，我唱得再好，也唱不过老生。观众如果想听这样的唱段，他们为什么要选择来听我唱呢？"起先，编剧们很诧异。作为一段核心唱词，他们洋洋洒洒写了一大段，从词意上句句都抒发出了徐九经当时当刻的心情，倘若作为老生的唱段，那是一段相当完美的唱词，他们本来对这段唱很是满意，完全没想到朱世慧会提出这样的疑问。"那你觉得应该怎么写呢？"他们反问朱世慧。"我不知道，我不会写本子。"朱世慧坦诚地说，"但我认为从文学本上应该给丑角提供适合他发挥行当特色的唱词。从一度创作上既然写丑，就不该写老生的词，要写适合丑发挥的词。"朱世慧提出的这个问题引起了创作组的思考。京剧的唱念做打中，以唱为先，唱是塑造人物的重要手段，一出以丑行为主角的大戏，如果不能在音乐形象上赋予他正确的表现手法，势必会损坏人物的表达。徐九经的唱，必须与机警伶俐、诙谐风趣的人物个性相匹配才行。而现在文学本子的唱词显然不太符合丑角的创作特点，也没有为丑行的演绎留下发挥空间。那么，如何创作一段既符合丑行特点，又契合此时人物心境的唱词呢？原创班子一起大动脑筋，确定下三条原则：一是根据《徐九经升官记》的剧名大做文章，二是根据徐九经此时在风口浪尖上为官的心态做文章，三是在如何体现丑行特点上做文章。这无疑是一次极富创造性的挑战和新思路。经过肯定、否定、再肯定，创作组反反复复来回折腾了好几遍。最后，青年导演欧阳明提出，可以借鉴汉剧《借牛》中以一个字做韵脚的演唱方式。根据徐九经"考官""贬官""升官"等各种"身在官场难做官"的特殊经历，大家决定以"官"字作为韵脚。但"一字韵"只是一种表现形式，本质上还是要为内容服务，不能"因字失义"。于是创作组的每个人都参与到创作中，群策群力，写出了一百多个以"官"结尾的词句，再在这一百多个句子中挑选组合，多次修改，

力求做到每个词句都准确恰当,符合人物思想逻辑。对那些勉强的、似是而非的词句,再俏皮也坚决舍弃。可以说,写这段唱词,集中了创作组全体成员的智慧。最终,设计出了如今脍炙人口的精彩唱段——"当官难":

徐九经:嘿嘿,原以为侯爷不是好东西,现在看来王爷才不是好东西哪。怎么办?怎么办?王爷逼我,侯爷压我,这大红蟒袍——
(唱)当官难,难当官。

> 徐九经做了一个受气的官。
> 文章满腹得意扬扬,扬扬得意我进京考大官。
> 又谁知我才高八斗难做官,
> 皆因是爹娘没有为我生一副好五官。
> 我怨,怨,怨五官!
> 头名状元到那玉田县当了一名小小的七品官,
> 九年来我兢兢业业做的是卖命的官,
> 却感动不了那皇帝大老官。
> 眼睁睁不该升官的总升官,
> 我这该升官的,只有梦里跳加官。
> 原以为此番升官我能做个管官的官,
> 又谁知,我这大官头上还压着官。
> 王爷侯爷他们官告官,
> 偏要我这小官审大官。
> 他们本是管官的官,
> 我这被管的官儿怎能管那管官的官。
> 官管官,官被管,

> 管官，官管，官官管管，管管官官，
> 叫我怎做官？
> 我成了夹在石头缝里的一瘪官。
> 我是升官，是罢官？
> 做清官，还是做赃官？
> 做一个良心官？
> 做一个昧心官？
> 升官，罢官，大官，小官，清官，赃官，好官，坏官，
> 官，官，官官官官官官官，
> 我劝世人莫做官，哎呀莫做官！

这段"当官难"，洋洋洒洒，长达35句之多，要唱75个"官"字，唱出了徐九经被推上案件终审前夜的严重关头，左右为难，重重压力之下在无可奈何的状态中对自身经历的回顾。想起命运的艰难、官场的黑暗、被权势挤压的痛苦，诉出自己是"石头缝里一瘪官"的苦衷。从文学上来说，这是一段完完全全符合徐九经这个以丑行应工的人物特点和风格的唱段，文字犀利，借鉴而又大大区别于老生行当的风格和特点，活泼而深沉，凝重而又诙谐，充满人生无奈之况味，却又在通俗中见文采。这段"当官难"，后来被取了个学名，叫《官字歌》。作曲谢鲁根据这段词，遴选众多腔体，最后选中了既能叙事，又能抒情的【二黄四平调】，又特意将原【四平调】平稳节奏的格式变化，运用可慢可快甚至有时还垛起来唱的方式，刻意插进了唱中加念，念中加唱的丑行风格，使这一大段唱一气呵成，通俗耐听。

在唱腔处理上，朱世慧以"怨恨"的情绪为感情基调。在演唱方法上，本来京剧丑角和老生同是本嗓发声，为了区别于老生而体现丑角的

艺术特点，朱世慧首先发挥了京剧丑角的上膛音，用"音膛相合"的方法使声音宽厚，这样既可"打远"、"响堂"，也能区别于老生苍劲、清雅的嗓音。其次是咬字，喷口的"劲头"比老生硬一些，字的处理有力一些，借用了京剧麒派老生苍劲有力、激昂强烈的报字行腔来为表达人物服务，比老生幅度大一些，棱角要鲜明一些。实践证明，这段"当官难"的创作是无比成功的。在《徐九经升官记》上演之后，它迅速成为这出戏的经典保留唱段，被广为传唱。朱世慧在全国各地单对这一段的演绎就不下两千余场。人们只要提起《徐九经升官记》，总免不了要哼唱几句"当官难"。

除了这段"当官难"外，由朱世慧所提出的问题，让创作团队对整个剧本的所有唱段进行了重新审视，遵循"贵浅显"的原则，对部分唱词进行了符合丑行特色的重新修改，力求语言口语化、形象化。比如徐九经晋谒侯爷一场，其被喝令"报门而进"时，原来唱词是"好一座威严侯爷府，人未进门闻三呼。身临恶境无所预，王命在身我胆气粗。"乍听起来，这几句虽也铿锵，但细一琢磨，就感到空泛和概念化，缺少丑行接地气的活泛劲儿，仍是属于老生的唱词。经过修改，新词改为"好一座威严侯爷府，人未进门闻三呼。一霎时我的心跳得咚咚咚咚像打鼓，哎，王命在身我怎能犯迷糊？我定住了神，稳住了步，未进门先把气运足。"修改之后，徐九经的心情活了，喜剧趣味也有所增强。

除了关注自己的唱词外，在一度创作中，朱世慧还需要掌握全剧剧情，分析人物的动机与心理逻辑，不仅对剧中徐九经的设计做到知根知底，对其他每个人物的唱词都做到心中有数。余笑予导演非常反对演员只关注自己的角色，他时常提醒朱世慧，了解角色，不仅要从人物自身的台词入手，还要从其他角色的台词中，了解角色的社会地位、背景、他人评价等。

进入二度创作以后，在对人物的反复揣摩、把准人物基调的基础上，朱世慧通过剧本的提示和对导演意图的理解，努力寻找塑造徐九经最为合适的艺术表达。余笑予是一个善于思考，常有妙思，多有灵感乍现的导演。在排练场上，朱世慧非常注重与导演的合作、配合，在他看来，自己是与余笑予共同创作这个戏。在创排过程中，朱世慧总是满宫满调、精气神十足地排练，以刺激余笑予产生新的想法。对于余笑予想要达到的戏剧效果，朱世慧一般都会设计三至五个呈现方式演给他看，让导演选出最合适的一种。他也会非常主动地与余笑予分享自己演绎人物的新想法，与导演在思路上、处理上互相撞击，常常刺激得余笑予眉头一皱，计上心来。在对徐九经这个丑行应工的一号人物的塑造上，朱世慧与余笑予一道，从唱念做表各方面进行创新。基本的创作思路，是用老生的艺术手段填补丑角在塑造此类人物时的短板。在不脱离丑的行当特色的同时，以麒派老生的手段丰富丰满这个人物。

在唱上，徐九经在这出戏里有多处大段的唱腔，这对于丑行演员来说原本是个难题，但朱世慧却举重若轻地将它化解了。这不仅归功于他有一条高亢纯正的好嗓子，还归功于他在戏校打基础阶段生丑两门抱的独特经历，使他对老生的行腔归韵、吐字发声都有所掌握。比如，上文提到的"当官难"【二黄】"咏叹调"，如果按一般传统丑行的唱法，即使戏词再出彩，也是无法完成的。朱世慧却在导演的启发下，把丑行讲究跳跃顿挫的行腔和麒派老生要求深厚有力的喷吐结合起来，在音乐设计的帮助下，唱出了人物，唱出了情致，新颖别致、悦耳动听，从而使其成为经典名段。

在念上，徐九经这个人物才高八斗，偏向于传统方巾丑的蒋干这一类人物，能言善辩，有许多情节是靠着精彩的念白来推进，尤其是去侯府以计要出李倩娘、到王府要来尚方宝剑，都是依仗着连珠妙语、话锋如刀的言辞，如果演员嘴皮子没劲，吐字不清，二度创作没有章法与节奏，即便再精彩的剧本也出不了效果。在人物的念上，考虑到徐九经官吏的身份，朱世慧在京白中加有浓郁的韵白，韵味中又托出流畅的京白，从而让人物在满腹韬略和利口巧词之间达到平衡。他的念白，既有传统京剧方巾丑的念法，又有麒派老生张弛有序的韵味，既规范又有生活，既艺术化又人物化。

在表演上，为了选择适合徐九经这个人物的艺术呈现方法，朱世慧和余笑予也是颇费了番脑筋。传统剧中赋予丑行的官吏形象基本为贪官污吏，多为好酒好色之徒。一位刚正不阿的清官、好官，而且是才高八斗、足智多谋的儒官文才，如何体现？在导演余笑予的指导下，朱世慧在表演上、扇子上、做派上、体验上，尝试糅进麒派老生艺术刚劲有力的气度，以及马派老生艺术的飘逸和潇洒，以体现徐九经内化的文化底蕴和文化身份的分量。如徐九经言辞顶撞侯爷、王府碰见王妃，其动作都是不卑不亢，低头躬背之中又时常扬头直躯、睥睨一切，透露出三分

图33《徐九经升官记》朱世慧饰徐九经

英气。但同时，朱世慧也没有忘记丑行本行当的技巧，如表现徐九经的愤懑时，朱世慧用了一个激动时面部痉挛抽搐的特殊表情，这是属于丑行的夸张艺术。可以说，在二度创作中，朱世慧是用老生的气质、丑行的风采来完成徐九经这一才华横溢、刚正不阿、疾恶如仇但又有狭隘的知恩图报性情、本身长相丑陋又好酒贪杯、人称"醉半仙"的丰满人物形象，使其拥有了与其他"白鼻子"相区别的个性。

遵循京剧综合性艺术的特点，在创造徐九经这个人物时，余笑予和朱世慧也积极与作曲和乐队进行沟通。由于丑行唱腔多夹唱夹念的特点，余笑予要求乐队声不能压过演员。在演员念的时候，乐队主要以弹拨为主，等演员唱的时候京胡再进入。在表现人物特定情绪的身段时，注重锣经的处理和运用，以具有麒派特点的"冷锤""冷锣"等具有强烈感染力的锣经，表现徐九经在大是大非面前说一不二的强硬姿态。

在主创团队的共同努力下，1980年12月，由丑行挑大梁的新编历史京剧《徐九经升官记》顺利问世。湖北省京剧团的领导高度重视，首演当天，邀请了湖北省文化局、湖北省文联、湖北省戏曲研究所、湖北省戏剧家协会的领导、湖北省各大院团的领导和主演，以及武汉市京剧团的领导等业界人士、专家学者前来观戏。首演在湖北省楚剧团的剧场举行。演出反响不错，作为一出立在舞台上的丑角大戏，该剧得到了业内人士的初步肯定。12月24日，《长江日报》特别在第四版刊文《丑得那么美——浅谈朱世慧的表演艺术》，称赞朱世慧的表演扩大了丑行的表现能力。时任中共湖北省委第一书记的陈丕显，也于首演第二日亲临现场观看该剧。全程，陈丕显连连点头，非常满意。演出结束后，陈丕显上台与演员们握手合影。当他与朱世慧握手时，朱世慧向他请示道："书记，您看我今天的这段'当官难'唱得还可以吗？""可以啊！"陈丕显点头。"我是说从唱词内容上来说。"朱世慧说。原来，首演之后，有部

分专家们针对该剧的核心唱段"当官难"提出疑问,在以往的京剧唱段中,还没有一段唱词能把"当官"说得那么透彻,这段内容会不会讽刺性、针对性太强了呢?剧团领导和主创们思前想后,本来想把这段忍痛割爱。"我看很好嘛!"陈丕显说,"其他地方再精雕细刻一下。"正是"很好嘛!"这三个字,将"当官难"这一段正式确定下来。

1981年春,经过首演之后的再度打磨,湖北省京剧团决定带着新编历史京剧《徐九经升官记》进京汇报公演,接受首都专家和观众检验,湖北省京剧团团长高颖亲自带着主创团队奔赴北京。在武昌火车站,人们打着"预祝《徐九经升官记》赴京汇报演出成功"的横幅,祝愿他们旗开得胜。坐在火车上,朱世慧的心里却有点打鼓,北京是京剧的发祥之地,又是前辈、专家的云集之所,虽然1979年自己演的小京剧《一包蜜》荣获过创作一等奖、表演二等奖,但那是小戏,这次的是大戏,那是调演,这次是公演,他担心自己这个无名小辈,得不到首都观众的信任。

1981年4月5日,《北京戏剧报》以一个5厘米见方的小豆腐块登出了一则小广告:"湖北省京剧团来京汇报演出——新编古装喜剧《徐九经升官记》,编剧:郭大宇、习志淦,导演:余笑予,唱腔音乐设计:谢鲁、彭友和,舞美设计:田少鹏,主要演员:朱世慧、李春芳、陈国光、胡为之等。4月10日起在吉祥戏院演出。"北京吉祥戏院门口,贴出了京剧《徐九经升官记》的大广告。人们围着海报议论纷纷:"主演朱世慧?富连成'世'字辈的吗?没听说过呀!""嘿!丑行当家演戏,这是要欺祖啊,翻了天啦?""当年叶盛章先生这样第一流的武丑,还得有李少春、贺玉钦、张云溪等配任棠惠,才敢做大轴呢!""咱们京剧戏码上没有这出戏呀?"彼时的北京,正是开始恢复演出京剧传统戏的时候,人们对传统戏热情高涨,对突然冒出的这一出新编戏则不感兴趣,对以丑挑大梁演一个晚上的大戏，更是充满了怀疑。剧场门口看热闹的人群乌泱泱，真正买票走进剧院的人却寥寥无几。剧团之前对排这出戏感到不满的一小部分人，更是以此大做文章，等着看朱世慧的笑话。一时间，各种质疑声裹挟着恶意向朱世慧砸来。面对同事间的酸话、北京观众的不理解与质疑，朱世慧听在耳中，要说完全不在意自然是不可能的，但他心里也非常清楚，作为一个演员，口舌之争毫无意义，最重要的是要依靠舞台上的作品说话。此刻，他心无杂念，只有一个纯粹的目标：发挥出最好的水平，把这出凝结着众人心血的《徐九经升官记》演好！

或许是对丑行演大戏这件事本身感到心里没底，湖北省京剧团在剧目宣传方面并不高调，头三天，剧团只邀请了北京京剧院旦角演员杨淑蕊等在京各院团的主要演员，《北京晚报》的记者过士行等部分媒体和部分业内人士前来观看，连专家学者都未敢惊动。头三天的戏票，剧院连三成座都卖得勉勉强强。大幕拉开，面对空寥寥的台下，主演们的心中怎一个"惨"字可形容！面对这样的市场反应，剧团不得不另作打算，倘若之后上座率还是如此，他们只能缩短行程，提早打道回府。

然而，一出真正的好戏是不会被辜负的，舆论在慢慢发酵，改变也在悄悄发生。《北京晚报》的记者过士行，连看三天此剧，并在报纸上发表了评论文章，大力称赞该剧。《北京戏剧报》在演出第三天刊登了《南来新葩添春色》一文，称《徐九经升官记》"在丑的外形下突显着美，在喜剧形式中呈露着悲，在哄堂大笑中，窥得见泪"，并赞朱世慧"运用了京剧袍带丑和麒派的自由洒脱、敏捷刚健身段……既体现了诙谐幽默，又不失高官气派"。前三天看完戏的人们，因为发自内心的喜爱和欣赏之情，不由自主或满腔热情地去给这部戏当起了义务宣传员。人们一传十，十传百，《徐九经升官记》的口碑与声誉日渐高涨。4月13日，也就是该剧演出的第四天，中国艺术研究院副院长郭汉城前来观看

该剧，并为徐九经写下一首赞诗——"一棵歪脖树，根深树干坚。虽无参天姿，而与地相连。剖镜敢教合，紫袍宁爱鲜。挂冠存正气，且伴酒旗眠。"14日，新凤霞也在吴祖光的陪同下前来看戏。吴祖光在此次湖北省京剧团赴京之初，就收到了《徐九经升官记》的剧本，一看之下大加赞赏，于10日首演之时已前来观看。新凤霞由于身体不好，原不大出门看戏，却因为听到身边很多人夸赞《徐九经升官记》，且丈夫吴祖光非常喜欢该剧，因此忍不住前来观看。两人看完后，均写了评论文章。吴祖光的文章于4月24日发表在《人民日报》，他盛赞《徐九经升官记》为"京剧奇葩"——"剧中主要人物徐九经以丑角应工，唱、做、念极为繁重，演员朱世慧同志的表演突破陈规，另辟蹊径，有非常出色的成就。最为难得的是他扮演的这个人物脱离了许多丑角常常难以避免的庸俗之气……剧中有一段长达30多句以'官'字为韵尾的四平调，唱来声情并茂，几乎句句博得满场的笑声与喝彩，丑角唱这么多，唱出这样的效果，这无疑在戏曲史上也是空前的"。吴祖光甚至激动地表示，要给该剧做块牌匾，用金子做"徐九经升官记"的剧名。

一天又一天，文艺界的同行和专家学者们陆续而来，有文艺理论家、美学家王朝闻，戏曲作家、理论家、教育家翁偶虹，戏剧编剧兼戏曲理论家、表演和导演艺术家阿甲，中国戏剧理论家、教育家、戏曲史家张庚，剧作家、戏曲理论家马少波，戏剧导演、戏剧理论家马彦祥，戏曲编剧范钧宏，中国戏剧家协会主席、现代话剧剧作家曹禺，中国现代小说家姚雪垠，著名书法家启功，画家方成、李滨声，著名相声艺术家侯宝林，电影导演谢添，等等。曹禺先生本是湖北潜江人，对于湖北戏曲发展之快深感欣慰，他就《徐九经升官记》发表谈话，直言："这个剧目应该推广，这个剧团大有希望。""是京剧舞台上空前的一出好戏""编、导、演、音、舞都很出色""闯出了一条新路"等喝彩声不绝于耳。先生们看完戏还不过瘾，兴奋之余，纷纷邀请朱世慧第二天去自己家里做客。短短几天，朱世慧就把曹禺、阿甲、马少波、吴祖光等人的家拜会了个遍。去到启功家时，老先生书性大发，挥毫给朱世慧写了一幅好字。

图34　1981年著名戏曲导演、戏剧家阿甲（右）与朱世慧（左）合影

4月26日，《北京戏剧报》连登马少波《另辟蹊径——京剧〈徐九经升官记〉观后》、范钧宏《赞京剧〈徐九经升官记〉》、新凤霞《创出了一条新路——〈徐九经升官记〉赞》、王朝闻《这个戏吸引了我——王朝闻说〈徐九经升官记〉》4篇文章，大力赞扬《徐九经升官记》和朱世慧取得的艺术成就。其中范钧宏写道：

朱世慧扮演的徐九经，更应给予高度的评价。他在现代京剧《一包蜜》中扮演艾力，已经给人留下良好印象，这次则更显示了他既有行当的坚实功底，又能从人物出发，兼收并蓄，博采众长。演这个人物是有难度的……这需要技术，更需要气质，朱世慧恰好能做到技术与气质的统一。因此不仅在唱、念、表演方面满足了观众的欣赏要求，而且在有利于刻画人物性格的某些细微动作上，譬如几次出现的肌肉抽搐的面部表情，也都能给人以"气质美"的感受，使我们从他身上，看到了萧长华、刘成基两位京、川丑角前辈的影子。这一点极其难能可贵。

（《北京戏剧报》1981年4月26日，第17期）

《徐九经升官记》的上座率节节攀升。京剧界著名演员张君秋、马长礼、小王玉蓉、吴素秋、李洪春等纷纷到场。在后台，朱世慧与李洪春握手时，李洪春拍拍他的手背说："你小子，你可欺了祖了。"当然，这是一句玩笑话。

剧场已达到座无虚席的火爆场面。湖北省京剧团特向上级请示，邀请湖北籍国家领导人李先念同志前来观戏。李先念看完戏，走上舞台接见朱世慧等主演，并说："小丑主演这样一台大戏，不容易，演得好！"

原先，湖北省京剧团只预定在吉祥戏院演出该剧，不料合约演完，北京工人俱乐部、北京人民剧场、解放军歌剧院纷纷打来电话，热情邀请《徐九经升官记》前去演出。剧团也都一一应承，前前后后竟连演了32场！

连着唱32场，对朱世慧这个主演来说是个相当大的考验。场场爆满的热情让他每天都要求自己在舞台上发挥到尽可能完美。演到最后四场，他的嗓子终究是坚持不住，不得已去到音乐学院的医院打点滴，也可以说是一种幸福的烦恼。但他的努力迎来了大家的肯定，特别是先前赞赏过《一包蜜》的人们，在得知这个沉着、机智的徐九经和那个活泼纯真的小艾力是同一个扮演者时，更是惊叹不已，说他"演啥像啥"、"气质好，格调高"、"演的人物，没演行当"、"勇闯新路，另辟蹊径"，等等。

1981年5月1日，《徐九经升官记》作为庆祝"五一"国际劳动节联欢晚会的重要节目之一，在人民大会堂小剧场演出，韦国清、方毅、习仲勋等党和国家领导人观看了演出。

首都观众对该剧趋之若鹜，《徐》剧去到何处，该剧院门前就早早排起购票长队，部分热情的戏迷甚至各个剧场追着看戏，逼得剧院不得不做出规定："每人限购两张票！"《人民日报》《光明日报》《中国青年报》《北京晚报》《解放军报》等各大报纸纷纷撰写评论文章。半个多月时间内，观看《徐九经升官记》的观众竟达 4 万多人次，报刊刊载评论达 60 余篇。连香港《文汇报》都以"轰动北京"为题，报道了这出戏的演出火爆。此种盛况，放在戏曲式微的今天是不可想象，就是在当年

图 35 朱世慧给戏迷观众签名

也可算是个奇迹！《徐九经升官记》赢得了票房和口碑的双丰收。

《徐九经升官记》在北京一炮打响，主演朱世慧也凭借徐九经这一角色红遍京城。走在大街上，他经常会被人一眼认出："咦？这不是朱世慧吗？！"一夜成名的感受既真实又带着巨大的悬浮感，能受到观众的喜爱与认可，让他感到幸福，同时又觉得自己身上的责任更重了。

1981 年 5 月 25 日上午八点，武昌车站站台欢声笑语，湖北省委宣传部、省文化局、省文联、剧协武汉分会的负责同志和省直各剧团的代表们在车站迎接湖北省京剧团的归来。文艺局局长韩光表亲自前来欢迎，湖北文艺界代表向归来的京剧团献花。人们兴奋地说："《徐九经升官记》进京为湖北人民争了光！"《长江日报》在头版头条刊登了李先念接见《徐九经升官记》全体演员并和朱世慧握手的大照片。湖北省各大报纸都刊登了"湖北省京剧团赴京演出《徐九经升官记》载誉归来"的新闻报道。湖北省委第一书记陈丕显亲自接见了京剧团《徐九经升官记》剧组并合影留念。1981 年《徐九经升官记》获得湖北省文化厅颁发的优秀创作奖、优秀演出奖、唱腔音乐设计奖、舞台美术设计奖。当年 6 月，获湖北省直专业剧团创作剧目会演优秀演出奖、优秀创作奖、优秀导演奖、优秀演员奖、音乐设计奖、舞美设计奖。 1982 年 5 月，获文化部、

中国剧协联合颁发的 1980—1981 年全国优秀剧本奖。

《徐九经升官记》在北京打响后，有很多人向朱世慧提议，可以在北京拜一位丑行名师，继续精进技艺，在艺术道路上有所发展。热心肠的人们向他推荐了多位丑角名家，朱世慧一时难以抉择。

《徐九经升官记》演到北京人民剧场时，有一天，快开演了，朱世慧正在后台化妆扮戏，一个同事兴冲冲地跑到他身边，"孙盛武先生来了！在台下坐着看戏呢！"孙盛武先生的大名朱世慧是久仰的，早年在戏校学戏时，他的老师张啸庄就常常提起孙盛武先生，称赞其扮演丑角时干净、讲究，绝不会用庸俗的插科打诨故意博取观众的笑声，非常讲求戏的品位品质，号称"穿西服的小花脸"。听说孙盛武先生就坐在台下，朱世慧好像戏校时期老师坐在台下验收一般，不由得紧张起来。那一场《徐九经升官记》，朱世慧演得非常成功。观众们时而欢笑，时而热烈鼓掌。孙盛武先生整场观演过程都兴高采烈，演出结束后，老先生好像自己的戏演出了一般，见到谁都要和对方打声招呼，说上一句："请您多提宝贵意见啊！"对于京剧丑行能够有这么出色的一出挑梁大戏，老先生打从心底感到高兴。对朱世慧对丑行艺术不失法度又大胆创新的表演，有极好的评价。孙盛武先生的评价很快也被人反馈到了朱世慧那里，当晚，朱世慧激动得彻夜难眠，这可是他一直很崇敬的丑行大师啊！之前，就有人认为，朱世慧的徐九经表演分寸拿捏得当，不追求廉价的效果，脱离了丑行常难以避免的庸俗之气，其路子、风格都有点像孙盛武先生。他原不敢奢望能拜入孙盛武门下，此时却不由得"想入非非"。他暗下决心，一定要拜在孙先生名下，一定要得到他的亲自传授。也正是天时地利人和，在朱世慧等青年演员的强烈要求下，经湖北省文化局同意，并通过北京有关方面的大力支持和筹备，1981 年 5 月 12 日，湖北省京剧团在北京举行了一次十几位演员、乐队集体拜师的活动。当时老师们的阵容之强、之大，今天再难以看到。就在那天，朱世慧正式拜在了孙盛武先生名下，成为他的第七位弟子，也是他最后收的关门弟子。后来，孙盛武先生又重新教授了朱世慧《群英会》和《审头刺汤》两出大戏。

湖北省京剧团的《徐九经升官记》在北京公演获得巨大成功，红极一时，剧组尚在北京，就有西安电影制片厂、上海电影制片厂、长春电影制片厂、北京电影制片厂等争先找到剧团领导，希望可以获得该剧改编成电影的授权，最终，北京电影制片厂和湖北电影制片厂决定合作将该剧搬上银屏。湖北省京剧团有意邀请谢添导演拍摄该剧，但谢导考虑自己刚拍完豫剧《七品芝麻官》，两剧人物情节有些相似之处，又都是丑

图36 朱世慧（左）拜著名京剧丑角艺术家孙盛武（右）先生为师

图37 朱世慧（左）在师父孙盛武（右）先生家学戏

行大戏，恐在风格上一时难以跳脱，因此婉拒，并推荐了导演肖朗。肖朗是北影的中年导演，他曾协助崔嵬拍摄过《野猪林》《穆桂英大破洪州》等戏曲影片。

对于这么快就可以将该剧拍成电影，朱世慧既惊讶又开心。"徐九经为民做主，为弱者说话，手段是大智小技，巧胜智取，迂回得手，寓庄于谐。他的心态、情感、性格气质、做派习惯，都是属于平民大众的。老百姓喜欢这样的人物，爱看这样的戏。"对于这部戏将如此之快地变为电影，朱世慧心中暗暗给自己加码："我一定要把这个人物演好、演活，演到人们心里去。"

1981年夏天，由京剧《徐九经升官记》改编的电影《升官记》开始拍摄。这一天，北京天桥医院牙科病室，迎来了一位特殊的病人。人家做牙，都是拔掉真的，换上假的，整牙追求一个脸型匀称的"美"字。可这位病人，既不拔也不换，却要医生用塑料做个牙托，把他弄成个歪嘴。"小朱同志，你这个可是有点难度呀！"正畸科的医生大约也是第一次遇到这种要求。这位病人，正是即将拍摄徐九经的朱世慧。现在，他双眉紧蹙地靠在医院的活动椅上，在为如何体现徐九经的"丑"绞尽脑汁。当初，他和余笑予导演思来想去，还是放弃了画歪脸的设计，给徐九经规规整整地画了一块"白豆腐"，现在，却要把自己的脸整成个歪脸。这是为什么呢？

这些，还要从导演肖朗对电影《升官记》的实验性探索说起。肖朗认为，戏曲的程式化与电影的表现手法是有矛盾的。戏曲比较讲究"虚"，且节奏极慢，而电影则比较讲究"实"，且节奏较快，今天的青年人欣赏表演艺术，要求真实感强，节奏明快，因此他考虑使用新的电影艺术手法、探索采取戏曲故事片的形式来处理《升官记》。因此，肖朗导演《升官记》时，尽量往"实"靠，加快节奏，从多面拍戏而摆脱平面拍戏，采用实景加强真实感。电影所有外景均为实景拍摄。剧中最重要几场戏的场景——侯府在故宫取景、王府在瀛台取景、大理寺上任在北京大学取景,"王府抢亲"一场戏,是在颇似王府的中国电影公司的大院里取景。清华大学的校园则作为大理寺的内景,甚至最为出名的那段"当官难"的场景也改在了清华园的走廊。仅仅在故宫,朱世慧就拍摄了小半个月的时间,成为故宫广场三大殿的常客。在拍摄徐九经进侯府,看到"好一座威严侯爷府"的镜头时,面对故宫高大的府门和宽宽的石阶,看着大门旁虎视眈眈的兵勇,一种"侯门深似海"的森严感扑面而来,朱世慧感受到在舞台上从未有过的威慑与恐惧,人物当时的心理与情绪,就非常真切地表现出来。

特别是,肖朗大胆地取消了京剧脸谱,使观众在银幕上看到活生生的人物神情。影片动用特写镜头,表现人物性格,用较多的中近景和特写,充分表现人物面部表情的细微变化。这就给朱世慧提出了挑战。首

图38 《徐九经升官记》两位导演余笑予(中),肖朗(右)与朱世慧(左)合影

先，从扮相上，徐九经的丑是该剧故事的前提基础，正因为他丑得新奇、丑到了第一、丑得确实不一般，歪眉、歪嘴、歪脖，肩膀一高一低，五官不正，四肢不匀，才令他在不公的世道被贬为七品县令，堂堂高中的状元却不能施展自己的才华，满腔的热血不能为国家效力。以往，由于京剧舞台的假定性与虚拟性，画着"白豆腐块"的徐九经自诩相貌奇丑，观众也愿意相信。可是，一旦去除了这"豆腐块"，那演员就需要实打实地扮丑才行。这也就是为什么朱世慧要去牙科医院给医生出难题的原因了。好在，经过四次"试制"，朱世慧的牙科手术终于成功。特制的牙托，造成了肿起的腮帮和突出的歪嘴，再贴上犀牛尾编成的山羊胡和倒垂的八字眉，用肤蜡加长耳垂，用电影塑型和牵引的方法再将左眼加大加宽，右眼缩小变窄，最后，由棉花、海绵合成的垫肩塞进左肩。一个挺俊秀的小伙子终于变成了丑陋不堪的丑八怪。戴上乌纱，撩起蟒袍，手扶玉带，迈着八字步，灯火通明的北京电影制片厂摄影棚里，一个活脱脱的电影版"徐九经"便诞生了。

其次，如何把握虚实之间的度呢？舞台上演出的徐九经，因为与观众的距离较远，在肢体动作上需要开合较大才能被看清，对面部表情则没有那么高的要求。电影则与之相反。总结起来就是一收、一放。"一收"指的是收一收戏曲舞台上夸张的程式化动作，肢体语言要更为自然与生活化，从而与服装场景相协调；"一放"指的是电影中运用大量的近景拍摄，当镜头推向人物面部时，需要演员通过眼神、面部细节将情绪外放，便于被镜头捕捉，人物表演更见真实细腻。朱世慧充分借鉴了自己在楚剧电影《追报表》和电影故事片《同志，感谢你》的表演经验，在艺术的夸张与真实之间找到一种微妙的平衡，表演既富有戏曲的节奏韵味，又不跳脱电影艺术的框架范式。在拍摄面部细节的镜头时，朱世慧在充分体味人物心境的基础上，力求以肢体细节与面部表情将情绪迸发于一点——当徐九经郁郁不得志时,他以歪脖树自比,拢下短眉眯上三角小眼,一脸的落寞;当突然受到提拔时,他挺胸瞪目张嘴抬颌,得意之情溢于面上;当得知真相被威逼恐吓时,眉眼、嘴角一齐颤抖,"抖脸"绝技将人物此时的"惊"刻画得惟妙惟肖。

虽然从最终结果看,朱世慧都完成得很成功,但其过程却充满艰辛。从舞台走向摄影棚,毕竟是进入了一个新天地,感到生疏与不适应是必然的。特别是拍摄电影一般会把整出戏分割成若干镜头,交叉拍摄,而不能像台上那样一气呵成,因此格外别扭。但朱世慧总是不断地说服自己克服与适应各种困难。录制《升官记》期间,朱世慧生过两次病,但他仍是咬牙完成了拍摄任务。用他的话说:"我演着徐九经,徐九经也在鼓励着我。"

图39 电影戏曲片《升官记》剧照

1982年初,电影《升官记》在全国院线上映,一时风靡南北。从城市的电影院到很多农村大队,从民众到部队,该电影在全国产生了现象级轰动效应,对京剧艺术的广泛传播起了巨大作用。北京电影制片厂厂长汪洋高兴之余,感到非常惊讶:"一般电影故事片可以卖十几个拷贝就已算影响力相当不错,戏曲片《升官记》的拷贝量却高达230多个,除在内地(大陆)发行外,还远销港澳台,甚至风靡东南亚地区。不得不说是个现象级的奇迹。"

1982年,《升官记》获得文化部颁发的优秀戏曲片奖。1983年4月20日,在北京展览馆剧场举行了优秀影片授奖大会,朱世慧和万琼代表

《升官记》摄制组上台领奖。当他举起刻有"优秀戏曲片：升官记"字样的金像、万琼举起烫有金字的红绒面获奖证书时，整个剧场掌声雷动。

电影《升官记》的风靡，带动了舞台艺术的传播，这部塑造了清正廉明而又诙谐可爱、外丑内俊的清官形象，打破"丑角必演丑"的清规戒律，演活了人物性格的大戏，受到全国各个剧种的喜爱。1982年之后，全国有28个省份、超过200个院团组织演员观摩《徐九经升官记》的现场演出，并委派人员向朱世慧等主演学习该剧。除京剧团外，有150多个地方戏剧团把它改编移植演出，包括豫剧、曲剧、昆剧、秦腔等。前来向朱世慧学习的既有丑行演员，也有老生行演员。浙江省昆剧团的团长林为林就曾坦言："我们希望通过排演《徐九经升官记》来促进逐日枯萎的昆曲丑角行当，使该传统得到很好的继承和发扬。"可以说，由于《徐九经升官记》当时在群众中的票房号召力，帮助全国很多院团战胜了生存的难题。

图40 著名京剧丑角艺术家艾世菊（左二）跟朱世慧（右一）、余笑予（右二）说戏

1982年6月，朱世慧带着《徐九经升官记》赴上海，在上海劳动剧场（今天蟾逸夫舞台）演出11场，票房火爆，惊动沪上。京剧丑角名家孙正阳、艾世菊、刘斌昆等纷纷前往看戏。孙正阳看完戏，写了篇《丑角不丑心灵美——赞京剧〈徐九经升官记〉》发表在《新民晚报》上，认为朱世慧"一举手、一投足都有准谱，力求典雅，有书卷气而又诙谐"。当时，孙正阳的夫人筱月英正因为越剧演员不愿意学丑而感慨，孙正阳说："行行出状元，以丑为主的戏不见得没有呀，京剧《徐九经升官记》不是从北京红到上海了嘛！"刘斌昆看完戏，托人给朱世慧留话："让这个孩子哪天有空到我家里去一趟"，并留下自己的地址：上海马当路32号。可惜的是，当朱世慧第二天上午十点多顺着地址前去时，愣是在上海的胡同里迷了路，并未找到老先生的住处。恰逢晚上又有演出，只得匆匆而回。这一耽误，就错过了与刘斌昆先生的见面机会，成为一大憾事。

《徐》剧在上海演出过半，中国剧协上海分会专门召开《徐九经升官记》艺术研讨会，请京沪两地京剧同行畅谈对该剧的体会。到会的上海京剧界同人对该剧给予极高的评价，盛赞该剧剧本好、导演好、演员好，尤其可贵的是"这个全新的剧本和演出，完全继承了传统的京剧表演艺术；这样的好戏，比起当前不少求助于话剧电影等导演手法的京剧新戏来，无疑更能体现京剧的本色，更能吸引观众，更具有生命力。"《解放日报》专门以《〈徐九经升官记〉姓"京"名"新"》为题撰文，夸赞该剧在坚守京剧本体上的创新。

1982年10月，朱世慧随团去湖北省洪湖县演出《徐九经升官记》。中华人民共和国成立30多年来，湖北在北京演了两台好戏，一台是《洪湖赤卫队》，一台是《徐九经升官记》。洪湖县观众非常热情，在台下认出他们，拦住朱世慧，"你们为湖北争了光！"晚上演出时，朱世慧原本嗓子疼，害怕有些腔唱上不去，到第五场时，打字幕的幻灯更是坏了，接着话筒也不响了。"坏了！观众会不会喝倒彩呀！"朱世慧心里打鼓。然而，洪湖县的观众却静静地等待剧团将一切修好，对表演爆发出热烈掌声。观众们对这出戏发自内心的喜爱，让朱世慧非常感动。

1985年，《徐九经升官记》在湖南临湘、岳阳多地巡演。演出期间，朱世慧犯了严重的胃病，每天演出结束，还要回临湘影剧院住处熬上满满一大碗中药。那一年，他东奔西跑到处演出，仅春节在家吃了一顿饭。他的妻子为了支持他，改行到团里幼儿园工作。

1987年6月4日，湖北省京剧团一行65人，应香港联艺娱乐有限公司的邀请赴港演出。剧团在香港港岛新光戏院贴出《杨门女将》《女杀四门》《岳飞夫人》《徐九经升官记》等多部剧目，一直演至6月12日。

赴港之前，朱世慧的心中非常忐忑，"香港观众喜欢听正统的传统戏""香港观众不爱看新编戏"等说法，是他赴港前经常听到的。作为主要演员，他带的又恰恰是一出新编历史剧《徐九经升官记》，这出戏将受到怎样的对待呢？一种怕砸锅的紧张心情攀升至朱世慧的心头，伴着他上了火车，出了海关。早些年《徐九经升官记》赴北京、上海演出前，朱世慧曾用"闯一闯、拼一拼"6个字给自己增强信心，这次，他也用这六个字作为自己的精神支柱。当然，朱世慧也私下准备了点战备物资：一是补气润嗓的西洋参，二是怕紧张睡不着觉服的安眠药。

踏上香港地界，气氛果然不很轻松，戏迷们及报界大有拭目以待、看货论价之势。许多香港媒体保持小心观望的态度，香港《明报》一篇文章说："对港人而言，湖北京剧团是全新的。老观众也只识得一个关正明，对于杨至芳、李春芳等其他演员，连名字也是第一次听到，不知深浅如何。"其中有家报纸以"再谈湖京戏码"为题，写道："在香港演京剧，而且以文丑挑大梁，可能这次朱世慧的《升官记》将是创举，即使在内地都少，以前叶盛章挑过大梁是武丑戏，所以这次是个大胆考验"，顾名思义，是要对朱世慧进行考试及格后才能验收。许多香港戏迷对剧团感到陌生，甚至引起诸多猜测。

《徐九经升官记》安排在打炮戏的第三天，这使朱世慧得以有机会了解行情。他发现，香港观众并不像有些人传闻的那样使人敬而怕之，相反，他们很懂戏，对演出水平要求很高，也很严，包括对一个道具，他们都看得很仔细，甚至会毫不客气地提出改进意见。但他们同样也和内地戏迷一样热情和爱护演员，并且更舍得鼓掌叫好。6月4日晚，湖北省京剧团在港首演一炮打响，香港报纸很快做出反应，《文汇报》发了特稿，标题《湖北京剧团首演好——武旦戏火炽热闹、青衣唱工正宗，老生戏韵味盎然》，认为"湖北省京剧团果然是有真功夫。"

至此，香港戏迷观众和媒体的热情被点燃，6月5日，《徐九经升官记》尚未演出，《新晚报》便刊文《"麒派"小花脸朱世慧》，率先提出"赵晓岚是'麒派'花旦，袁世海是'麒派'花脸，朱世慧今补了'麒派'小花脸的空白"的论调。多家报纸也相继发文，介绍该剧在北京演出的盛况、所获奖项，拍成电影后的风靡程度，可以说是留足了悬念，吊足了观众胃口。有香港老戏迷称："在传统上生、旦、净、末四行当，以生、旦为正统大路，其他行当组班唱大轴，总有'偏锋'之感。如当年叶盛章、张春华等第一流武丑，贴《三岔口》大轴，得加一'大'字称《大三岔口》，但还得有李少春、贺玉钦、张云溪等配任棠惠，否则就'大'不起来，文丑当主角，从萧长华、马富禄到刘斌昆、梁次珊等好像还没听说过，朱世慧恐怕是梨园行菊坛的第一人。"

6月6日，湖北省京剧团贴出《徐九经升官记》，观众反应热烈，演出前戏票就全部售罄。新光剧院有一个传统，倘若剧院座位爆满，就要高悬"满座"牌，上书"全院满座"字样，作为一种荣誉与对观众的提醒，

但当天仍有不少观众临场希望买票。戏院经理高兴地向朱世慧道喜："朱先生，今天满座了，祝贺你们哪！"粤剧名家新马师曾、林家声、新海泉、尤声普、杨柳青、李宝莹等纷纷到场。籍贯湖北的香港著名歌手徐小凤也到场观演，并于演出结束后去后台探班，大赞朱世慧出色的演技。演出过程中，随着剧情发展，观众席里气氛不断升高，掌声、叫好声一浪高过一浪，每演到精彩之处，笑声、掌声交织成一片。演出才过半，中场休息15分钟时，观众就已经强烈要求加场。下半场，当朱世慧唱到"当官难"一段时，观众情绪达到高潮，台上台下相互刺激，形成呼应。当大幕落下，观众起立长时间鼓掌要求演员再返场谢幕，朱世慧激动地走至舞台前方，向观众致意，跟观众握手，为观众签名。此时，他的脸上辛苦的汗水与激动的泪水交融一体，完全沉浸在喜悦之中。该剧观众反应之热烈，上座率之高，据说为香港近几年戏曲演出所少见。香港《大公报》更是在第二天发文，以《湖北京剧团昨晚推出"戏宝"〈徐九经升官记〉受欢迎，新光一早满座，联艺考虑加场》为大长标题，为《徐九经升官记》冠以"戏宝"之美誉，描述当日"全场爆满，精彩的剧情与青年丑角朱世慧的表演，令观众在三个小时的演出中嘻哈绝倒，笑声、掌声交织成一片热闹气氛，对演出予以一致好评"。"观众纷纷要求加场，联艺娱乐公司负责人表示一定尽力安排"，并认为朱世慧在饰演徐九经时"谑而不虐，乐而不俗"，"新戏《徐九经升官记》和丑角朱世慧出乎意料的好，整个演出予人好印象"。"朱世慧创丑行吟、唱并重先河""文丑担纲自朱世慧始""在京剧是创举"。

为了满足香港观众的观戏热情，联艺公司在与湖北省京剧团商议后，决定6月12日晚上加场演出《徐九经升官记》，此消息一出，不到15分钟，新光剧院就售出8000多港元的戏票，忙坏了售票小姐。12日晚，新光剧院再次爆满，甚至有观众从台湾省，从新加坡专程乘飞机到港观看演出。戏院门口摆满了观众送的花篮，可见香港观众对朱世慧的认可程度。湖北省京剧团在港演出9场，香港共15家报纸发表报道和评论130多篇，两家电视台、一家电台做了专访。有22个单位和个人给剧团赠送了花篮。香港评论界认为，《徐九经升官记》看起来不像一个新编戏，虽然移植了若干话剧手法，但没有刻意标新立异，而是运用巧妙，因此增强了戏剧效果，加速了节奏，保持了京剧的原有特色，更像是一出很流畅的京剧传统剧目。《大公报》更是在13日的总结性文章中指出："该团原定演出八场，但《徐九经升官记》演出后反应极其热烈，昨晚加演一场，仍大受欢迎。该剧剧本编排紧凑，寓意深刻，特别是青年丑角朱世慧，能演能唱，雅而不俗，获得观众一致好评，是该团此次来港演出最突出的一员。"

1991年香港国际艺术节上，湖北省京剧团再次上演当年曾轰动内地、港澳的京剧《徐九经升官记》。时隔多年，香港各大报纸对该剧仍热情不减，均以显著篇幅进行了报道评论。在上演的新光戏院门口，摆放着一个香港戏剧界人士为朱世慧献上的大花篮，上面写着"别树一帜，当今丑王"。

1993年《徐九经升官记》赴台湾演出，同样受到台湾同胞的青睐。同年4月，应台湾牛耳艺术经纪公司的邀请，湖北省汉剧团一行60人在湖北省剧协主席、省文化厅副厅长阮润学率领下参加了台北市一年一度戏剧季演出活动。

作为戏剧季开幕式上的首演剧目，京剧《徐九经升官记》在台北社教馆上演的消息一经传出，立刻引发观剧热潮。社教馆售票处排起长龙。直到当日临近开演，不仅场内的1140个座位无一虚席，剧场门口还围满了求票不得的观众。剧场只得破例，打开大门，让无票的观众在观众厅走廊上观看演出。整场演出中，满场观众静若无人、全神贯注，时而

图 41 郝伯村夫妇与朱世慧合影

哄堂大笑,时而击节而合,掌声竟达 60 次之多。据剧场工作人员反映,如此盛况是近年来社教馆戏曲演出从来没有过的。

当日开演,还有一段小插曲。开戏时,一位老者弓腰驼背走进前排的座位。当幕间场灯亮起时,人们发现这位老者原来是郝柏村,观众席爆发出一阵掌声。郝柏村向观众招手致意。却原来,郝柏村早就对《徐九经升官记》十分喜爱,他在任时曾先后观看过该剧的录影带和台湾剧团的演出,更有一次亲率政要人员观看,目的是要求政要人员效仿徐九经,做清正廉明的官员。此次观看朱世慧的演出,是他第四次观看该剧,也是第一次看原版。在幕间休息时,郝柏村在贵宾室兴致勃勃地会见了剧团领队阮润学、导演余笑予、编剧习志淦等主创,并盛赞:"原版徐九经,演得太好了!"演出落幕后,他同观众一道,长时间报以热烈掌声,并同走下舞台的演员们亲切握手,同演职人员合影留念。当晚,郝伯村夫妇还邀请了朱世慧夫妇一同消夜。

朱世慧的演出,一时轰动宝岛台湾。台湾各大报刊均一次又一次地报道《徐九经升官记》在台北社教馆演出的盛况，受到社会各界的关注。之前，台湾复兴剧团的著名老生演员叶复润曾在台湾学排京剧《徐九经升官记》并饰演徐九经，深受台湾观众欢迎。此次朱世慧赴台演出，两岸徐九经的高下成为报纸热议的话题。大部分人认为，朱世慧的演出更具神韵，达到出神入化之境。朱世慧演出时，叶复润也前往观看。两位"徐九经"在后台见面，相互久仰大名，难得在台北一会，都有相见恨晚之感。两场演出，叶复润都从化装开始就守在朱世慧身边，演出时则在舞台侧幕认真观看，对朱世慧的唱念做打、一言一行、一举一动都不放过。

湖北籍的前"行政院"院长李焕观看了同乡的演出后，不仅与朱世慧聊起关于武汉的家常话，还欣然题字相赠，上书"技艺超群"。

1995年4月，《徐九经升官记》受邀赴奥地利维也纳演出，受到当地观众热烈欢迎，连演4场，这也是中国京剧首次登上"音乐之邦"的舞台。

2009年，为纪念中华人民共和国成立60周年暨中日文化协定缔结30周年，由文化部主办，中国对外文化集团公司和日本都民剧场联合承办的2009东京京剧节于9月26日至10月5日在日本东京举办。在中方派出的4台京剧——国家京剧院的《三打祝家庄》、上海京剧院的《乌龙院》、北京京剧院的《吕布与貂蝉》，以及湖北省京剧团的《徐九经升官记》中，由朱世慧领衔主演的《徐九经升官记》是这其中唯一代表中国改革开放30年艺术成果的剧目。

作为京剧节演出的打炮戏，《徐九经升官记》的首场演出时间定为9月26日中午十一点半，对于这样的演出时间，日本观众早已习以为常，但对于习惯晚上演出的中国京剧演员来说，却需要做出很大的调整。为了尊重对方，朱世慧早早地就来到剧场准备演出前的工作。

意料之中,《徐九经升官记》的演出获得巨大成功,人们观演后相互传颂,使得该剧票房连日大卖。日本观众完全被徐九经聪明睿智又风趣幽默的性格深深吸引,尤其是朱世慧演唱出著名唱段"当官难"时,观众席发出会意的笑声,整场演出掌声不绝。一位老年观众看完演出后,难以抚平兴奋的心情,特意找到翻译一同走上舞台,表示一定要将自己的感想与敬意向演员们翻译表达。她激动地说:"舞台上的徐九经每一个动作、每一句语言我们都明白了它的内涵,这个人物充满了机智和诙谐!我们喜欢徐九经,他就是我们东方的卓别林!"

从《仙鹤顶上红》到《徐九经升官记》,40多年来这出戏经历了无数次改动。其中,大的改动共有5次,以第二次改动即《徐九经升官记》参加首届中国京剧艺术节时的改动幅度最大,除去主要情节基本没有变化外,从表演呈现到场次数量、服装道具等,再到细节、节奏和枝蔓,均有较大改动,改后的剧目被有些观众称为"新《徐九经升官记》"。

图42 津田忠彦与全国四大院团主要演员合影(前排左起:赵永伟、刘孝华、陈连生、津田忠彦、宋丽红、朱世慧、崔国红、李宏图、杨碧云;后排左起:江峰、王小蝉、沈虹光、万晓慧、韩胜存、陈俊杰、熊明霞、范永亮、刘胜利、郭伟)

1995年，文化部和天津市政府将举办首届中国京剧艺术节，湖北省文化厅高度重视。为积极争取参加首届中国京剧艺术节，当年2月7日，湖北省文化厅的负责同志会同湖北省京剧团团长和主创人员一起研究有关《徐九经升官记》加工提高的问题，拟对《徐九经升官记》进行编、导、演、音、美全方位的深加工，力争精益求精，把这个深受群众喜爱的剧目锤炼成为传世艺术精品。

图43　2009年赴日本演出《徐九经升官记》，朱世慧（右）饰徐九经，周琥（左）饰差役

4月，湖北省京剧团召开了专门会议，传达全国京剧重点剧目会议上北京专家对加工提高《徐九经升官记》提出的宝贵意见。大家一致认为，要以精品意识给该剧融入更多的时代感。剧本的前三场要做较大的调整，全剧应进一步加深徐九经官场沉浮的思想内涵，精练人物性格化的唱词；音乐创作力求产出易于观众传唱的唱段，做到每个演员上场都有一口好唱；舞美要进一步开掘戏剧情境的内涵；改变过去分场的方式，使场景转换更为流畅；有关演员也要做相应调整。

为保证《徐九经升官记》的深加工顺利进行，湖北省京剧团在原来创作班子的基础上进行了充实，成立了文学组、音乐组和舞美组。文学组由一级编剧谢鲁、郭大宇、习志淦和一级导演余笑予组成，经过三次大的反复讨论，大改三稿，剧本于6月定稿。音乐组特邀武汉市京剧团

一级作曲李连璧、武汉音乐学院教授吴粤北和二级演奏员彭友和、黄武进、陈更明组成，几经讨论，对唱腔重新设计，配器也做相应调整。舞美组由一级舞美设计田少鹏、二级舞美设计洪福娣、李显明、李东海组成，与导演余笑予几经磋商，对原有的舞美设计做了较大的变动，新的舞美设计由二道幕改成滑轮景片，力求意境深邃，更为空灵。此剧仍由余笑予执导。截至7月底，全部完成音乐和舞美的案头工作。演员队伍除徐九经的扮演者朱世慧不变外，其他演员将根据角色需要做相应调整。

按照剧院计划，新版修改后的《徐九经升官记》于当年8月投入排练，9月重新立于舞台，并于11月参加首届中国京剧艺术节。

在朱世慧的印象中，1995年的这次大改，从修改剧本到排戏，他与余笑予等主创连着40多天没有休息。8月的武汉，天气格外炎热，那个时候，排练的地方根本没有空调，短短一个上午，朱世慧光短袖T恤就湿透了8件。在这次改动中，除去精简前三场的内容、在升官记的"官"字上进一步做文章外，还有一些让观众格外记忆深刻的部分。比如，徐九经去侯府要回李倩娘，并去王府取得尚方剑，余笑予在这里加强了侯府与王府对徐九经的态度对比。之前第一版，徐九经是报门而上，而新版里侯府兵丁一出，则寒光凛凛、气势慑人，朱世慧饰演的徐九经在表演上更有一入侯门深似海的压迫感。同时，王府在舞台调度上新增加了四个丫鬟打扇献殷勤，徐九经又多了几分受用和得意。再比如，之前徐九经是一件官衣穿到底，最后是墨绿色的蟒。但新版里余笑予却在大红蟒上做足文章。徐九经到任后，虽见大红蟒，却舍不得穿上身，要等到最后审案时方才穿上。为了表示对王爷的感恩，亦是对自己政治追求得以实现的内心驱动，在第五场到任之后，新版增加了"拜蟒"的环节。只见一件大红蟒从天幕垂向舞台，徐九经对红蟒做三拜。有什么办法可以强化人物的内心活动呢？余笑予想到了戏曲里的翅子功。"你的翅子

图 44 1995 年朱世慧和著名导演余笑予（中）先生在台下排戏

图 45《徐九经升官记》朱世慧饰徐九经

功怎么样？"他问朱世慧。"我在戏校的时候，和地方戏学过翅子功，要不这次我单独加练吧。"于是，观众才得以在京剧节的演出中看到这样的场景，只见徐九经的纱帽翅不停地颤动，先是左翅动，接着右翅动，最后两个帽翅有规则地来回摇动。在这里，朱世慧借鉴蒲剧活动纱帽的手法来揭示人物的内心活动。这一吸收融化，无疑是非常合适的，形象地外化了徐九经的激动心情，也丰富了京剧丑行的表演手法。这段表演，获得了观众炸窝般的叫好声。

在这次改动中，朱世慧对徐九经的表演更加追求细节和气质上的准确表达。其中有一场戏，表现徐九经恼怒的情绪，朱世慧借鉴麒派老生的技法，由抓蟒变为绕蟒，掰纱帽，脸上歪嘴，从帽子、蟒、面部表情上让徐九经全身变形，从而塑造出一个独属于徐九经的恼怒的呈现。此外，朱世慧加强了徐九经身上的儒气。其实，早在 1981 年赴北京演出时，朱世慧就曾从丑行师哥钮骠、寇春华那里得到过"徐九经在逗哏时也要注意有儒气"的建议，戏曲理论家吴祖光也曾说过，"现在这个徐九经够机灵、够滑稽，但还需要再增加一点儒气"。比如徐九经上任时，面对下属的阿谀奉承，有一个"打喷嚏"的表演，这个喷嚏不同于一般丑行的逗哏喷嚏那样轻佻，而是表达了徐九经从内心深处对阿谀奉承之风的反感，是一个"颇有文化"的喷嚏。可以说，在新版徐九经中，朱世慧在表演上、扇子上、做派上、体验上，又重新审视了自己的表演，并做了有益的修改提升。

"好戏是改出来的。"新版《徐九经升官记》以富有创意性的提高夺得第1届中国京剧艺术节唯一银奖，上海京剧院尚长荣先生主演的《曹操与杨修》获得唯一金奖。

在这次大改之后，《徐九经升官记》又经历了三次改动。一次是余笑予认为该剧开场后交代情节过多、徐九经出场太晚，他提出要相信观众对剧情的理解力，从而精简了前三场的场次，将三场戏浓缩为两场，取得了更为紧凑精彩的戏剧效果。一次是在唱腔设计上，在谢鲁的基础上，由武汉市京剧团一级作曲李连璧对部分唱腔做了重新调整，更加符合丑行的演唱特点。还有一次是对服装进行了调整，由一件蟒穿到底，改成每一次出场徐九经都穿着不同的改良蟒。除去大改之外，这出戏每演出一场，基本都会有一些细微的小改动。这些改动，有时候是主创们的有意为之，有时候则是现场表演的灵光一现。比如《徐九经升官记》去香港演出前复排时，对于一段喝酒的剧情：徐九经看着桌上刚送来的酒，想到难审的疑案头绪已清，真想提前喝下这庆功酒。可一想酒能误事，徐九经终于未喝。为了深化舞台气氛，余笑予想出了让徐九经食指沾酒，以手代饮的舞台处理方式。等到现场排练时，朱世慧心血来潮，以指沾酒，却又下意识地把即将滴入自己口中的酒滴甩掉。这偶然得之的上佳舞台动作，使得台下观戏的余笑予不自觉地喊出"好"字，认为这一神来之笔最出色地展示出徐九经胜利在握、义无反顾、洒脱干练的神态。就是在这样的不断思量、否定之否定的顿悟里，主创们才在不断

图 46 朱世慧在奥地利演出期间留念

地修改打磨中把戏推进到更加绝妙的境地。

"每一次演出我都会有不同的感受,在表演上也会有些不同的处理方法。可以说,徐九经这个人物已经融入了我的骨血,我是常改常新。"朱世慧说。

在京剧史上,《徐九经升官记》开创了以文丑为男一号的演剧先河。为了让这个"丑一号"能在台上立住,朱世慧别具一格,又开辟了"丑生"这一京剧艺术的全新表演方法。以丑角行当表演特色和技艺为基础,兼有小生的儒雅、老生的稳健,似生非生、似丑非丑,丑中有生、生中有丑。自1981年该剧始立上舞台,就受到了业内外的广泛赞誉。在经年的打磨中,京剧《徐九经升官记》成为湖北省京剧团的一出经典保留剧目,保持着旺盛的生命力。朱世慧携该剧演出足迹遍布京、豫、陕、苏、沪、粤、桂、赣、湘、鄂、港、澳、台等地区,以及日本、奥地利等海外国家。

2009年，在文化部举办的庆祝中华人民共和国成立60周年献礼演出活动中，《徐九经升官记》这出经典名剧阔别20年后再次登上首都舞台，在北京国家大剧院的演出依旧获得观众好评。演出结束后，香港凤凰卫视及中央电视台戏曲频道对该剧进行了专题采访。

2011年初，湖北省京剧院赴京参加由文化部主办，文化部艺术司承办的2010年全国京剧优秀剧目展演活动。在长安大戏院演出了《徐九经升官记》。

2012年，《徐九经升官记》参加文化部第2届优秀保留剧目大奖的评选，该次大奖对剧目的演出场次提出更高的要求，即改革开放以来创作演出的剧目演出场次必须在400场以上。《徐九经升官记》以642场的成绩获此殊荣。

2013年，作为全国优秀保留剧目大奖的《徐九经升官记》圆满完成了全国巡演任务，在近三个月的时间里，该剧辗转河南洛阳，广东深圳、佛山，江西南昌，天津，浙江杭州、绍兴、宁波，重庆等六省九地，连演15场。巡演所到之处观众笑声不断，掌声雷动，一位热心观众说："看了三十多年的《徐九经升官记》却总是看不厌，次次都有不一样的感觉。"此次巡演，《中国文化报》《洛阳晚报》《河南电视台》《宁波晚报》《天津今晚报》《天津日报》《渤海早报》《湖北日报》《楚天都市报》《楚天金报》都进行了报道，扩大了《徐》剧的影响，让广大观众又一次亲历了精品剧目的艺术魅力，再次认识了湖北省京剧团这一湖北的文化品牌。

2020年《徐九经升官记》入选文化和旅游部庆祝中国共产党成立100周年舞台艺术精品创作工程重点扶持项目。这部经典之作的舞台传奇将被一代又一代的京剧人继续谱写。

《药王庙传奇》关注青年人才问题

1984年,朱世慧继《一包蜜》《徐九经升官记》后,第三次携新戏进京演出,现代京剧《药王庙传奇》作为全国戏曲、话剧、歌剧剧目(现代题材)观摩演出的入选剧目之一,再一次接受了首都观众的检验。不同的是,上次"老徐"进京,卖的是玉田老酒,这次"小高"进京,带来的是洪湖草药。昔日巧断"双龙夺珠案"的"醉半仙",今朝成了专治厉节风(类风湿关节炎)的"小药王"。

曾有人提出疑问:湖北省京剧团出了一出现代小戏《一包蜜》,一出新编古装喜剧《徐九经升官记》,如今又跳回到了现代戏的创作,这是主创团队有意为之的发展路径吗?

追溯《药王庙传奇》的成剧历程,其实,早在1981年,《徐九经升官记》刚在北京演火后没多久,湖北省京剧团的主创团队就已经产生了要创作一出这样的戏的念头。1981年,在演出《徐九经升官记》的过程中,朱世慧惊讶地发现,剧场看戏的观众中,黑头发的观众占据了不少。热情观众来后台与他合影,其中有许多是热情洋溢的年轻人,甚至是高校的大学生。很多青年观众表示:"这样的京剧,我们看得懂,喜欢看。"青年观众的热情鼓励,让朱世慧感到兴奋的同时,也增强了他的事业心与责任感。他感到,只有受到广大青年观众的喜爱,古老的京剧艺术才能获得永不衰竭的生命力。"争取年轻的观众",成为他和主创团队共同的目标。

怎样才能争取更多的青年观众对京剧产生热爱之情呢？考虑青年观众的艺术趣味和欣赏要求,剧目必然要走改革之路。首先是从内容上,一定要在京剧舞台上反映当代青年所关心的现实生活。实际上,这种观点在朱世慧的《一包蜜》中已见端倪,只不过这次他们决定把步子迈得再大一些,"创演一出反映当代青年的现代戏"被提上了日程。

1981年6月,湖北省文化厅"创作题材报告会"召开,会上提供了大量当代杰出青年的情况和材料,其中原武汉市中草药商店营业员王光熙的事迹引起了京剧团主创团队的注意,这是一个没有获得大学文凭的青年靠着自己的努力自学成医、起先受到怀疑打压,但最终在上级领导的关怀下获得认可的故事,鼓舞了很多青年人。顺着这条线索,主创团队知道了湖北洪湖县中医院周承明副院长将雷公藤用于临床治疗类风湿性关节炎获得巨大成功的案例。但他同样是由普通农民自学成才。周承明在1974年做出震惊中外的成绩,但直到1976年之后才得到承认。在这些事件的启发、刺激下,主创团队决定把周医师自学成才的生动事迹加以演变,提炼成具有时代精神的典型性格人物的戏剧动作,创演一出关于人才问题的戏,《药王庙传奇》便因此诞生。

《药王庙传奇》讲述的是待业青年高小明的妹妹在动乱之年身体瘫痪、无力医治而死,为了不让妹妹的悲剧重演,高小明锐意研究一味能治瘫痪的中草药,不但治好了药王庙里的老道,还把这药推荐给患了这种绝症准备自杀的华侨姑娘,因此被人误会是江湖骗子,受到医院女院长——老专家韩望春的严厉斥责。后来药方产生了意外的疗效,韩望春不但理解了这个80年代的青年人,向他承认错误,而且还主动推荐他出席专门性的学术会议的故事。剧目关注到了当时社会上存在的两类现

图 47　为排《药王庙传奇》，朱世慧随剧组去湖北洪湖中医院体验生活，向老中医周承明（中）请教

象：一是党的十一届三中全会之后，受到正规高等教育的知识分子逐渐取得了合法社会地位；二是特殊年代中成长起来的一些没有大学文凭、依靠自学成才的青年该被如何对待。

被安排作为该剧主演、扮演高小明这一角色，朱世慧是欣然愉悦接受的，"我早有愿望，就是能在我演的现代戏角色里反映一些普通人的生活，揭示他们美好的心灵，歌颂他们高尚的情操，让观众在娱乐之余，心灵上受到一次美的陶冶"。但他面临的，是比《徐九经升官记》更艰巨的对京剧传统守正与创新的实践挑战。

一方面，他跟着主创团队一起大踏步地"往前走"。随着《药王庙传奇》对题材巨大开创性的，是全剧在各个方面的创新创造。比如，此剧的唱腔设计，规定了四条准则："一要姓京，二要好听，三要传情，四要创新。"何谓姓"京"？在他们看来，京剧最好的传统，是它的革新精神。从"徽调"，到"南戏"，到"平剧"，到"京剧"，不正是由于广采百曲，才使得京剧不断丰富，显示出它强大的艺术生命力吗？于是，在剧中的唱腔设计中，他们从人物出发，从现代生活出发，从剧情需要出发，创造了京剧从未有过的"西皮圆舞板"，音乐上糅进了体育进行曲，伴奏乐器有电吉他、电子琴等。节奏气氛、时代感觉已不是旧有的形态，快节奏、强效果改变了舒缓、飘逸情调，呈现出另一种风貌。作品的舞台动作也是虚中有实，实中有虚，不排斥实在存在，追求一种接近现实的舞台生活逻辑。在形式上，《药王庙传奇》也并不分场次，而是采用了"伴唱"（纯旁观者的画外音式的伴唱），或借鉴电影这一姐妹艺术，以蒙太奇的手法，"化出""化入"，戏尾接戏头，在整体节奏上有别于"老"京剧的艺术节奏，而力图更接近于现代人的生活节奏。

　　这种向当代生活趋近的整体的风格走向，催着朱世慧必须去适应、去探索新形式下的人物塑造。如果说《一包蜜》中的农民形象尚可借鉴样板戏，《徐九经升官记》尚可大量运用丑角表演艺术，那么在《药王庙传奇》中，他则需要完全地创造一个新型人物，这个人物就生活在他的时代，就生活在观众的身边，穿着现代的服装，身上带着80年代青年的时代印记与典型特征，像与不像，仿佛一眼就能被同时代的观众评判、看穿，这就造成了朱世慧创作上的难度和深度。

　　作为演员，朱世慧首先想到的是通过艺术技巧与手段来把编剧笔下的人物在舞台上体现出来。他牢记戏校老师所教的"装龙像龙，装虎像虎"，高小明的"这一个"有独特个性的形象，要怎么去贴近他呢？虽然朱世慧是演丑角的演员，但他意识到，用他平日所习惯的丑角的艺术手段肯定是不胜其任的。于是，他开始琢磨高小明的表演方法，设计他的动作特征。首先在嗓音问题上，朱世慧必须克服过去习惯的那种丑角小膛音发声方法，而选用老生和娃娃生的唱念方法。在表演上，朱世慧同样力求尽量摆脱丑角的习惯特征，减少夸张滑稽的因素，他认识到，如果这些东西过多地渗入高小明的表演之中，必然使人物油滑而影响他的朴实。为了更准确地表现人物抓中药的习惯动作，朱世慧两次到洪湖中医院体验生活，因此把医生抓中药的动作演绎得活灵活现。

尽管如此，在多次的排练演出中，朱世慧仍感觉到这个舞台形象总是难以令人完全满意，演过了，显得玩世不恭，演正了，又没有性格，似乎总是在两者之间摇摆，抓不到最恰当的人物感觉。难啊！为此，朱世慧感到苦恼和烦郁，为什么高小明老是跟自己捉迷藏而逮不住他呢？

为了解决这一问题，朱世慧多次找编剧习志淦、导演余笑予查找病根，诊断结果是：他与高小明之间还没有做到"心有灵犀"。要说朱世慧心里完全没有高小明这个人，也不尽然。通过剧本分析，他已经能认识到高小明善良、真挚、坦率、热爱生活、勤奋好学，怀有热爱祖国和民族医学的一片真情。在就业问题上，他深知国家目前的暂时困难，能自觉地为国分忧……但这些，只能是一种共性的、概念性的东西，仅仅

图48《药王庙传奇》朱世慧饰高小明

靠此来塑造艺术形象是远远不够的。京剧前辈荀慧生老先生有一句话讲得好："京剧演员有句老话：心里有，才能演得像。这个有就指的是生活，有了生活才能体现人物在特定的环境下的一举一动，才能进入角色。"朱世慧认识到，他需要磨炼的不仅仅是艺术上的功力，更重要的是他还缺乏生活积累这个功力。于是，朱世慧有意识地到待业青年、个体户集中的场所去观察，翻阅些有关待业青年、临时工的报道材料，看一些与青年有关的电影，并尽可能找机会与青年进行交流。在深入的观察与接触后，朱世慧看出，经过十年浩劫的我国青年一代，有理想，有抱负，思维敏捷，性格活跃，虽然有些受过精神创伤，但在新的时期，他们执着地追求真理，认真思考人生价值，面对生活的缺欠，他们虽然也发牢骚，爱说怪话，但更多时候是乐观的、充满信心的精神面貌。尽管有些时候，他们在表达方式上会缺乏"正统的严肃性"。因此在剧本里，虽然高小明这个故事基本不包含幽默等喜剧因素，但并不缺乏少部分喜剧场景、喜剧片断、喜剧细节，如高小明的别样"检讨"，正丰富了人物玩世不恭的性格侧面。可以说，通过深入生活，朱世慧真正走进了高小明，他理解到高小明的朝气、幽默总是和执拗、深沉交织在一起，时代决定了他的思想性格上的复杂性，显示出许多与20世纪50年代和60年代青年所不同的特点。这也帮助朱世慧更好地把握住饰演这个人物的火候。

"我认识到作为一个社会主义的文艺工作者，不仅要体验角色的生活，还要体验时代的思想感情，而且有责任向观众传播这种时代的精神！"这是朱世慧在演出后发自内心的感悟。

另一方面，朱世慧也坚持在创新的同时紧紧把握住京剧只能姓"京"的原则，无论唱、念、做、打，都必须运用京剧本身的艺术手段加以合理改造，要万变不离其"京"。比如，在这出戏中，观众仍能看到"蹉步"等属于京剧的程式动作，只不过与生活融为一体，更加的艺术化了。此

图 49《药王庙传奇》朱世慧饰高小明

外,"典型动作",是刻画人物特定个性的点睛之笔,是表演的重要手段。朱世慧总是在比准人物基调的同时,设计一个贯串始终的典型动作。高小明因常常采药,"平顶头"上往往撒满灰尘,朱世慧便为他设计了一个"头顶打灰"动作。当他激愤不满时,用快速打灰以表示无声反抗;当韩望春的诚意逐渐感动他时,他便慢而轻地反复打灰,以表示心动。这动作来自生活,却接受了戏曲表演节奏韵律的规范,因而具有较强的表现力,使人物栩栩如生,观众欣然而笑,却又不脱离京剧的本体。

从最初的剧本酝酿提笔到最后的全剧排演成型,《药王庙传奇》历时3年零1个月,排练时间近两年。其中大改27次,小改不知多少次。每次修改,一动百摇,不仅演员,布景、服装、乐队,全都跟着"集体拼命"。1984年《药王庙传奇》进京演出前几天,朱世慧还钻在排练室里细排韩望春与高小明在药王庙的对子戏,不断打磨人物的特殊气质,精益求精。

然而，改革京剧的困难不仅来源于创作和表演本身，还来自习惯的艺术偏见。《药王庙传奇》初立于舞台，就受到了一些不公正的待遇和评价，有人认为这出戏"前有'一包蜜'，后有'徐九经'，现在又写了一个莫名其妙的戏，表现了一群莫名其妙的人"。这出戏由此被取消了参加全省戏剧会演的资格。

特别可喜的是，当这出戏的进一步演出遇到困难时，组织和审定艺术生产的领导者有胆有识，积极支持他们的创新，团里领导说："我们扮戏，不是为了会演，而是为了繁荣创作！"省文化局一位领导同志评价："看了这个戏，小一辈可以思考如何对待老一辈，老一辈可以思考如何对待小一辈，干部可以思考如何对待人才，各种人都可以从中汲取营养。"看看！这出戏的命运与剧中高小明的命运何其相似，最终被慧眼识珠，不致夭折。

1984年《药王庙传奇》一剧赴京参加全国戏曲、话剧、歌剧现代题材观摩演出，不仅荣获演出、剧本、主演一等奖，导演奖、唱腔、音乐设计奖，连字幕都获得了奖励。剧中明显的实践与创新，被80年代的新观众所认可与欢迎。有观众说《药王庙传奇》是"现代戏创新的前景，使人看到京剧改革的希望和曙光"，使京剧"年轻了十年"。朱世慧也因为主演该剧被文化部授予主演一等奖，湖北省人民政府授予他"优秀戏曲演员"称号。

1984年7月5日，国家主席李先念在北京观看了朱世慧主演的《药王庙传奇》后上台接见演员，他握着朱世慧的手，劈头就是一句："你就是'徐九经'啊！你的药王庙演得也很好啊！"朱世慧的演出又一次得到了中央领导的认可。

1984年10月1日，《药王庙传奇》被选入建国三十五周年文艺界仅13台彩车中的一辆专车驶过天安门，得到邓小平等中央领导的检阅。

小人物的悲喜剧——《膏药章》

丑往往表现一些诙谐、幽默的喜剧人物,然而,在朱世慧塑造的艺术人物长廊中,却有这样一个独特、可笑、可怜又可悲的,耐人回味的小人物,在京剧人物图谱中留下了自己发人深省又浓墨重彩的一笔,他就是膏药章。

1984年,《药王庙传奇》揽下6项大奖、11块金牌凯旋。与此同时,该剧的创作班子又马不停蹄地开始了下一个新剧

图50 《膏药章》朱世慧饰膏药章

目的创作。这个新剧目,创作组原本是为1986年孙中山先生诞生120周年、辛亥革命75周年而作,带有点"应时""应景"戏的意思。然而,随着对辛亥革命研究与分析的逐渐深入,"唤醒民众者"和"被唤醒者"之间"要唤起而难唤起,真唤起又怕唤起"的尴尬局面、藏匿在民族精神深处的枷锁等问题让一个新的创作冲动在他们的脑海中日益强烈,以

至于冲刷了原本"应时""应景"的念头,这一新的创作冲动就是:这部新剧,完全可能以现代人的视角写成一部"以史为鉴"的"历史精神剧",让这部戏成为一面"镜子",让今天的人们从中看到自己灵魂深处的隐秘。

有了这样写辛亥革命历史的宏愿,创作组的目光却没有停留于这场革命的头面人物,而仍落在了当时社会底层民众的小人物身上。湖北省京剧团的创作风格侧重在表现小人物、丑行挑大梁,不得不说很大一部分原因,是因为他们有朱世慧这样一位全国奇缺的丑行演员。这让创作组乐于也敢于开创这样的人物题材。鲁迅先生曾塑造了阿Q、孔乙己等,批判他们的"国民性",意在"唤醒民众"。湖北省京剧团则要以一个小人物的命运去一窥辛亥革命那样一个伟大历史事件的一些端倪。

首先,他们需要编写一个"小人物的故事"。有一天,余笑予找到朱世慧,说起自己小时候看过一出楚剧《胡魁卖人头》,里面有一个情节给他留下了深刻印象:一个医术高明、人称"小神仙"的人中了"胡魁卖人头"的计,被弄进大牢给唐朝开国将领罗成的后代治伤……这个人物近乎荒诞的遭际引发了余笑予的联想,是否能根据这个情节延展出一个小人物的故事呢?与朱世慧聊过没多久,《膏药章》的第一稿诞生了。

朱世慧初看剧本,就油然产生了一种喜爱之情。虽然他是丑行演员,但其实一直以来,在他的内心深处却更偏爱那些内心层次更为丰富深沉的人物,膏药章的人物和故事让朱世慧燃起了浓厚的兴趣,这是一个很适合用丑行来担当演绎的人物。秉持演员也要介入一度创作的理念,朱世慧与创作组一道参与到剧本的修改与打磨之中。

那时候,朱世慧的演出任务特别多,京剧团经常下到湖北黄石、大冶等各县城,演员们带着铺盖卷演出,一出门就是一个半月到两个月,而剧团的创作班子也跟着朱世慧等演员一块儿。几乎每天,朱世慧与他们见了面就开始聊戏、讨论膏药章的剧情细节。聊得比较兴奋的是膏药章在"风化案"中需要支付的"三个二百五十两银子"，聊得最多、改动最大的则是"刑场"一折。那个年代，正值国家改革开放初期，市场经济下，收费名目增多且不似现在这么规范，物价涨幅快，需要花钱的名目繁多。在这样的背景下，大家一合计，便有了刑场上刽子手询问膏药章是要"咕滋"还是"咔嚓"的桥段，其中膏药章与刽子手讨价还价，抱怨"如今要钱的花样可真多啊"一句，更是切中了普通百姓最关心的要害。此后演出中，每当朱世慧念到这句词，台下效果都是炸窝的"好"，虽然这并不是此剧所要表现的主要情节。

打磨后的剧本交到朱世慧手里，朱世慧感到自己的担子不轻。比起自己之前演的角色，膏药章是一个处在清朝末年社会最底层的一个实实在在的小人物。在全剧的故事里，在小寡妇、师爷、县官、革命党等一众符号性意味极强的人物中，膏药章是唯一的一个拥有姓的人。如何让观众在近乎"听故事"的状态中透过这个小人物感悟到辛亥革命更深层次的内涵，可以说，观众理解的关窍与中心点，全在朱世慧塑造的膏药章身上。

在表演风格上该如何恰如其分地把握呢？经过反复熟读与研究剧本，朱世慧把人物定位在悲剧性格的喜剧形象：一个拥有一技之长卖狗皮膏药的小郎中，生活贫困但自得其乐，心地善良却又胆小怕事，一遇风吹草动就畏畏缩缩。在心底深处向往美好的爱情，而当爱情来到身边却又犹豫不前。他的最大特点，也代表了当时部分中国人的性格特点，不敢当、不敢为、不敢做。他本与革命党不沾边，可是戏剧纠葛偏把他推到革命的旋涡当中。为了增加作品的色彩，朱世慧经与导演余笑予商议，决定采用悲剧喜演的手法，即写辛酸事而充满幽默感、嬉笑怒骂皆成文章。膏药章这个人物形象，如同一颗被糖衣裹着的黄连，进口时甜，

图 51《膏药章》朱世慧饰膏药章

咀嚼起来却苦涩难咽；看着让人发笑，想着让人心酸。

在膏药章的舞台扮相上，朱世慧也开动了脑筋。首先是设计膏药章的辫子，原先打算参考武训先生那样设计一个小短辫，但主演一晚上的大戏，这样的扮相未免有些不像样子。最后，他们决定设计一条比一般的短辫子长点，比长辫子又短点的辫子，特点是一定要细，不能粗，粗了就显富贵，细辫子才更符合膏药章的处境。在面部造型上，膏药章的脸部造型总体含蓄、冷峻，肌肉下垂，双眉下弯。朱世慧在研读剧本时，领悟到膏药章虽然穷，但手持一门手艺，倒也有比上不足，比下"我还能吃上半个窝头"的自鸣得意。于是，朱世慧特意和导演要求，要为膏药章设计两撇小胡子，并且这两撇小胡子还一定要粘在嘴的两边，不能搁中间，搁在中间则太讲究了。设计这两撇小胡子，朱世慧主要是为了给膏药章设计一个用小指头时常搔动那副小八字胡的习惯动作，来表现人物自我感觉还活得挺滋润的状态，使这个喜剧形象显得更加栩栩如生。

在塑造膏药章时，朱世慧同样遵循自己"演戏不演行当"的创作理念，一是从人物出发，二是一定要从京剧丑角艺术的特点出发。

从人物出发，在遇到用丑行无法圆满表现的人物形象时，朱世慧敢于也善于从别的行当、从其他姊妹艺术，甚至从生活中寻找创作元素为他所用。《膏药章》的时代背景,让朱世慧联想到了自己在1961年来北京进修时,在首都剧场观看的一出由郑榕、于是之、蓝天野等北京人艺的老艺术家们主演的话剧《茶馆》。这出同样以清朝末年为时间背景的戏,给朱世慧留下了极为深刻的印象,借鉴话剧艺术家们塑造人物的种种细节处理,膏药章的人物形象在朱世慧脑海中产生了一个模模糊糊的影子。在抓人物特点上,朱世慧首先把握住膏药章性格基调中的"窝囊"二字。因此他有意识地把人物表现得"松"一点,动作缓慢,有尺有寸,脚步轻、软、细、碎,说话注意分寸,一副背稍弓、始终直不起腰杆的外形,勾画出受人摆布、任人宰割的一副窝囊样。可以说,相比徐九经,朱世慧对膏药章的拿捏更为精到,火候得当,松紧相宜,对一些小地方的细微处理,也尽在人物和戏里。比如,剧中有一段膏药章和大师兄对对联的桥段,面对大师兄出的上联"虎口拔牙",在膏药章的仔细琢磨下,对出"狗皮膏药",这本是一个充满喜剧性的情节,但朱世慧却并没有运用丑行逗哏的艺术技巧来处理这段戏。他明白,喜剧效果的产生并不是单纯的逗乐子,要让观众发出会心的一笑,就要讲究情理之中、意料之外。任何逗哏的意图都会损害膏药章这一人物形象,只有真想真琢磨真感受,才能收获观众对于膏药章的那一份"笑中的无奈"。

在"刑场"一折,朱世慧曾苦思也找不到最佳的人物"感觉"。若说演"悲",戏词里膏药章却还有闲情逸致与刽子手就砍脑袋时是"咕滋"还是"咔嚓"而讨价还价;若说演"喜",也就是在爱他的小寡妇提出刑场为花堂双双要拜天地,却又实在找不到人物此时此刻的心境感觉。那么,究竟应该如何表现,朱世慧一时没了主意。为了准确地抓住人物,朱世慧竟然联系了当时的公安局局长,提出想去刑场看一看即将执行枪毙的犯人。早上六点,朱世慧和余笑予导演来到了监狱,一名戴着手铐刚满21岁的犯人即将登上囚车,朱世慧得以近距离观察他,看他如何要烟抽，要吃喝，如何东张西望，如何跟看守和囚友们点头致意，居然千百年没变的还是那句话，"再过二十年又是一条汉子！"紧接着，朱世慧与犯人和公安人员一起乘坐押解的囚车，犯人就坐在离朱世慧不到一米的车厢地板上。通过观察在这些即将赴死的人身上有什么特定的动作，朱世慧发现，无论是失魂落魄的犯人，还是故作潇洒的犯人，无论犯人表面上怎样与人调侃，他们的眼神都是木然的。倘若他们想要看什么东西，眼珠子总是定定的，连着头和身子一起转过去看，心灵的窗户已然关闭，他们的灵魂本质是失魂落魄的。朱世慧终于找到了窝囊一辈子，将要被砍头的膏药章"此时的感觉"，这就是眼神的茫然、空洞、迟钝。他强化了这眼神，使人物生离死别、可悲可叹的一面展示得恰到妙处，也得到了观众的认可。

从京剧丑行艺术的特点出发同样是朱世慧所坚持的创作准则。唱念做打四大功，朱世慧首先从丑行的唱上下功夫。观看朱世慧戏的观众也总有这样的期待：朱世慧能唱、会唱，对自己的唱有要求。

这出戏第一稿的作曲，为膏药章第一次的出场安排了一段以小锣开场的流水板式，唱词为工整的十字句。作为塑造主要人物形象的出场音乐，朱世慧始终觉得这段流水不属于膏药章。在这段音乐里，他抓不到膏药章的人影，也很难进入特定的人物情境中。为了创作出属于膏药章"这一个"人物的唱腔，1988年在湖北省京剧团和余笑予、朱世慧的盛情邀请下，正在为京剧《洪荒大裂变》作曲的李连璧接受了《膏药章》的编腔谱曲工作。原本，李连璧最厌烦谱写的两种"行当"唱腔中丑行就占其一，据他说来此前几乎没有认真写过，总认为花精力为丑行谱旋律不值。然而，这次却是例外。在李连璧心中，京剧丑行挑大梁尤为可贵，而敢于显示其声腔特色者，当属湖北省京剧的朱世慧及他所主演的创新剧目。自朱世慧1979年演出京剧《奇冤记》，到后来的《一包蜜》《徐九经升官记》《药王庙传奇》，他已经在舞台上初步形成了以皮黄板腔为基调，以夹说夹唱为主要样式的京剧丑行声腔特色，在构建京剧丑行声腔体系方面，迈出了可喜的创新步伐，这一点也吸引着李连璧加入这个富于创新精神的团队中，与朱世慧等一道研究该剧的声腔创作。

针对朱世慧所提出的，这出戏膏药章出场的首唱就应当给观众树立起一个贴合的、生动的、属于膏药章"这一个"的音乐形象的问题，李连璧来了一次"跳出皮黄找感觉，再回到皮黄找感觉"的过程。除了对膏药章所生活的时代、从事的职业、所具有的社会地位及其思维方式等诸多方面进行研究与思考外，李连璧对主演朱世慧的嗓音、唱法、惯用腔型、耍腔技巧及可塑性进行了深入冷静的分析，甚至结合该剧朱世慧已有的扮相：一根辫子、一顶瓜皮帽、一口京白、一块膏药、一副窝囊样……还有朱世慧表演中透露出的似有似无的北京老茶馆里的那股子劲儿，想到了北京叫卖，想到了北方曲艺，想到了梆子戏，想到了徽调高拨子，想到了二黄与反二黄的交换移位，等等。经过组合、修改、润饰、哼唱，最终，将京韵大鼓、梆子腔和高拨子杂交，找到了既不同于京剧西皮二黄，却又沾亲带故、有滋有味的丑行唱腔，因为以京剧的二黄腔为基础，糅进了京城一带颇为流行的梆子和说唱音调，故而将其命名为"京梆调"。

这一来，《膏药章》的开场音乐，就由小锣开场变为了以弹拨乐为主，由大三弦领奏。在音乐史上，清末民初之时，梆子和北方说唱本就是当时的"流行音乐"，在京剧板腔中掺杂进这种流行曲，使该剧一开头就具有了地域特色。而胡琴伴奏时的反二黄又使唱腔多了几分低沉和悲凉的气氛，为膏药章这个悲剧人物的出场做了听觉上的提示。听到这段开场的"京梆调"，朱世慧感到非常兴奋。这段曲调新颖，节奏流畅，旋律优美，既是京剧，又好听传神。透过音乐，朱世慧头脑中那个膏药章

的形象似乎一下子鲜活起来，循着跳跃的音符，他仿佛回到了清朝末年，一步步走近剧情，找到了那个带着三分悠然十二分窝囊的膏药章，他跟膏药章亲近了，膏药章的影子在他身上开始活了起来。

结合曲式，余笑予对原本规整的十字句唱词也做了相应调整。新的唱词既有叙事成分又有抒情成分，随着幕里一声"狗皮膏药"的吆喝，在京梆调的过门里，朱世慧唱出了第一句"膏药章出城催讨膏药账"，接着，当唱到"听说是革命党，他们反清、反皇上，还要咱大老爷们剪辫子，实在太荒唐"时，虽然此时有音乐、有旋律，但接下来朱世慧却由唱转为念了："没有辫子，成了秃子，从今往后成了和尚，还得吃斋念佛，念佛吃斋怎么找婆娘，怎么入洞房"，此时又很自然的切入唱腔"怎么去拜花堂……"当腔耍到一半时，又切入了念："又怎么抬花轿，接新娘，敲锣打鼓拜花堂，吹起了喇叭喜洋洋！呜里哇里呜，呜里哇里哇"，此时稍顿一下，然后用"光棍我不愿当"的一个长腔把此段推向了高潮。整整一段，在朱世慧的演绎下，可谓是说着唱、唱着说，字多腔少，流畅上口，起伏有序，驾驭自如。身份对了，人物对了，背景对了，朝代对了，行当也有了，舞台上的朱世慧与膏药章的音乐形象融为了一体。这一突显人物和丑角行当特点和风采的唱段，把膏药章胆小世故、软弱迂腐、正直善良的性格，刻画得惟妙惟肖，构成了这一悲剧人物形象的基本轮廓和个性基调，立刻就吸引了观众的注意，将膏药章的形象从一开始就稳稳地扎在观众心中。

关于膏药章在京梆调中怎么上场，朱世慧与导演也研究了很久。圆场出来，不符合人物的身份，退着出来再一回身，作为主要人物也不太合适。最后，他们在京梆调里加了几小锣，朱世慧就这样迈着小碎步子晃晃悠悠地走上场。

除了"京梆调"，在《膏药章》里，朱世慧还有一段"窝囊调"。阴错阳差,无辜的膏药章被当成革命党就要处以斩刑,痴情的小寡妇急忙赶来与他话别。"两支寒心烛,三根断头香",既是完婚,又是永别,一曲反二黄幽幽咽咽,催人泪下。两个有情人泪眼相望,膏药章思绪万千。这里,朱世慧演唱了一

图52《膏药章·刑场》,朱世慧饰膏药章

段直抒胸臆的唱段,被取名为"窝囊调"。唱腔里,膏药章列举了无数个窝囊:"我的爹窝囊,我的娘窝囊,生下个膏药章更窝囊,小时候窝囊,长大了窝囊,生就的窝囊命,长就的窝囊相,一辈子窝囊。"这既是对窝囊性格的强调,也好像是对自己窝囊性格的批判。这段唱的开头,朱世慧在唱"我拜"时,行了一个没有音乐伴奏且类似"九腔十八板"的长腔,唱得缠绵悱恻,动人心魄。接着,接唱原板,等谈到窝囊时,"京梆调"的旋律再起,一改前面的原板而为夹板节奏,无数次的数落,朱世慧唱来大有膏药章痛改前非之意,却在小寡妇让他剪辫子的瞬间急转直下。"劝说娘子"一段中,唱着唱着戛然而止,此时场上悄然无声,膏药章木然地对着观众说了一句:"我没词了!"观众轰然一笑,感悟出了此时此地大清朝一个生活在最底层的小人物,临死前还在为坑他、压他,甚至马上要杀他人头的清王朝做孝子贤孙的悲哀。"窝囊调"使膏药章的人物倾向,多了一分对自我内在的观照。

特别值得一提的是,一段好唱腔,离不开一个好演员,从这个意义上讲,无论是"京梆调"还是"窝囊调",既是属于膏药章这个人物,同时也是属于朱世慧的。没有朱世慧丰富的表演经验、娴熟的演唱技巧,绝不能产生舞台上这么动人的效果。这些新曲,大大地丰富了丑行

的声腔。

除了唱，朱世慧在念白上也颇见功力。在《膏药章》中，朱世慧准确地把握了人物各种心境的念：无奈地念、调侃地念、悲哀地念、悲愤地念。在道白处理上，朱世慧把膏药章与徐九经严格区别，舍去徐九经的堂音韵白，采用生活化、口语化的念法，表现膏药章只是一个市井小人物。作为一出丑角的大戏，《膏药章》中恰有一段念白的发挥机会，那就是膏药章在县官面前"报药名"。首先，朱世慧得掌握膏药章的处境，他此时压根儿就不想说出真的药名来，但面对公堂大刑不说又不行，还必须得凑起他自己号称的八十一味中药名来。为了念好这些药名，朱世慧和创作组专门到中医院收集了大量中草药名来汇总，然后进行编排，还得掺和一些假药名进去，念出来既朗朗上口，又透出膏药章的机灵狡猾。在这里，朱世慧发挥传统京剧《老黄请医》中"报药名"和《法门寺》中"贾桂念状纸"的小花脸口才，同时，借用了周信芳在《四进士》一剧中"公堂"上答辩的一大段老生念白的处理方法。宋士杰要讲出他是如何认识杨素贞，又为什么来为她申冤告状的理由，但是由于事实又是子虚乌有的，又必须说得像真事一样，周信芳用京剧抑扬顿挫的节奏念出宋士杰此时边说边想、边想边说的心态。同样，朱世慧在一口气报出这九九八十一味药名时，也用了京剧抑扬顿挫的节奏感来完成膏药章边想边说、边编造边组合的这一大段虚虚实实、真真假假的药名来。其跌宕起伏、节奏鲜明、断续有致的念白，不仅体现了朱世慧的念白功底，更烘托出膏药章在危难时的机智，从一个侧面丰富了人物形象。

在戏曲"四功"的表演上，《膏药章》中的朱世慧更臻成熟，分寸感、火候感都更见功力。他既善于活用旧程式，又具时代审美特征，既有膏药章内在的心理依据，又有外部的生动形象，真挚自然，洒脱松弛，运用程式和写实表现相结合，力求符合生活真实和人物性格真实。《膏药

图 53《膏药章·刑场》，朱世慧饰膏药章

章》中，剪辫子和护辫子是体现膏药章思想特点的一个贯穿全剧的典型动作。朱世慧在辫子上巧做文章，以揭示人物内心的变化。他时而把辫子像保护生命一样抱在怀里，时而在县官老爷前面舞动一番，时而又甩到背后，生怕被别人剪去。尤其是到了刑场之上，膏药章眼看就要人头落地，他的心上人劝他剪下辫子，挺起胸膛，学着做一个革命党时，他还执迷不悟。这时朱世慧在一声令人心碎的"娘子"叫喊之后，一个转身又把辫子背向了小寡妇，护住不让剪，这一连串的动作，把人物愚昧忠君到了麻木的程度刻画得入木三分。最后，当革命浪潮滚滚而来，小寡妇命丧县官之手，在残酷的现实面前，膏药章的心也死了，终于他亲手挥刀割掉了自己的辫子。对于这个舞台动作的处理，朱世慧一个弓步向前，一手握住辫子，一手用力挥刀，如同雕塑一般，漂亮极了！它形象地表明，膏药章对自己不能犯上的人生信条的背叛。剧中更有很多夸张的表演，却滑而不油，机趣而冷峻，演到动情处，还能给观众以酸楚之感。真是演来满台是戏，满台生辉。

从 1984 年动议开始，《膏药章》这部戏三年之内几番折腾，前后六次立于舞台，终成规模。1987 年，《膏药章》在武汉首演，受到广泛好评。湖北省戏剧家协会刊物《戏剧之家》专门选载了"报药名"这段"贯口"。

1988 年，《膏药章》参加文化部举办的京剧新剧目会演，在天津市第一工人文化宫剧场演出，引起了比当年《徐九经升官记》更为热烈的

轰动。时任文化部副部长的英若诚看完戏后连声称赞："好戏、好戏！"黄宗江看完演出，当即给余笑予打电话，"余先生，你觉得这出戏是个喜剧吗？我认为它是个悲剧。可贵的是，你们用喜剧的手法，来演了一出大悲剧！"在演出后的评论会上，著名戏曲理论家、教育家张庚评价《膏药章》是："嬉笑怒骂，皆成文章。"著名戏曲理论家、作家郭汉城认为，《膏药章》是对京剧的"全方位变革。"会演规定每剧只能演三场，当《膏药章》最后一场演出时，可容纳1700位观众的第一工人文化宫，观众厅三层楼几乎座无虚席。剧场管理人员说："这种情况在'一宫'已经多年不见。"湖北省京剧团回到武汉后，天津一位普通工人观众还给剧团寄来一封长信，上面写着：看了戏，很受感动，联想很多，"我就是膏药章，我就是小寡妇"。

这次会演，《膏药章》荣获文化部颁发的优秀京剧新剧目奖。朱世慧荣获优秀表演奖。

同年，《膏药章》在北京演出，同样征服了首都观众。中国艺术研究院戏曲研究所召集有关专家、学者数十人，对《膏药章》进行了专题讨论。著名戏曲理论家马也认为，《膏药章》很可能会成为一部"大作品"；著名戏曲理论家沈达人认为，《阿Q正传》侧重反映了当时中国流氓无产者的生活，而《膏药章》更多地反映了当时中国城市平民的生活，涵盖面更广。专家、学者们都在为朱世慧和湖北省京剧团创作出这样一部好剧叫好。朱世慧也以《膏药章》获得第6届戏剧梅花奖。

1990年，《膏药章》在广州参加第2届中国艺术节中南分会场展演，好评如潮。武汉电视台与《膏药章》原创人员一起，将舞台剧《膏药章》改编为四集同名戏曲电视连续剧。此时，朱世慧已是影视界的常客，在镜头面前早已得心应手。这部电视剧获得第10届中国电视剧"飞天奖"戏曲片一等奖，据说观众的收视率也是相当高。

图 54 朱世慧在去领梅花奖前，乐队为其录制伴奏带

1991年初，《膏药章》赴香港参加第19届香港国际艺术节演出，同样引起轰动，观众反应热烈。香港的著名剧评家萧桐、江上舟等在报纸上纷纷撰文，对该剧加以好评。时年近八旬的香港演艺界泰斗邵逸夫先生也亲临政府大会堂音乐厅捧场。据说，这位老先生一般不上大剧场看戏，要去，也只是礼节性应酬，很少全部看完整晚的戏。但是那天，邵逸夫先生却饶有兴味地看完了《膏药章》全剧。

在获得各类奖项并不断演出的同时，朱世慧和湖北省京剧团的创作组也没有停下对这部戏不断打磨修改提高的脚步，要说演一回改一回，一点儿也不夸张。

2000年，在湖北省京剧院建院30周年之际，《膏药章》作为院庆献礼剧目上演。中国戏曲学会副会长、美学家、研究员龚和德看了演出之后说："1988年看这出戏感觉新鲜，十二年后再看，依然感觉新鲜。"

2001年，在没有参赛前，《膏药章》就被指定参加第3届中国京剧艺术节并"大轴"演出。参演前，文化部领导与有关专家对该剧又提出了"还要加工提高，精益求精"的要求。为参加"京剧艺术节"，朱世慧与创作组再次对该剧进行了全方位的打磨，包括删去了一些不必要的唱词和念白，为膏药章"做梦娶媳妇"段落增添喜剧色彩的舞蹈场面，进一步修改伴奏，使之与演员的演唱、动作配合得更准确。演员也要进一步填补表演的空白，使角色更可信等。功夫不负有心人，在第3届中国京剧艺术节上，《膏药章》不负众望，演出获得极大成功，被领导、专家、观众视为一出不可多得的好戏，达到了思想性、艺术性、观赏性的完美统一，被评为"优秀保留剧目创新奖"（相当于"金奖"），同时还获得优秀编剧奖、优秀导演奖、优秀表演奖、优秀舞美奖等10项大奖。

2002年，朱世慧以《膏药章》为台湾艺术界回国观光代表团作专场演出，反映奇佳，获得交口称赞。

2002年底，《膏药章》又被中国戏曲学会授予"中国戏曲学会奖"，这是一个由专家评选的奖项，如同电影的"金鸡奖"，具有很高的学术价值，迄今为止，在几百个新创剧目里，只有8出戏获此殊荣。中国戏曲学会专为《膏药章》进行了研讨，在《光明日报》上发了专版，并出版《膏药章》的专辑。

然而，对于朱世慧而言，得奖甚至得大奖，并不意味着创作的终结。在此前的所有版本中，朱世慧对膏药章所做的梦始终有不同的看法。作为一个爱动脑子的演员，他不愿意被动地接受导演安排，而希望通过自己的介入主动完善人物。朱世慧认为，膏药章做梦娶媳妇，是描写膏药章对小寡妇感情的重点。但是，现在剧中给膏药章安排的梦境，是在毫无感情递进铺垫的情况下，让膏药章做了一个过于浪漫的梦，他梦见蝴蝶飞舞，小寡妇从蝴蝶中飞出，与膏药章拜堂成亲，成为恩爱夫妻。这个梦虽然很美很浪漫，却非常不真实。朱世慧便多次和余笑予提出，要把这个梦的内容给改一改，或者干脆直接拿掉算了。可余笑予并不愿意。在他看来，这段梦是导演运用戏剧手法的神来之笔，戏剧色彩上非常浓烈、热闹，打破了膏药章整部戏暗淡的色调。"但是这点热闹把整个戏的氛围给搅和了"，朱世慧坚持己见，"而且每当我在舞台上演出这段梦境的时候，我感觉自己的内心很空，感情没有支撑点。"朱世慧演戏是很讲究感情节奏的。倘若戏连贯、顺溜，他便能选取合适的唱念做打等技巧表现恰当的人物情感，但倘若有段戏跳脱出了人物应有的情绪，那他便会觉得别扭，怎么着也要据理力争直到把戏改好为止。为了改掉这段梦境，朱世慧多次说服余笑予，"人们常说，'日有所思，夜有所梦'。这段梦之前，膏药章和小寡妇的感情仅仅是患难之交，还没有进展到两情相悦的地步，更何况，此时膏药章刚刚从公堂回到家，心里还记挂着要赔偿三个二百五十两银子这件足以压垮他的大事，这七百五十两，可是要了他的命啊，他哪儿有心情在这儿美滋滋地做梦娶媳妇呀！这个梦做的真的不是时候，跳出了剧情，梦醒之后我的情绪也很难接上接下来的表演"。一次劝说不行，就再劝说第二次。直到《膏药章》被拍成了戏曲电视剧，也没有把这段梦境的戏删掉。朱世慧也从1988年劝说到了2002年，直到余笑予心烦意乱，忍不住大声抱怨："哎呀哎呀！那你说，这个梦要怎么改嘛！！"

真正的转机在2003年，《膏药章》被文化部评为2003—2004年度国家舞台艺术精品工程30台入选项目，并名列榜首。为了进入十名精品剧目，湖北省委、省政府十分重视，成立了以省委常委、省委宣传部部长张昌尔为组长的《膏药章》加工修改工作领导小组，湖北省京剧团5月、10月两次组织北京、省内专家对该剧的加工修改进行了专题研讨，找出问题，进一步修改。专家一致认为《膏》剧已经是一部优秀的作品，在冲刺精品工程中，应该在保持原剧经过多年实践检验的精华和特色部

图 55 《膏药章·做梦》，朱世慧（右）饰膏药章，张慧芳（左）饰小寡妇

分的前提下，再着重解决膏药章和小寡妇的感情线，提出了"小改大变样"的原则。在专家的意见中，认为全剧最不成功之处就是膏药章的梦境，创作组终于决定加强膏药章与小寡妇的感情线，并对梦境进行大改。修改后的梦境，让膏药章以一个小郎中的心态与小寡妇聊天，从膏药章罚款到膏药铺的倒闭到小寡妇鼓励他重整膏药铺，真正做到日有所思，夜有所梦。在这个梦里，小寡妇与他一拍即合，二人以石狮子为媒，共同振兴膏药铺，小寡妇成为药铺的内当家。经过修改，膏药章与小寡妇的情感线步步递进，情感这条线疏通了，舞台上戏好看了，朱世慧演得也更投入了。最终，经过再次修改的《膏药章》被评为2003—2004年度国家舞台艺术精品工程十大精品剧目之一。到当年为止，全国入选的京剧剧目只有4个，而《膏药章》是除京、津、沪外唯一地方京剧院团

的入选剧目。

在朱世慧的创作生涯中,《膏药章》是他最爱的一部戏。这是一部中国历史上生活在底层的小人物的辛酸史,是一出地地道道的悲喜剧。膏药章虽然是丑角来演,却让人们"噙着眼泪笑",其内涵是凝重的,发人深思的,获得了"以乐景写哀,以哀景写乐,一倍增其哀乐"的审美效果。《膏药章》给现代观众演出了一曲"黑色幽默",它在京剧史上所取得的成就是斐然的。

《法门众生相》老戏焕新颜

湖北省京剧团的创作团队是一个非常有"问题导向意识"的团队，1991年他们将目光投向了京剧传统剧目。他们发现，虽然传统剧目就像一座蕴藏丰富的宝山，然而京剧从业者们对于这座宝山的挖掘还远远不够。一是舞台上总是"老戏老演，老演老戏"，二是未能对一批传统剧目真正做到现代意义上的推陈出新，做出有历史深度有时代新意的艺术重铸。于是，创作团队根据院团的创作条件，决定选择一出传统名剧，采用重新熔铸而使其迸放异彩的改造方式，进行一次有意义但要冒风险的尝试。

选择哪出剧目呢？导演余笑予突然想起很多年前，还在湖北省戏曲学校时，有一次师生合演，朱世慧陪着叶盛茂先生唱《法门寺》，台上灵巧而浑身是戏的贾桂给当时还在楚剧科教丑行的余笑予留下了极为深刻的印象。30多年前的贾桂，只是《法门寺》里一个小小的配角，但余笑予觉得，这部戏还可以深挖，通过一场官司引出各种人物的心态和表现，同时也值得为朱世慧饰演的贾桂，创作一部属于主角的大戏，这便产生了《法门众生相》。

《法门众生相》由传统名剧《法门寺》改编而来，准确地说，是借用《法门寺》中的若干人物和情节素材，进行了重新创作。《法门寺》

图56《法门寺》朱世慧饰贾桂

图57《法门寺》尚长荣（左）饰刘瑾，朱世慧饰贾桂

原为梆子戏，京剧将其移植过来以后，京都名角特别是那些常有机会出入宫中的"内廷供奉"，能对大小太监进行观察，故由净、丑扮演的刘瑾、贾桂，从语言到动作都比梆子戏来得生动。但这出戏之所以受到戏迷厚爱，其主要原因还是剧中各个主要角色行当均有出场，因此是一出"名角会串"、可以"亮角儿"的热门戏。但其剧情却是谁也说不清的一笔糊涂账。《法门众生相》则把视线重新拉回到三个宦官身上，着重挖掘的是一群奴才的心态。该剧完全撇开此前对这场人命官司的平铺直叙，而把笔墨集中在发生于法门寺内告状、辨冤的环节，对截取下来的这段戏进行了一番新的透视剖析，并把人物情节做了很富于想象力的重新解释、重新编织。整个戏的剧情地点没有离开法门寺，剧情时间不超出三天，非常集中地展现了一幅"众生相"，而这幅"众生相"的核心，便

是朱世慧饰演的贾贵。因为剧情发生了变化，贾贵的台词除保留着《法门寺》中"站惯了"的名句外，其他一切全变，戏中戏的表演和大段的唱腔、念白，都是《法门寺》所没有的，连那段贾贵念的状子也都重新写了。显然，这个戏写作伊始，便考虑到充分发挥朱世慧的表演才能。

从贾桂到贾贵，朱世慧对自己饰演的这个小太监的变化，进行了深入思考。《法门寺》中的贾桂是大宦官刘瑾手下的小太监，是供九千岁刘瑾差遣的"小猴崽子"。朱世慧需要完成的仅仅是传统戏曲中丑角的典型形象，专以"活口"等即兴的滑稽表演活跃舞台气氛。这个人物与整个故事的发展关系不大，在整出戏中处于极次要的地位。可以说，在传统戏中，贾桂的形象是"脸谱化"和缺乏人物个性的，是朱世慧仅依靠丑行的技巧就可以完成的人物。

而出现在《法门众生相》中的贾贵，却是个性格多变、心态复杂的人物。在整个故事中，贾贵是戏的核心。这台戏因他而起，也因他而收。最初，是他出于对赵廉的嫉恨，而帮助孙玉姣告御状借机重办赵廉。而后，同样是他因收取了赵夫人的贿赂，巧言令色竭力为赵廉洗脱罪责，并最终使其荣升凤翔知府。赵廉的功过是非、生死前途竟全由贾贵这个小太监的个人意志而决定。一个小小的宦官竟凭着自己的花言巧语瞒天过海将一个朝廷命官的性命玩弄于股掌之中，一会儿险些将他置于死地，一会儿又使他受禄高升。如果说，从徐九经的身上是要透过丑来"审美"的话，那么通过贾贵的足迹，朱世慧所要为观众展开的则是一张"审丑图"。

然而，朱世慧绝不仅仅是要把贾贵塑造成一个奸佞小人，一个传统戏中供人调笑的"丑角"。他的性格内涵是丰富的。尽管贾贵似乎有着呼风唤雨的能耐，然而他终究是外强中干的。赵廉的一句"奴下奴"就准确地揭示了贾贵尴尬的人生境遇，深深地刺痛了他的心灵。"为人奴"

低下的社会地位和宦官生理上的缺陷，始终是他心头挥之不去的阴霾。作为一名服侍在国太身边的奴才，他不曾有过常人的生活，他切身体会着做奴才"麻、苦、辣、甜、酸"五味俱全的人生况味。在老、中、青三代太监中，他是处在中间的一个，也是心态最为复杂的一个。在朱世慧的理解中，这个人物既自负又自卑，既贪婪狡狯又乖巧伶俐，既骄矜得意又有着很深的痛苦。可以说，这个人物内心的丰富程度不仅是京剧丑行之前所从未有过的，就是在朱世慧已经饰演的角色中也是极为突出的，这就对朱世慧的表演提出了很高的要求。只有在深刻发掘立意和人物心态的同时，在艺术表现力上也超过原本，才能得到观众的认可。

京剧讲究主要人物的上场。关于如何让贾贵上场，朱世慧和导演余笑予考虑了很久。从戏份上说，贾贵是这出戏的主角，应当有个响亮的出场。但从身份上说，老太后出行有仪仗銮驾，九千岁也有大排场，贾贵再怎么样也不能第一个出来。如何解决这一矛盾呢？这个问题一连困扰了朱世慧和余笑予好几天。有一天，京剧团开着院务会，余笑予正抽着烟，才刚抽到一半，突然把烟在鞋底掐灭，急急忙忙地用手点点朱世慧，叫他到屋外会合。原来，就在刚刚，一直在心中盘算贾贵出场方式的余笑予想出了一个绝妙的点子。余笑予想到，老太后与九千岁到了法门寺，必然声势极大，州府县衙百官出迎。贾贵作为前站先行，自然要过问一遍检查接待工作的准备情况。这就为贾贵第一个出场找到了合理依据。随着贾贵幕内一声："接驾！"在【急急风】的锣鼓经中，贾贵拿着自用的小扇子小圆场急出，走到台口，一打扇子，做个很规矩的亮相，这样主要人物的碰头好也就有了。这个点子，得到了朱世慧的认可。两个人就这个主意展开讨论，越聊越兴奋。那么，怎样在贾贵出场时就体现出他的奴性呢？他们联想到，在生活中有这样的现象：一个人身上装着几种不同的香烟，见不同的人递出不同的烟。这其实是人们微妙心理

活动的物质外化。受这种生活现象的启发，他们为贾贵设计了三把随身携带的扇子，于是，在《法门众生相》第一场，我们看到这样的画面：夏日炎炎，骄阳似火，太后要来法门寺进香，贾贵作为前站先行，在烈日下四处奔忙，张罗打点，累得汗流浃背，但他却只敢用三寸小扇，往袖口、领口扇些微凉的风。一看刘瑾来了，马上收起小扇，换上一尺中扇，迎上前去，边为刘瑾打扇，边汇报工作，一脸阿谀。再回头，看见太后的銮驾来了，他又赶紧收起中扇，换上尺半大扇，迎上前去。太后身后虽然有两把遮阳伞，但他仍殷勤地撑开手中的大扇为太后挡住头上根本晒不到的太阳，尽显谄媚。朱世慧的这段表演，可谓一气呵成、层次分明，奴才味十足，使人物活灵活现。他用道具把奴才哲学形象化、动作化了，仅以三把折扇就把贾贵的奴才人格展示在观众面前。

图58《法门众生相》朱世慧饰贾贵

在此后的表演中，朱世慧也多次运用手中的三寸小扇作为展现贾贵性格的道具。当主子们不在的时候，他摆弄着巴掌大的小扇子，在赵廉和小贵面前耀武扬威。在贾贵眼里，扇子早已不是消暑纳凉的工具，而是指涉"地位"与"权力"的符号。一把可以在下级面前肆意摆弄的小扇，尽管扇不来什么风，然而却可以为他带来比凉风更大的快意。

在《法门众生相》中，朱世慧对丑行艺术的把握更臻成熟，从唱腔、念白、做功上都力求新的突破。在演唱上，他把从生行习得的行腔、吐字、收音、归韵等演唱技巧都更好地运用于塑造人物、刻画人物性格的最高创作任务上。《法门众生相》中朱世慧有多个大段的唱腔，如贾贵从孙玉姣口中得知郿邬县令赵廉居然也办错了案后，很是幸灾乐祸，有一段西皮唱腔；孙玉姣在长老暗示下拜贾贵为干爹，触动了贾贵心内的隐痛，有一段反西皮；贾贵在剖白身为奴下奴的苦衷时，有一段二黄唱腔。这些都是重头唱段，朱世慧却驾轻就熟，字儿、劲儿、味儿有讲究，生动地刻画了贾贵作为奴才的种种复杂心态。这是生行的功底赋予他的演唱技巧。另外，他的演唱总有效果，懂得这段唱哪个地方讨俏，于抑、扬、顿、挫之中蓄势，关键之中全力发挥，让人听了过瘾。可以说，朱世慧不唱则已，要唱就不白唱，总是能挠到观众心中的痒处，让观众与贾贵这个人物深深共情。

在念白和表演上，朱世慧更是发挥了其扎实深厚的丑行功底。根据太监的生理特点，朱世慧在念白的嗓音上作了"变声"的处理。剧中从《法门寺》保留下来却又做了适当改写的贾贵念状子的大段白口，被朱世慧念得吐字清亮、疾徐有致、抑扬顿挫、声声入耳，不仅台下观众听完掌声、叫好声不断，就连同台的演员都被深深折服。尚长荣先生在与朱

图59《法门众生相》朱世慧饰贾贵

世慧合演《法门寺》时，就曾以刘瑾的身份在舞台上用"现挂"的方式夸赞："猴崽子，干板剁字，真清楚！"

更令人称绝的是，贾贵在该剧中的一段独白。这段独白，是贾贵心理戏的高潮段落与重点场次。在朱世慧看来，封建社会对宦官身体令人发指的戕害，是横亘在贾贵心头难以启齿的苦痛。身为奴才朝不保夕的危机感，加上一个太监老无所依的无归属感，使他变得敏感而脆弱。这种阉割不仅作用在生理上，更体现在心理上，甚至表征在言行中，于是他最终"变态"了。他不满验签簿上对九千岁"更有儿孙满华堂"的预言；他讨厌媒婆，见不得"并蒂莲""最恨家家人团圆"。人世间一切美好的事物全都为他所嫉恨，"量小非君子，无毒不丈夫"成了他信奉的人生哲学。于是，他想方设法把自己的怨言和苦痛转嫁到他的下级身上。孙玉姣的一声"爹爹"唤醒了他原本麻木的心灵，不禁让他喜极而泣、声泪俱下。于是，当法门寺夜深人静，自己独居一室之时，他终于将心中抑郁已久的寂寥、苦闷一吐为快。在这场独白戏中，朱世慧别具匠心地融入小品的元素来表演。在法门寺幽暗的内室，几束追光打在贾贵身上，形成一个封闭的个人空间。在接下来的整整8分钟里，没有弦鼓声声，也没有一句唱腔，一切的锣鼓经、节奏、韵味、尺寸全在朱世慧的嘴里。这是一个太监发自内心的吐露，一种理直气壮而又厚颜无耻的自我吹嘘。他不曾有过常人的生活，不得不去遵守那些近乎变态的行为规范："笑有笑的规矩，哭有哭的艺术，睡有睡的时候，走有走的分寸，就是玩，也得提着脑袋"。于是，"做奴才难呐！"便是他发自肺腑的感慨。朱世慧在语气的轻、重、疾、徐的掌握上，已经到了挥洒自如的境地。

在念白的最后，朱世慧唱道："为奴味比黄连苦，何况咱是奴下奴。人前矮三分，就像那过街鼠。一生难交个知心友，患难没人来帮扶。年轻时我看着人家娶媳妇，到老来光杆一个，孤苦伶仃，到哪里去消受儿孙福？苦命的奴下奴！"这段唱，唱出了贾贵这个"奴下奴"凄苦的人生境遇。一方面，他是将朝廷命官玩弄于股掌之中的"贵大宫公"，是小贵面前飞扬跋扈的"贵爷"。另一方面，他又是国太身边"站惯了"的"小猴崽子"，在九千岁手心里蹦跶的"珠子"。人情处世所要面对的巨大的心理落差铸就了他分裂的人格：他是有仇必报的贪婪小人，他又是无比隐忍的苦命人。他是那些饱受封建统治荼毒、苟延残喘的小人物的缩影。他是那么让人可气可恨，又是那么惹人可悲可怜。可以说，朱世慧通过这种在传统戏里前所未有的大胆尝试，酣畅淋漓地勾画出贾贵可气可恨可怜可悲的人生境遇，演活了这个人物。

这出戏的"戏中戏"表演则更为绝妙。编剧们将一出观众熟悉的《拾玉镯》安排在贾贵为国太搭台唱戏的情节之中。剧中，贾贵设计以酬神为名，让孙玉姣在太后面前演了一出真人真事的《拾玉镯》，为了上告赵廉，贾贵居然粉墨登场，自己串演傅朋，国太也参与其中，纠正贾贵念的"多喝几壶"错了，应该是"不亦乐乎"。贾贵说："老祖宗要奴才乐乎，奴才就乐乎……"突然止步呆视，原来不小心踩死了孙玉姣的小鸡，由此进入了戏中戏。演至玉镯定情，贾贵扮演的傅朋唱了一句"何妨同舟渡爱河"，此时，太后忍不住插了一句"猴崽子你可别异想天开"，贾贵又从戏中戏跳了出来。一时间，观众看朱世慧演贾贵，而戏中的太后则看贾贵表演《拾玉镯》。贾贵以他的才艺与智谋揣摩着太后的心思，在不动声色中让太后于不亦乐乎中落入他欲害赵廉的圈套。而朱世慧则以丑行演员的机智幽默和极强的临场应变能力，在"戏中戏"中跳进跳出，游刃有余。在这段"戏中戏"里，导演余笑予为朱世慧设置了许多非本行当、本剧种的唱腔，朱世慧的表演却是那样轻松自如，黄梅调唱得有滋有味，小生的西皮摇板又唱得直工直令，无异又为此段情节锦上添花。这段戏充满了娱乐性，而这种娱乐性又没有跳脱整个戏曲的人物

图 60 阿甲（左）在看完《法门众生相》后，与余笑予（右）朱世慧（中）说戏

设定。它与贾贵煞费苦心想办法在取悦太后之中为孙玉姣上告赵廉铺路紧密结合在一起，成为朱世慧塑造角色的又一精彩段落。

1992年，《法门众生相》在北京演出，轰动京华，同年获文华大奖。1996年，朱世慧凭借该剧荣获第7届上海白玉兰戏剧表演艺术奖主角奖。2000年，朱世慧又以该剧荣获第17届中国戏剧梅花奖二度梅，成为京剧界唯一的一个获得二度梅的丑行演员。

张庚、郭汉城、龚和德、李紫贵等专家学者在看了该剧后，一致肯定朱世慧融传统表演手法于新编历史剧，在艺术上又有了新的突破，难能可贵。龚和德在他为《法门众生相》写的评论文章中，认为"朱世慧扮演的贾贵，堪称一绝""其表演之深邃迷人，好似'天上一夜好月'""朱世慧在舞台形象的塑造上，他的心肝、面目、口角，他的体验与表现，他的唱念做表，只有亲自欣赏过的人才能领略其艺术力量。而贾贵这个形象，可说是他迄今最出色的创造，比之徐九经、膏药章又上了一个台阶，进入一个新的境界。看了这出戏，我敢说：朱世慧是当代京剧第一名丑！"

《曾侯乙》为丑行开辟新天地

2005年,湖北省京剧院决定根据湖北省艺术研究所的编剧胡应明提供的《曾侯乙》剧本排演一出大戏。这出戏,以在湖北随州出土的编钟为创作题材,围绕两千多年前曾国的国君曾侯乙铸造编钟展开故事,讲述了曾侯乙和他的王后钟玉以及青年才俊伯颖三人之间的感情纠葛。选角会上,因为剧本里的曾侯乙是正宫王帽老生,所以领导打算安排老生演员饰演,而将其中在皇帝身边逗闷子、出金点子的角色孟优,交给了朱世慧,这个角色丑行应工,却是个很一般的配角。朱世慧答应了下来。

然而,剧院预想邀请的导演陈薪伊对于剧院选角人选却迟迟不能答应。此时,她已收到剧本两年多,之所以迟迟未敢接手,皆因找不准曾侯乙这个人物。作为一个有追求的导演,她希望自己可以排出一个与众不同的君侯形象。陈薪伊提出,自己要先去博物馆里寻找曾侯乙的形象。在参观了随州博物馆和湖北省博物馆之后,陈薪伊开玩笑地提出:"我看了随州博物馆给曾侯乙做的雕像,我怎么瞧着他那么像朱世慧呀?"博物馆里的雕像当然不会像朱世慧,但或许在导演心里,她从朱世慧以往对角色的塑造能力上看到了她所希望的那个与众不同的另类君侯的巨大潜力。由于导演的坚持,再加上此时剧院也已经很久没有为朱世慧排过一出新戏了,剧院领导经过综合考虑,决定改变演员阵容,由朱世慧主演《曾侯乙》。

阅读完剧本，朱世慧非常激动。在这十几年里，他的手里也接到过许多不同的剧本，但相似性太高，而他却不爱饰演同一类型的人物，他希望寻求变化、突破、挑战。甚至，随着从事京剧丑行艺术的时间越来越长，他的心里产生了一种使命感，希望为丑行再闯出一番事业，为丑行所能表现的人物再开疆扩土一番。而曾侯乙，正是这样的一个人物。从人物的精神内核上，这个被人们称之为"曾侯乙"的小国君侯，虽然死去后在地下沉睡了 2400 多年，却因 1978 年在一次重大考古发掘中发现铭文"曾侯乙作持"的一套被称为"世界第八大奇迹"的编钟出土，而名满天下。他痴迷于双音编钟铸造，屡试屡败，屡败屡试。这并非完全是为了"极口腹耳目之欲"，也不完全是"折腰事楚雄"，而是有着更

图 61《曾侯乙》朱世慧饰曾侯乙，张慧芳饰钟玉

高的追求。曾侯乙所铸造的音律最齐的双音编钟，"皇皇巨制，洋洋大观"，希求的是"天、地、人、神""和合之美大和谐"，并希望"和鸣万世"。曾侯乙的伟大之处在于，他不是停留在理性的层面，而是通过铸造双音编钟坚忍不拔的实践去努力实现自己的追求。曾侯乙编钟展示的不仅仅是当时精湛的冶炼技术和音乐水平，同时也展示了一代乐侯的音乐梦想和为之所做的不懈努力。在朱世慧看来，曾侯乙的一生是与音乐绑在一起的，而他自己的一生是与京剧紧紧相连的，铸钟需要执着，传承京剧也需要执着。在他和曾侯乙之间，有着某种感情上的共鸣。从人物角色上，朱世慧以往所塑造的人物，不管是传统戏的贾桂、蒋干、崇公道、汤勤，还是新编历史剧中的徐九经，抑或是现代戏的高小明、膏药章，都是些小人物，还从没有饰演过手握大权的君侯帝王，而整个丑行的演艺史上，也没有出现过一个正面的君侯帝王形象。自己为什么不闯一闯、试一试呢？在朱世慧的心里，曾侯乙这个人物，他仿佛等了10年之久。

为了塑造好这个人物，朱世慧下了很大的功夫，心理压力也很大。20多年前，在他首演《徐九经升官记》于北京时，北京的张庚等专家学者就已经提出了"丑生"这个概念，认为朱世慧为了让徐九经这个"丑一号"能在台上立住，开辟了"丑生"这一京剧艺术的全新行当。所谓"丑生"，就是以丑角行当表演特色和技艺为基础，兼有小生的儒雅、老生的稳健，似生非生，似丑非丑，丑中有生，生中有丑。除了塑造喜剧角色，还可演绎悲、喜，兼正剧人物。虽然专家们在文章中偶尔喜欢用"丑生"一词，但多年来朱世慧自己却并不承认，在他看来，广东粤剧才有丑生这一行当，京剧只有生、旦、净、丑四大行当。如果说，以前的朱世慧可以将生、丑两个行当的艺术技巧相结合，是源于自己的学艺经历，源于对塑造人物的需求，是一种"无心插柳柳成荫"。那么20多年后的朱世慧，却开始有意识地研究如何将生、丑更好地融合起来，开始有意识要为丑行多做点事。

在扮相上,陈薪伊导演提出,既然是丑行应工,就应该让曾侯乙勾脸,但朱世慧坚决拒绝了。在他看来,自己用丑行的技巧与风采来表现曾侯乙,是渗透在一举一动、举手投足之间的,没有必要一定体现在勾脸上。虽然没有画出小小的白色"豆腐块",但曾侯乙戴的胡须仍然是五柳,体现出丑行的特色。在穿着上,曾侯乙以丑行应工,原本应该穿朝方,但该剧在服装设计上均是宽袍大袖的重工设计,穿朝方压不住舞台,显得太轻。故而曾侯乙穿着厚底,而朱世慧因为有老生的功底,这在他而言完全不是问题。

图 62《曾侯乙》朱世慧饰曾侯乙

在演唱上,朱世慧与负责该剧唱腔设计的朱绍玉虽是第一次合作,但配合默契。他向朱绍玉提出,希望这个戏的唱腔可以多运用一些麒派唱腔的表现手法,把麒派唱腔有机融合到人物的音乐形象之中。由于剧本原来是为正宫老生设计的唱词,因此在二度创作时,导演陈薪伊有时候会依据朱世慧的行当特点现场改词,再由朱世慧把它演绎出最好效果。

在表演上,朱世慧面临的最大的难点是怎样驾驭这个角色。"第一难是丑行演一个正面的国君,第二难是这个戏排得很雅,没有一个丑行戏是这么雅的,人物一点也不能显出油滑来。"朱世慧感慨。按照传统戏路,京剧中君王的角色应当由老

图 63《曾侯乙》朱世慧饰曾侯乙

图 64　2013 年《曾侯乙》获文华大奖，原文化部部长蔡武（左）为朱世慧颁奖

生来塑造，以丑角扮演国君角色这在京剧舞台上是首次，这对朱世慧来说同样是颠覆和挑战。同时，曾侯乙这一君王形象又不同于传统君王，他不善权谋而喜好音律，是个"不像帝王的帝王"。那么，如何使王侯之气同曾侯乙对铸造双音编钟的那股痴迷劲，以及幽默风趣结合得更好，朱世慧颇费了番脑筋。好在历史上有关曾侯乙的资料留存较少，对构建人物角色提出难题的同时，也给朱世慧留下了更大的人物塑造空间。经过对剧本的潜心钻研，朱世慧发现，曾侯乙既有一国之君的霸气，又有小国之君的仁慈；既有儿女情长，又有很高的政治智慧。朱世慧依据不多的考古资料，并借鉴了自己曾拍过的电影《苏禄国王与中国皇帝》中由著名电影艺术家王心刚主演的永乐皇帝的形象，初步确定了曾侯乙的

人物定位，并发挥了他善于糅合丑行和老生表演的特长，用"半生半丑"的表演方式，将人物亦庄亦谐、独特鲜活的个性展现出来。曾侯乙试钟时表现出的壮美情怀；见到伯颖时欣喜若狂、不顾国君身份、行弟子之礼等求贤若渴的情状；令尹季荪囚禁了伯颖，借此来一场"虚戈为戏"，在一前一后、一高一低的舞台空间里与伯颖间的对话，都被朱世慧拿捏得当。尤其是剧中有一段关于编钟律调的极难上口的念白，朱世慧需要以文言文吟咏，也是极为精彩。

2006年，作为"八艺节"的献礼剧目，《曾侯乙》完成首演。"宫商角徵羽，五音化无极。至乐和天地，大钟声自希。"舞台上，一个有血有肉的国君形象获得了观众的阵阵叫好。

2008年，京剧《曾侯乙》参加第5届中国京剧艺术节，朱世慧凭借此剧荣获特别荣誉表演奖。

2013年，《曾侯乙》参加了第10届中国艺术节并获得文华大奖，朱世慧荣获文华表演奖。他的表演受到了广大戏迷和专家的一致好评。"我们不能总是靠老祖宗留下的经典，要在经典的基础上大胆突破和超越。"朱世慧说。

在排演《曾侯乙》期间，朱世慧担任了湖北省京剧院的院长，《曾侯乙》这出戏，成为朱世慧排演的最后一出大戏。小国之君大风流，这曲和美的帝王之歌，为京剧丑行艺术打开了一个新的表演实践路径。

跨界能人，既专且博

在京剧表演艺术家中，朱世慧绝对算得上是跨界范围最广、跨界时间最长、跨界成就最为突出的艺术家之一。朱世慧涉足的艺术领域极为广泛，既专且博，多才多艺，除了表演京剧，还包括演电影、电视剧、小品、相声，当晚会主持人。他曾多次参加中央电视台举办的重要文艺活动，9次应邀登上中央电视台春节联欢晚会的舞台，多次参加春节戏曲晚会，同时在全国性和湖北省元宵节晚会、元旦晚会、国庆晚会、综艺大观节目，以及教师节、"六一"儿童节等特别节目的演出中，观众也经常能看见他的身影。他幽默精湛的表演和主持功力，给全国观众留下了深刻的印象。通过在姊妹艺术形式中的游弋与实践，朱世慧极大地丰富了自己。

朱世慧第一次真正意义接触电影这一艺术形式是在1977年与刘晓庆合拍的电影故事片《同志，感谢你》。那是1977年夏，朱世慧在珠江电影制片厂见到了刘晓庆。那时刘晓庆尚未成名，俊秀的脸上带着稚气，眸子闪亮，浑身上下透着股向上冲的劲头。两人是搭档，又都是第二次拍片，因而谈得甚是投机。在《同志，谢谢你》一片中，朱世慧饰演的男主角是个不安心清洁工作的后进青年，而刘晓庆则演一个进步青年。为了拍好一个扫马路的镜头，两人经常是把手中的大扫把舞得"哗哗"

直响,直弄得尘埃满面、汗水淋漓。虽然朱世慧在电影中按要求要演一个"偷懒"的后进青年,认真扫马路的镜头并不多,但他那股子认真的劲儿可一点儿都不差。两人配合得很是愉快。朱世慧也在第一次"触电"中感悟到了电影艺术与京剧舞台艺术的区别。

后来,京剧《徐九经升官记》被肖朗导演搬上荧幕成为戏曲电影《升官记》,朱世慧饰演的徐九经受到全国观众的认可与喜爱。在大量近景镜头的拍摄中,朱世慧进一步精进了自己的演技。

1986年,受到肖朗导演的器重,朱世慧应北京电影制片厂的邀请,再次赴京参加由中国和菲律宾联合摄制的大型故事片《苏禄国王与中国皇帝》的拍摄。该片描写了500多年前的菲律宾国王——苏禄东王历经千辛万苦,渡海来到中国,与明朝永乐皇帝朱棣和中国人民结下深情厚谊的故事。王心刚扮演皇帝,朱世慧扮演贴身太监方成。他饰演的小方成,既机灵又机敏,是剧中的一抹亮色。1991年,朱世慧又参与了电影《风流乾隆》的拍摄,在影片中,他饰演一个秉公断案的好官穆鱼。

除了电影,朱世慧还参与过许多电视剧的拍摄,在电视剧《琴台话知音》《拉多梭米来的爱》《飞车舞会》等多部影视剧中担任角色,甚至在电视剧《高山流水》中前后扮演钟子期和他的老父亲两个角色。因为电视剧较之电影的生产周期短,这也给朱世慧带来了很大的灵活性和便利。

朱世慧在影视剧作品中扮演的众多人物,虽然时代不同,年龄身份各异,但他总能抓住人物精髓,因此塑造了一个又一个栩栩如生的艺术形象。而朱世慧在影视剧中的表演实践,也反哺了他的京剧舞台艺术,"作为戏曲演员,过去我习惯于外形的夸张表演,而影视剧则要求演员的表演更真实、细腻、准确。比如拍过桥的镜头,要在实景里进行人物创造。我开始很不习惯,觉得空旷无边,精力不集中。但逐渐地,我获

图65 电影《苏禄国王与中国皇帝》王心刚（左）饰皇上，朱世慧（右）饰太监方成

图66 电影《风流乾隆》朱世慧（中）饰穆鱼

图67 朱世慧（右）与著名京剧表演艺术家方荣翔（中）、著名豫剧表演艺术家牛得草（左）于中央电视台春节联欢晚会后台合影

得了过去在程式化表演中所缺乏的良好的自我感觉。等我再回到戏曲舞台上运用程式时，由于掌握了人物的内心生活依据，我就不单是表现人物的'形'，而是追求人物的'神'了。"朱世慧如是说。可以说，不论是京剧舞台的"写意"或影视中的"写实"，朱世慧都能通过不断地琢磨、体悟，分寸有度地把握表现，并且都特别地出色，有光彩，这正是一个好演员所具备的重要素质。

除了影视剧之外，真正让朱世慧被全国亿万观众记住的，是他登上了中央电视台春节联欢晚会的舞台，他与济公的扮演者游本昌演出小品《孙二娘开店》，与郭达、石富宽、牛得草等合作演出《清官难断家务事》，与马兰、陶慧敏等合作过戏曲联唱《逛庙会》，与全国丑星一起表演过《群丑争春》，和各剧种表演艺术家一起合作表演《天上人间共吉祥》……算起来，朱世慧登上中央电视台春晚已经9次了。这是对一个演员巨大的肯定，同时也是一份巨大的考验。

朱世慧印象最深的是1987年，由于他的念白功力很好，被当时的导演焦乃积推荐参加演出，那是他第一次登上中央电视台春晚的舞台，与济公的扮演者游本昌一起表演小品《孙二娘开店》。为了准备这个18分钟的节目，朱世慧提前一个半月就来到北京，期间数次改本，数次排练，足足待了45天。这出小品中有一个桥段，需要朱世慧一边拉着一卷手纸，一边说着大段的念白，如同贾桂念状一般。让朱世慧发愁的不是难念的台词，而是那卷怎么也卷不完的手纸。按照要求，朱世慧必须在念第一个字的时候就开始拉手纸，念完的时候手纸也要刚刚拉完，这其中既有尺寸火候，也要求手里的力道得当。因为手纸衔接的地方很容易断开，劲儿大了不行，劲头小了拉不完。那段时间，朱世慧除了练习嘴里的台词，就是不断反复地练习拉手纸，以至于剧务老师一看见他就开玩笑："朱老师，您又要手纸啊？"而朱世慧也以玩笑应答："哈哈，最近肚子不好。"到正式上台演出前，朱世慧用来练习的手纸至少也有30卷。他非常明白，任何技巧都需要刻苦的、反复的练习，天上没有白来的馅饼。功夫不负有心人，朱世慧的这段表演获得了巨大的成功，时隔多年，仍然有观众对这段表演津津乐道。正是朱世慧对待艺术一丝不苟的追求，使得数亿观众通过电视屏幕喜欢上了这个为千家万户带去欢乐的丑角。

因为参加春晚，朱世慧与许多小品演员成为朋友。猴年春节联欢晚会上，小品《妈妈的今天》获得好评。殊不知这里面还有朱世慧的智慧闪光。原先，按剧本要求"妈妈"有一句台词："这叫精神焕发！"同时配有一个抬腿亮相动作。许是年纪不饶人，赵丽蓉老师在做这个动作的时候感到吃力，几次排练都不理想，眼看正式转播时间快到了，赵丽蓉和巩汉林十分着急。赶巧这天朱世慧在场，他灵机一动跑上台，"啪"地猛一拍掌："这叫精神焕发！"接着来了一个弓步伸臂的亮相动作。众人连连叫绝。于是广大观众有幸欣赏到了"妈妈"的这个动作。

每次参加完中央电视台春节联欢晚会，朱世慧离京时正好是大年初一，北京站算是最最"萧条"的时候，开往武昌的列车上也是一样，一节车厢里仅几个人，十分冷清。将心比心，谁不在这个时候思念亲人，

图 68 著名喜剧演员陈佩斯（左）和朱世慧（右）合影

盼望能尽早和亲人团聚在一起呢？他看到仍坚持工作的列车员和为建设祖国而奔波的旅客，动了与他们一起联欢之心。正好列车长做出邀请，朱世慧毫不推辞。自己主持自己演，情真意切。乘务员和旅客为之感动。有第一次，就有第二次，第三次……连续三年，列车上的春节联欢会成了他的"专利"。

相声与戏曲丑角艺术颇有渊源。因为从小喜爱相声，作为京剧丑角表演艺术家，朱世慧曾受到过相声大师侯宝林先生的教导，与诸多相声名家也是好朋友。早在朱世慧于北京演出《徐九经升官记》时，侯宝林先生就看过朱世慧的演出，并为他写过一段话，其中的一句让朱世慧印象深刻——"喜剧切忌油滑"。直到侯宝林大师病重，朱世慧去家里看望他，侯先生仍在与朱世慧探讨这个问题：喜剧一定要让观众笑，但这种笑应该是会心地笑，不要让观众笑得很累很苦甚至很尴尬。总结起来就是八个字："意料之外，情理之中"。与侯宝林大师的交流让朱世慧铭记于心，"很多人把喜剧当成逗乐子，其实不然，喜剧是最严肃的艺术，喜剧最难演"。朱世慧经常与相声界的朋友们切磋技艺，相

图 69 评剧艺术家赵丽蓉（左）和朱世慧（右）合影

互交流学习。有一年春节联欢晚会，侯耀文的节目《小站联欢会》有一段"猴"戏。可他没专门研究过猴，演来总觉差点味儿，便请教老友朱世慧。朱世慧一笑，更不答话，哼着电视连续剧《西游记》的主题歌，就来了个夸张的孙悟空动作。侯耀文巴掌一拍："对，就是它啦！"

图 70 著名相声演员侯耀文（左）与朱世慧（右）合影

除了在中央电视台的演出，地方各大电视台的晚会朱世慧更是常客。1986 年 2 月 8 日，在湖北电视台摄制的春节文艺晚会里，有一段别出心裁的黄梅戏《夫妻观灯》，这短小风趣、生活气息浓郁的小戏，只有男女主人公夫妻二人。妻子由黄梅戏演员马兰扮演，而丈夫王小六则由朱世慧扮演。在 7 分钟的节目里，从事京剧工作的朱世慧把黄梅戏演得如他是安庆土生土长的一般，取得了极好的效果。可这段节目的背后却有许多观众不知道的难处。首先是夫妻见面难。当时，朱世慧正在赶拍曲艺电视剧《拉多梭米来的爱》，在这个歌颂殡葬工人高尚情操的电视剧里，他饰演主人公宋小中。正在拍摄紧张之时，湖北电视台又邀他参加春节文艺晚会的拍摄工作，结果两家"抢"来"夺"去，他只有忙中偷忙，兼而顾之。马兰当时正随团在大冶演出，场场缺不了，朱世慧只好赶到大冶，拿到了马兰他们演唱的磁带，带回武汉自个儿琢磨。几天后两人一见面就忙着对唱、录音，而到第三次见面时，已是进棚拍摄之时了。从"夫妻"认识到节目拍完，只会面三次，不愧是"闪电式"夫妻观灯。其次是念白音韵难。黄梅戏的念白生活气息浓郁，这给念惯了京韵白的朱世慧带来了不少麻烦。譬如,"你看吵"安庆话念成"泥冈沙","眼睛"却说成"腻京",朱世慧只好死记硬背加巧练,找其发音收韵的规律。在拍电视剧时,哪怕只有几分钟空闲,他也要念叨几句,结果王小六与宋小中老是搅在一块儿。第三则是张口开唱难。京剧在开唱之前有"过门",好让演员酝酿情绪,黄梅戏可没有那么多讲究。可是,尽管有这么多难处,朱世慧还是一一扛了下来,用他开玩笑的话说,"那阵子忙的连累的时间都没有了"。孜孜以求的事业心和对工作的认真态度,难怪就连电视台的导演都满意地说:"朱世慧是我们最好的合作人"。

第四章
一院之长

在旁人看来，朱世慧当院长，属于"演而优则仕"。在朱世慧自己看来，京剧艺术是他一生钟情的事业，为之付出一切，纵九死而无一悔。

20世纪80年代末90年代初，朱世慧在舞台上已成功塑造了徐九经、高小明等重要角色，声名鹊起。湖北省文化厅主管艺术院团的厅长找到朱世慧谈话，希望他可以当湖北省京剧团的团长。"我接不了。您别以为我台上能唱几出戏，我就能领导，我没这个才能。"朱世慧如实相告，婉拒了。在他看来，自己的兴趣和追求还是在舞台上。又过了几年，湖北省京剧团体制改革，由"团"变成了"院"。省厅领导再次提出，让朱世慧来当湖北省京剧院的院长。朱世慧再次拒绝。"在戏校里，我连班长也没当过。我没有管理方面的才能，我怕耽误事儿啊！"但领导并未松口，"那您当个名誉院长可以吗？"这么着，与别人当"官"的顺序相反，朱世慧先开启了他在湖北省京剧院5年名誉院长的生涯。这5年期间，他不要办公室，也极少参加决策讨论会，"我不了解剧院情况，我就没有发言权"。

时间到了2005年，这一年，朱世慧已经58岁，排演了大戏《曾侯

图71 朱世慧生活照

乙》，享誉全国。湖北省领导再次找他谈话，态度极为严肃，也极为恳切："这杆大旗，非您不可！您一定要扛起来！"为了让朱世慧可以放下由演员转为管理人员的不适应，领导甚至提出：您不用坐班，不用天天到剧院，想哪一天来，就哪一天来。"组织找我谈话让我担任院长职务，我很意外。当时我已经年近花甲，别人都往二线走，我却往一线冲。但是，既然组织需要我，作为一名老党员，我就应该担起责任！"2005年11月，朱世慧正式迎来人生的一次转型，走马上任成为湖北省京剧院掌门人。

对院长这个"官"，朱世慧并没有多大官瘾。自成名之日起，北京、天津、上海等10多个知名院团从未放弃"引进"他的念头，朱世慧只需点点头，一些演员苦苦追求一生的级别、待遇就唾手可得。声名远播海内外的他，未当院长之时，每年最多的时候，演出可以按每天的上下午记，武汉天河国际机场办理机票的工作人员前一天刚为他办理完出票手续，第二天就又见到了他的身影。对于一个演员来说，大量的演出、源源不断的舞台，充满了吸引力。除了京剧演出外，因为戏路宽广、表演功力强，几十年来，以较高的演出费邀请朱世慧"跨界"出演电影、电视剧的人数不胜数。做一个功成名就的演员，显然比做一个操心劳神的院长舒服得多。但是，在人生的舞台上，朱世慧最终选择了后者。提起自己的履新情形，朱世慧提到最多的是"感恩"和"责任"——"是湖北培养了我，成就了我，没有湖北，就没有朱世慧，对于湖北省京剧院的振兴，我有责任，也有这份深情"。担任院长的15年来，朱世慧没有片刻放松。"院长这个职位，你不能把它当作一个'官儿'，而要把它看成一件事儿。"为了做好"这件事儿"，朱世慧放弃了很多登台表演的机会，光电视剧邀约就婉拒了300多部。为了做好"这件事儿"，朱世慧除了在政治思想和管理理论上提高外，从演员到编剧，从舞美到后勤，

从人事到财务，方方面面都要考虑，样样都要学习。

"湖北是生我养我的故土，省京剧院是我成长成名的娘家。湖北的京剧事业需要我，省京剧院的发展壮大需要我，这决定了我只能做出唯一服从的选择。"在人生的另一个舞台，扮演着振兴湖北省京剧事业领头羊这一重要角色的朱世慧自有一股豪气。

以京剧规律办事

说起来，朱世慧是以《一包蜜》《徐九经升官记》《药王庙传奇》《膏药章》《法门众生相》《曾侯乙》等一系列新编戏誉满全国，但他却是一个保守的创新派。"以京剧的规律办事"，是他当院长治院的首要原则，也是他要求剧院一切顶层设计所遵循的根本原则。

对京剧，他抱有着最赤诚的热爱和最虔诚的敬畏。从戏校学习京剧艺术，到舞台实践京剧艺术，再到剧院成为京剧艺术院团的管理者，几十年浸淫在京剧艺术之中，朱世慧力求对这门艺术做到一个"懂"字。

对剧目创作，他不标新，不立异，不去追逐一时的新鲜热闹，始终将继承与守正放在第一位。"盲目创新，丢失了京剧本体的东西，是在拿国家的钱开玩笑。"

对京剧这门综合性的艺术，从行当、流派、服装、舞美、虚拟写意、程式化等方方面面，朱世慧都怀着敬畏与崇拜之心深入学习、研究，对京剧两百多年的发展历史，他满怀敬畏。"京剧始终在发展、在创新，但正如梅兰芳先生所说：移步不换形，属于京剧本体的东西不能丢。"

可以说，在剧院管理上，朱世慧是有着独到的眼光、格局与魄力的。但每当有别的省份的京剧院团想要带队来湖北省京剧院学习，朱世慧却总是婉言谢绝："做好一个院团，是一项系统性的工程。剧院领导首先需要懂行，在此基础上，要热爱京剧这个事业。我认为，继承是京剧院团首先要走的一条路。我们这一代人是承前启后的一代人。要学习我们的前辈，从前辈手中接过、继承优秀的京剧传统艺术，身为院团长，首先要对京剧有负责任的态度，要以京剧的规律办事，在这个规律中，以院团长的眼光，发现自己的剧团缺什么。但这个'缺的东西'，每个院团却各有不同，因此只能'一团一制'。"

用眼去识才,用心去爱才

在京剧圈内外,朱世慧还有另外一个称呼——京剧界的郎平,这不仅是指朱世慧在个人艺术上有很高的成就,更是比喻他作为院长,培养了一批优秀的京剧人才,是一个称职的"教练员"。

替后人"鸣锣开道",是当"官"后的朱世慧考虑的头等大事。从1970年湖北省京剧团建团时就进团的朱世慧,见证了湖北省京剧院的发展历程。从一个原底子薄、基础差,与京、津、沪院团相比具有较大差距名不见经传的剧团,到因为一批优秀创作人才的通力配合创造出骄人业绩、蜚声全国的"五连冠"院团,再到朱世慧接任时剧院创业者相继退休,面临保持荣誉、缩小差距的新任务的院团新局面,朱世慧非常明白,人才是剧院兴旺发达的关键,也是事业持续发展的根基,因此,朱世慧初当院长,就确立了使剧院人才不断档、后继有人是剧院亟待解决的重中之重,人才引进、人才培养是剧院的工作重点。"从京剧人才培养的规律来看,引进人才、培养人才、留住人才,以及后备人才的储备,将是一个系统的、长期的、艰苦的工作。"朱世慧如是说。

关于朱世慧在人才培养方面的理念,援引他在2015年文化部高层次文化人才论坛上的文章《用眼去识才,用心去爱才》,可窥一二。

从我自己的成长过程，再按照我们京剧200多年的发展历程，传承就是个大道理和大规律。那么传承靠什么？靠人来传，靠人来承！我从事一个京剧院团的院长，作为一个艺术专业很强的单位，深感要管理好一个艺术院团，要想把一个艺术院团做好、做大、做强，首先是应该遵循京剧的规律来办院！我追求："人才、剧目、建立一支好队伍。"

当然，首先是人才。有了人才才会有好剧目产生。有了人才在一个院团才会在院内和观众群中产生凝聚力，有了凝聚力就必然会出现一支优秀的艺术队伍！

而一个京剧院团，单靠一两个人才是绝对不够的，必须是按照京剧行业要求的有"四梁四柱"，这才是京剧所需要的一个强大阵容的院团！才能演出高质量的好戏奉献给观众，这里我想谈谈培养人才的点滴想法，求教于大家。

京剧的人才结构永远是一个金字塔形的，即塔尖儿、塔身儿、塔座儿。首先是塔尖儿上的角儿的形成来自三个方面：一是天赋，其二是勤奋，其三是机遇。那么角儿就是塔尖儿上的人物。由于京剧艺术对各行当演员的要求极高，那么角儿毕竟是少数啦，如果那么容易当角儿，也就没角儿了。作为一个京剧院团，这个塔尖儿很重要！这也就是大家常说的："京剧是角儿的艺术。"

塔身儿也很关键，和人一样。所谓身体好得看腰板硬不硬朗，塔的中间这一层也就是京剧里所需的好的二路老生、二路旦角、二路武生，包括净行和丑行等。另外还必须有好的乐队，好的舞美工作人员。他们的作用虽然是烘托塔尖儿上的角儿的，但他们也必须是好材料造就的！比如二路老生、二旦，最好是也能单挑一出的。我们行话说：能唱一出儿的。以上这些人才当前多数院团是急缺的，有的甚至是还没有引起足够重视的，这是令人担忧的！没他们发挥的作用，角儿再好，戏决不受看！出不来"精彩"二字。

塔座儿包括以上说的塔身儿，京剧业内统称为"底围子"，这里指的是龙套上下手，特别武戏演员，业内也称其为武行，他们失色，表现不精彩会影响整个金字塔的形式，甚至会使金字塔不稳固或立不住。中国唐代魏征有句名言："水能载舟，亦能覆舟。"

综上所述，说明京剧是一个综合性很强的艺术，所谓"一棵菜"，除了精神上的要求，还有特殊的结构要求。因此京剧的人才培养是个全面的工程！这个工程需管理者系统地来运作。这其中还得考虑人才的延续发展，也就是人才梯队的形成，确保一批一拨儿的人才要跟上趟儿，接得上气儿。这样一个院团的艺术水准才能经久不衰！人才培养不可急功近利！我个人体会这需要管理者细心，更需要耐心，而且特别要怀有责任感和担当精神。所讲"细心"二字就是管理者要用眼去识才，也就是大家常说的"独具慧眼，善于发现"。比如，我院优秀青年旦角演员万晓慧，她有扮相，有个头儿，特别是具备一条宽厚而亮的好嗓子，她就是一个非常适合唱张派（张君秋派）的青衣演员，但有了良好条件还只是第一步，剧院必须请名师来对她进行一对一的辅导、传授，我请了当代张派著名艺术家薛亚萍、王婉华二位老师不间断地一出戏接着一出戏地来教她，万晓慧的进步果然出现了显著的提高。目前，她已是京剧界与她同龄者中张派的佼佼者。在第7届中央电视台全国青年京剧演员电视大赛中，一举夺得青衣组金奖。为了更好地辅助她全面发展，破例让她这么一位年轻的演员在我院原创新编历史剧《建安轶事》中担纲主演，并一举夺得第6届中国京剧艺术节金奖第一名、第10届中国艺术节文华大奖、2011—2012年度国家舞台艺术精品工程重点资

助剧目，她并以此剧在2015年获得第27届中国戏剧梅花奖。其中还有一位目前名不见经传的青年老生演员李衍茂，有个好嗓子，其他条件也不错，长期以来学习杨派（杨宝森派），但总是效果平平，我总觉得他应该有更好的发展。在他演出杨派戏《辕门斩子》的时候，我发现他嗓音脆亮，而且高音更为突出，我考虑再三建议他改学当下京剧界少见的高派（高庆奎派）。于是，我请来了北京高派第三代优秀传人、著名艺术家辛宝达先生为他传授了高派名剧《逍遥津》。李衍茂刻苦学习，勤下功夫，这出戏在武汉刚一露面，观众竟然全场轰动。在天津演出，观众的掌声不断，希望能再听他一段。目前他正在不断学习高派的其他剧目，我想他今后的发展还会超出我的意料。

在培养本院人才的同时，我还放眼全国，引进人才也是一条总结的道路。近些年，我从吉林省京剧院引进了麒派（周信芳派）第三代优秀传人、梅花奖得主裴咏杰，从河北省京剧院引进了奚派（奚啸伯派）第三代优秀传人、梅花奖得主王小蝉，从山东省京剧院引进了优秀青年小生演员王铭，这个小生具备良好的天赋和难得的悟性，我认定他学叶派（叶盛兰派）大有可为，于是我请来当代著名叶派小生著名传人叶少兰先生收王铭为徒，几年下来，王铭成了我院挑梁小生，并在中央电视台第6届全国青年京剧演员大赛小生组比赛中夺得金奖。

前面所说，塔身儿人员的造就必须要求他们"硬"，他们身处金字塔的中间关键层，比如说乐队，也必须邀请顶级艺术家来授艺。如名鼓师、名琴师来说乐队，这些年我请了名鼓师王玉璞、冯洪启、李凤阁、崔洪、金小元等。名琴师我请了姜凤山、万瑞兴、李之祥、赵建华、燕守平等。乐队逐步提高演奏、伴奏水平。又如舞美只要有机会,除了请进来的优秀灯光师周正平、尹天夫、邢辛,让他们跟着学习,包括衣箱上人员派出去系统的培训,特别是那些专职二路各行当的演员,也给他们请名师传授。除了学习配演戏外,也让他们学主戏,使他们开眼界,学真本事,做一个剧院所需的硬二路、硬里子!看来效果很好!外地好的二路,如吉林的董宏利,他是国家一级演员,我院就少这个年龄段的好二路,我也破例引进,发挥了很大作用!另外,我也想强调一下武戏演员。武戏在京剧中占有很大比重,也是京剧艺术的特点和特色。一个京剧院团要高度重视这一个群体,他们的技能和作用是不可替代的,更是不可缺少的!要抓他们的练功!比如毯子功、把子功、身训外,每天要有专人负责抓他们的不间断练功!剧院多演武戏使他们多有施展的机会。另外,由于他们这一专业受年龄限制,所以首先要关心、呵护他们。比如他们的演出待遇要高于一般群众演员,平时练功他们的绩效工资要高于一般群众。如有闪失伤痛,一切按工伤办理,到了极限年龄优先考虑他们的工作安置等。由于有了这样的待遇和保障,我院的武戏在京剧界得到好评。最后我想要说的是关于德艺双馨的问题,京剧艺术这一行业专业性太强,演员的成长过程,无论是管理者还是他们个人都是非常艰辛的,而当今社会的文艺人是需要有德有才的。习总书记在文艺座谈会上说:"作家、艺术家应该成为时代风气的先觉者、先行者、先倡者,通过更多有筋骨、有道德、有温度的文艺作品书写和记录人民的伟大事件,时代的进步要求,彰显信仰之美、崇高之美。"而回过头来,纵观我们京剧的前辈们,老一代的艺术家们之所以能成就一番大事业、大成就,并成名成家,与他们的人品,他们的做人是有不可分割的关系的。我们后人在学习他们技艺的同时,更应该学习传承他们身上的那种美德,那种风范。

不能一旦取得一点成就，或者有了一些名气就忘乎所以，弃伟大的文艺复兴事业而不顾，成为剧院不能用、不敢用，不是为人民服务，而是为自己服务，或者叫作剧院根本用不上、根本指望不着的人。实践证明，对一个艺术团体的管理者来说，不能只关注演员艺术上的成长，更要重视演员的思想觉悟、人品情操，德艺双馨绝不是空谈！而且同样是培养人才的重要环节，特别是培养一个尖子人才来说，管理者更要在这方面首先提高认识，真正做到"用眼去识才，用心去爱才。"

前面所说略显烦琐，但是因为京剧它是集各剧种之大成而称为国粹、国剧的。京剧艺术太讲究了，在我心中京剧太伟大了。我爱它，我是怀着对京剧的敬畏之心来当演员，一院之长的！当然说了归齐，京剧还是角儿的艺术，剧院要不惜一切心血来培养角儿，打造角儿，打造领军人物！这是我们每一位京剧艺术管理者责无旁贷的天职！

从朱世慧的这篇文章中，我们可以看出，他是一位懂京剧、懂京剧人才结构和人才培养规律的院长。在朱世慧的心中，常年有着"一张表"和"一张图"。一张表，就是剧院现有人才存量表，表的横坐标是行当和流派，纵坐标是年龄梯队。一张图，则是剧院人才结构的"金字塔图"。"京剧对人才的要求不是说剧团出一个或两个尖子就圆满了，京剧是需要一堂人的。"各个年龄梯队行当齐全、阵容整齐、流派纷呈、剧目丰富，金字塔的上中下三层都扎实稳当，才是朱世慧为剧院擘画的人才发展蓝图。

一、整行当，齐阵容

对剧院诸行当的发展，朱世慧是极为重视的，尤其是四大行当中的"丑行"。这不仅是因为朱世慧本身是丑行出身，更因为他看到了丑行发展的现状和困境。作为中国戏曲学院和中央戏剧学院的客座教授，朱世慧总

图 72 朱世慧与学习京剧丑角的孩子们

能遇见这样的情形：倘若有家长带着男孩子来学戏，通常所说的是："我们报老生。"如果孩子喜欢英武一些的，就报武生。报小生的都极少，从没听说过"我们这孩子报丑"。可以说，在人才培养的起步阶段，学丑行的孩子就极少。这种行当的边缘化、行当人才匮乏的现象，从戏校的教学开始，一直延续到院团的用人。根据朱世慧的调查，现在很多的京剧院团，严重缺乏甚至是没有丑行的演员，遇到演出，便让别的行当的演员友情客串一下。即便在院团干丑行的人，积极性也不高。朱世慧把这一切看在眼里，感到心酸、心疼、心痛！虽说丑行排在四大行当最末，但到底是一个行当，更别说"无丑不成戏"，丑行的衰落必将带来大批剧目呈现色彩的缺失。每每谈到这个问题，朱世慧总是双眉紧皱，痛心无比。他更担心的是倘若这个问题不能得到足够重视，一个行当人才的断档将在几年后造成怎样更加难以挽回的严重局面。基于这些对行当人才培养问题的担忧，湖北省京剧院在朱世慧所任院长期间成为全国丑行最多的一个院团。在他的大力培养下，假若湖北省京剧院演出《锁麟囊》，剧中 9 个丑各有各的丑行演员来扮演，不用从其他行当找一人来顶替。

且每个丑行演员都有嗓，能唱一出戏。这是非常不容易的。

二、全流派，丰剧目

湖北省京剧院目前拥有 19 个流派，这在一般京剧院团中非常罕见。这要源于朱世慧一直以来对剧院各流派人才的培养与重视。

在朱世慧看来，京剧一定是讲究流派纷呈的，这也是京剧之所以不断往前发展的重要因素之一。同样一出《空城计》、同样一出《二进宫》、同样一出《四郎探母》，各个流派有各种唱法，才能满足喜欢各种流派的观众需要，进而吸引他们走进剧院。

宗师学艺是京剧艺术流派传承的特点，为了使剧院流派纷呈，朱世慧非常鼓励演员们根据自身条件和艺术特长拜师学艺。这些年来，剧院优秀青年老生演员李奕平、李衍茂拜杨宝森大师亲传弟子、著名戏曲教育家叶蓬为师。李衍茂后又正式拜高派第二代传人辛宝达为师。王铭、吴长福、尹章旭、袁婷四位演员分别拜著名京剧表演艺术家叶少兰、张学津、孙毓敏为师。优秀青年丑行演员谈元、邓稳拜著名京剧表演艺术家朱世慧为师；净行演员江峰拜著名京剧表演艺术家、非物质文化遗产传承人李长春为师；优秀青年旦行演员万晓慧拜著名京剧表演艺术家薛亚萍、王婉华为师。朱世慧要求这些青年演员珍惜拜师的机缘，在剧院排了什么戏，有些没完全理解透、有欠缺的地方，要及时地拍摄记录下来，寄给自己的老师，请老师们指点。同一出戏，他也鼓励演员们不要满足于只学一次把戏学会了就好，而要多次去向老师学习、请教。比如，青年演员江峰向其师李长春学习《铡美案》，第一次学完以后，已经有很大提高。过了两年，朱世慧再次让江峰向李长春请教学习该戏，其在表演上又提高了一个层次。"京剧演员学戏，绝不是一蹴而就的事情，要

图 73 京剧表演艺术家叶少兰（前排右三）、张学津（前排左三）、孙毓敏（前排左二）收徒仪式现场

给他们不断领悟和提高的机会。"朱世慧说。

对于青年演员应该拜哪位老师、往哪个方向发展、学习哪个流派，朱世慧也常动脑筋。对青年演员，他怀着一颗爱才惜才之心，努力根据他们的特点为他们谋求更好的发展之路。比如剧院青年老生演员李衍茂，有个好嗓子，又高又堂。为了其有更好的发展，朱世慧想建议他改学当下京剧界少见的高派（高庆奎派）。但对于演员改派这件事，朱世慧看得极为严肃。"我不能坑了他，耽误他一辈子。"首先，朱世慧绝不搞一家之见。在与李衍茂正式沟通这件事之前，他会先征求同行们的意见，确定自己的想法基本正确。其次，朱世慧会与演员至少谈话三次。第一次，朱世慧提出自己的意见，希望李衍茂可以考虑改一个流派。"你不要现在答复我，你现在答复我是假的。不能因为领导说叫你改，你就改，你回去好好想一想，愿不愿意，有没有什么顾虑。"第二次谈话，朱世慧会听取李衍茂的答复，但他仍不要对方立刻答应自己，而是让他去征求已经拜过的师父的意见，以及征求父母的意见。第三次谈话，李衍茂表示，自己愿意改，师父与父母也都同意。这时，朱世慧仍非常谨慎，在他看来，自己让青年演员改派，就必须给他提供最优秀的师资资源。"他们原先拜的都是最优秀的老师，改了流派以后，我心目中最好的老师能不能出山来教他们，这也是一个先决条件。如果这个老师不愿意出山教，那他们还是唱原来的流派。"为此，朱世慧亲自为李衍茂联系辛宝达，希望辛宝达可以收李衍茂为徒。直到辛宝达答应，李衍茂改流派这件事才算尘埃落定。事实证明，朱世慧是独具慧眼的，李衍茂在高派上的发展，非常的冒尖儿。

除了正式拜师，为了丰富流派剧目，朱世慧还花大力气特邀全国各地的著名京剧表演艺术家来湖北省京剧院授艺，因人施教，因戏带人，制订了有针对性的人才培养计划，通过请进来、送出去，先生们一对一、一对二、口传心授的教学，提高剧院各流派中青年演员的艺术素质，丰富剧院的上演剧目。2009年到2020年期间，从湖北省京剧院"请进来"名师情况的不完全统计中，我们大体可以看出剧院在这方面所做的努力。

2009年，剧院相继邀请了著名京剧

图 74 朱世慧在青年演员拜师仪式上讲话

图 75 著名京剧净角李长春（中）和朱世慧（左）给剧院青年演员说戏

表演艺术家武正豪、王梦云、宋长荣、白云明、李玉声、薛亚萍、张宝荣、尚慧敏、李长春、张曼玲、万瑞兴、姜凤山、李玉芙、李浩天、王志怡、郑岩、严庆谷等老师来教学授课，排练精加工了《失·空·斩》《红娘》《小商河》《荒山泪》《穆桂英挂帅》《连升店》《海舟过关》等优秀传统剧目，取得可喜成绩。

2010年，剧院投入50多万元人才专项经费，用于请名师来院授艺和向名师求学的费用，共请了宋长荣、郑岩、刘秀荣、张春孝、闫巍、方志成、寇春华、张曼玲、万瑞兴、李玉芙、魏寅初、王梅、张幼麟、叶少兰、李长春、李玉声、白云明、朱玉峰、白玉玲、王志怡、王梦云、陈志清、孙毓敏、薛亚萍等老师给中青年演员和乐队说戏，增加了十几出实授的流派剧目。

2011年，剧院邀请沈福存、白云明、张幼麟、朱绍玉、李玉声、王梅、王志怡、孙毓敏、薛亚萍、刘习中、叶蓬、严庆谷、王震宇、马佳等老师给中青年演员和乐队说戏，丰富流派剧目。

2012年，剧院邀请张幼麟、叶少兰、张学津、李玉声、白云明、王梅、王志怡、孙毓敏、薛亚萍、叶蓬、李鸣岩、张善麟等老师给中青年演员教戏。举办了王铭、吴长福、尹章旭、袁婷四位演员拜著名京剧表演艺术家叶少兰、张学津、孙毓敏为师的仪式。

2013年，剧院共邀请各流派京剧名师来院授课达到29人次，有白云明、王梅、张曼玲、万瑞兴、李玉声、李光、李近秋、叶蓬、闫巍、孙明珠、李长春、黄德华、孙毓敏、李玉芙、王福民、尚慧敏、张火千、石晓亮等，教授了《穆桂英大破天门阵》《泗州城》《双阳公主》《大闹天宫》《连环套》《胭脂宝褶》《霍小玉》《宇宙锋》《乾坤福寿镜》《白蛇传》《四郎探母》《汉明妃》，以及丑角玩笑戏专场等剧目，极大地丰富了剧院上演的剧目和流派，每一场汇报演出都得到专家和观众好评。

图 76 著名京剧表演艺术家孙毓敏(右二)向湖北省京剧院和袁婷本人(右一)颁发证书

2014 年,剧院邀请了李长春、李玉声、石晓亮、王梦云、李玉芙、杨少春、郑岩、孙明珠、张曼玲、辛宝达、王平、薛亚萍、叶少兰、胡小毛、李海燕、王艳等老师给中青年演员一对一教学,学习完成并在京韵大舞台进行汇报演出的剧目有《连环套》(江峰、唐恺、谈元)、《行路训子》(陈晓霞)、《四郎探母》(潘欣)、《小商河》(吕蒙)、《逍遥津》(李衍茂)、《艳阳楼》(唐恺)、《三娘教子》与《刘兰芝·机房》(万晓慧)、《吕布与貂蝉》(王铭),展示了这一阶段的学习成果。

2015 年,剧院青年演员袁婷在孙毓敏老师的指导下演出《勘玉钏》。孙毓敏向湖北省京剧院和袁婷本人颁发了荀派继承人的证书。

2016 年,剧院邀请了常秋月、李玉芙、王梦云、张曼玲、万瑞兴、辛宝达、李长春、王平、童强等老师为优秀中青年演(奏)员传授了《战宛城·思春》《贵妃醉酒》《岳母刺字》《武家坡》《辕门斩子》《失空斩》《姚期》《战宛城》《捉放曹》等剧目。

2017 年,剧院邀请童强、王梦云、张善麟等十几位著名艺术家为

图 77 马派名家安云武（右二）和朱世慧（右一）给剧院青年演员说戏

演员传授《四郎探母》《红灯记》《恶虎村》等 13 部剧目。

2019 年，剧院邀请京剧名家闫巍、谯翠蓉、王梦云、王珮瑜、沈福存、张火丁、石晓亮、刘琪、尚慧敏、李亚莉、王艳、安云武等老师，为优秀青年演员杨帆、王胜男、陈晓霞、沈红、杜玥、郑雪莲、曹中华、龚怡然、刘纯净、于巧云等传授传统剧目，并完成了汇报演出，青年演员的舞台表现可圈可点，人才培养成果喜人。

2020 年，剧院完成第二批湖北省戏曲名家工作室和"名家传戏"——当代戏曲名家收徒传艺工程各项目的汇报演出，充分发扬"以老带新"传统，带动流派的传承和发展。

"教戏的老师一定要好，要是顶尖水平，学生才能学有所成！"这是朱世慧在湖北戏曲学校学习时的亲身体会，也是他作为院长培养人才时认的死理。在朱世慧任职院长期间，他一共请了将近 200 位老师前来

图 78 朱世慧（中）给学员张健（右）、优秀青年演员杜玥（左）说戏

图 79 朱世慧（左）为学生邓稳（右）说戏

剧院教学传艺，个个都是各行当流派全国顶级的艺术家。对于师资的门槛，朱世慧把关得很严。此外，他非常反对青年演员跟着录像、碟片学戏。"京剧的规律和特点，要求必须是口传心授的教学。老师教的时候，身段动作，学生必须要不错眼地看着，跟着'录老师'是学不出真东西的。"如果有一位各方面条件都不错的青年演员对朱世慧提出，"院长，我想唱一出戏。"朱世慧首先便会问："你跟谁学过？""我是跟碟子学的。""走！你打报告！"朱世慧一定会毫不犹豫地这么说。所谓"打报告"，就是让该演员把自己想演的戏向剧院做一个申请，朱世慧再根据剧目流派选择顶尖的名家大师，把老师请来剧院教该演员这出戏，最后再做汇报演出。"名师教得好，演员学出来的戏就是不一样。第一出戏演得好，接着我再继续请老师教第二出、第三出……好老师几出戏一教，一些青年演员的表演会产生质的飞跃，变好了！"请好老师、名师教戏，在朱世慧看来是培养人才的"双赢"，演员现在学的是真东西，将来到一定岁数了，给剧院再年轻的演员教出来的也是真东西，各个流派原汁原味的真技艺，也就能一代一代地传下去。

三、"金字塔"结构与梯队建设

"金字塔"结构，是朱世慧对于一个京剧院团人才结构的准确判断。京剧是角儿的艺术，金字塔的尖，即所谓的"角儿"，人数最少，却是一出戏最吸睛的"亮点"。在朱世慧看来，一个院团，如果金字塔尖上的人只有一两个，那这个院团是不成气候的，不能算作大院团。"各个行当我都在努力培养可以站在金字塔尖的演员。即使不能成为领军人物，起码在湖北省京剧院也应当是各个行当领衔的。"

除了塔尖，金字塔的中间部分在朱世慧眼中同等重要。甚至，从受重视程度而言，这一层的培养显得更为紧迫一些。"京剧里所需的好的二路老生、二路旦角、二路武生，包括净行和丑行等等。另外，还有好的乐队、好的舞美工作人员，都是极其重要，现在很多院团却没有对他们重视起来。没有他们，有再好的主角，一个戏也不灵。"乐队里边的京胡和鼓师，被朱世慧放在金字塔的中间层。"京剧的乐队与唱歌的乐队不同，唱歌的乐队，可能很多歌手都可以用一个架子鼓，但是京剧的京胡和鼓，不同行当、不同流派都可能有自己不同的演奏特点，需要不同的京胡演奏者和鼓师，甚至于不同的角儿，都会有自己的琴师与鼓师。剧院19个流派，只有一把京胡行吗？不同的流派要有专门的琴师来负责，这才是京剧的讲究。"正是对京剧乐队有充分的认识，朱世慧初任院长时，在培养演员之外也没有忽视考虑乐队的建制。当时，湖北省京剧院虽说有三个琴师，但其中两位琴师三年之后就面临退休。"三年的时间说长也长，但对于一个院团培养京胡储备人才而言，却是立刻要着手的事情。"怀着未雨绸缪的心情，朱世慧连着招了四位琴师。经过多年的培养，到

图80 朱世慧向观众介绍剧院乐队

朱世慧卸任院长时，湖北省京剧院一共有6位琴师、4位鼓师，且都相当优秀。在第2届中国京胡演奏展演比赛中，剧院优秀青年演奏员柳爽、慈玲玲、霍路芳3人入围专业组决赛，经过激烈的角逐，最终获得"两金一银"的极好成绩。"京剧的观众是会为琴师和鼓师的精彩演绎叫好的，培养好的演奏员，也是为剧院的演出增色。"

金字塔的底座是朱世慧人才培养的又一重点。塔座包括文戏的群众演员和武戏演员，此外还有除京胡和鼓以外的其他乐队演奏员，后台盔箱，大衣箱、二衣箱、旗把箱等。"盔箱、衣箱这些，实际上老一辈京剧人是有很多讲究的。我会要求剧院管这些的同志们去学习，去了解，要把这些讲究找回来，做起来。这是个系统的工程，但总是在一步步完善、变好。"在朱世慧的院长任期内，湖北省京剧院的服装、盔头、刀枪把子，逐渐在全国的京剧院团中排行到一流地位，许多院团去湖北省京剧院参观时，都要求去往后台看一看，观摩学习。

在不断完善从主演、配演、乐队、武戏演员，到群演的金字塔形人才结构的同时，朱世慧也非常强调人才梯队建设。"从对京剧事业负责，对院团负责的角度，我不可能只考虑我做院长的这几年湖北省京剧院有人才就行了，而要从长远的角度考虑，在我退了之后，这些行当、流派，乐队、武戏演员等等，有没有后续的人接班，会不会断档。还得要有预备队筹备着。"朱世慧任院长期间，为湖北省京剧院造就了一批艺术造诣较高的艺术家，培养了一批中青年艺术人才，让优秀青年演员迅速崛起，发展好三个梯队的同时，又着手培养湖北省京剧人才的第四梯队。

"我初任院长时，经过观察，发现剧院的武戏演员已经面临断档的危险，翻跟头的演员都30多岁了，身体吃不消，也没有冲劲了。"2007年，朱世慧决定，剧院提前规划，委托湖北省职业艺术学院培养52名京剧定向生，包括培养武戏表演人才。为了鼓励学员，他还出台了前10名

优秀学员享受免费的政策。2009年，剧院组织专家教师对定向生进行了专业考试，完成了对其初步划分行当和剧目开课。2011年至2012年间，剧院在京韵小剧场、汉口江滩为这些学员安排了对外实习演出活动，共演出20余个折子戏，受到观众的大加赞赏。2013年，这些定向培养的毕业生完成了汇报演出，通过笔试、面试，根据与学生家长签订定向不定人的原则合同，剧院招聘了34人。如今，这批不足20岁的青年人为湖北省京剧院的武戏带来了新生的活力，在《楚汉春秋》《雁荡山》等剧的表演中，他们精彩的武戏技巧，四险、五险等跟头功夫，让观众眼花缭乱，赢得如雷掌声。湖北省京剧院一改武戏低迷的局面，甚至很多院团需要向他们借用武戏演员。

四、引进人才，留住人才

为了保证人才队伍的充实，朱世慧一直秉持"引进人才、留住人才"两手抓，两手都要硬的理念。

一方面，广揽人才、充实队伍，实施人才引进战略，重视优秀尖子京剧人才的引进，并在人才安家费、职称评定、拜师学艺方面制定了相应的优惠政策。从河北引进了著名奚派老生、一级演员王小蝉，从山东引进了优秀青年小生演员王铭和青年老生演员李衍茂，从中国戏曲学院、北京戏曲学院等专业艺术院校招聘了优秀梅派青衣演员潘欣、王士鹏、陆艺君等10余位青年演职人员，充实艺术队伍。2012年，麒派名家、著名老生演员裴咏杰落户江城，正式加盟湖北省京剧院。他是第18届中国戏剧梅花奖获得者，国家一级演员，他的加盟，使剧院如虎添翼，填补了京剧重镇湖北武汉麒派这一京剧大流派的空缺，丰富了剧院代表剧目。

另一方面,则是留住现有人才,做到"政策留人、事业留人、感情留人"。政策留人就是制定优秀人才特殊政策,如:住房、户口、职称、工资待遇上给予倾斜照顾;事业留人就是使人才在事业上有所作为,能够成就一番事业。为此,朱世慧大力推荐包括中层干部、优秀青年演员、演奏员、舞美人员等剧院人才到高等院校进修深造,参加各类培训班,把人才"送出去",使他们在表演技能、艺术理论、文化水平、人文素养等方面得到全面的提高,成为新时代京剧艺术的中坚力量和领军人才。

2009年,剧院派出吴长福、万晓慧、袁婷、王铭、曹中华、刘纯净6位演员赴京、津、沪向杜近芳、叶少兰、刘秀荣、张春孝、严庆谷等老师学艺进修。同时,积极向中国戏曲学院研究生班举荐了一名研究生,并向中国戏曲学院流派班积极推荐了若干名人选。经中国戏曲学院最后考核评选,谈元进入了研究生班,万晓慧、唐恺、李衍茂3人入选了流派班。2010年、2011年,剧院对他们的学习成果给予了积极配合,适时安排排练演出时间,使他们学以致用,学习实践相结合。万晓慧、

图81 2013年朱世慧(右四)携剧院青年演员参加湖北省政协各界人士中秋京剧晚会

唐恺参加中国京剧流派传承班学员汇报演唱会，精彩的表演受到了领导的赞许和肯定。

2012年，剧院接到中国戏曲学院"青研班"和"流派班"的毕业汇报演出任务，经过精心策划、合理安排，按照要求于3月举行了6场汇报演出。青研班学生谈元演出《蒋干盗书》《双下山》《海舟过关》等剧目，流派班学员万晓慧演出了《状元媒》《西厢记》、唐恺演出了《铁笼山》《小商河》《战冀州》等剧目，引起媒体等各方的广泛关注。4月，谈元、万晓慧、唐恺赴京参加了北京举办的毕业汇报演出，这些青年演员的学习实践扩大了他们的影响，也为他们后来"青京赛"获奖打下了扎实的基础。

2014年，剧院三位青京赛金奖获得者万晓慧、唐恺、王铭进入中国戏曲学院第6届中国京剧优秀青年演员研究生班学习，由著名京剧表演艺术家和戏曲理论家为他们授课。9月，万晓慧、唐恺、王铭在京韵大舞台进行了第一学期汇报演出。三位演员分别得到了薛亚萍、李玉声、王平、叶少兰等老师的精心指导，并得到了中国戏曲学院和验收专家们的高度肯定。优秀青年演员于巧云被国家艺术基金尚派人才培养基地择优录取，进行集中培训学习，于2015年汇报演出。

2016年，剧院选派优秀青年演员潘欣、于巧云、陈晓霞等赴京参加国家京剧院举办的《杨门女将》人才培训班，学习经典剧目表演理论及技巧。剧院为第6届优秀青年演员研究生班学员万晓慧、唐恺、王铭举行了学年内两次汇报演出，上半年汇报演出了《谢瑶环》《奇双会》《八仙过海》《四平山》等剧目，下半年在梅兰芳大剧院汇报演出了《红鬃烈马》《群·借·华》《龙凤呈祥》等。在各位京剧名家的悉心指导下，演员们的技艺有了长足的进步。

2017年，剧院选派谈元、潘欣、邓稳、陈晓波等16位优秀演职人

图 82 2013 年麒派艺术人才培养研讨会专家留影（左四朱世慧）

员赴高等院校进修深造。同时，鼓励优秀演员走出去参加各类文艺戏曲晚会，借力舞台演出提升专业水准。青年演员万晓慧、唐恺、王铭在北京长安大戏院完成中国戏曲学院第 6 届中国京剧优秀青年演员研究生班汇报演出，顺利结业；演员郑雪莲、潘钰在北京完成中国戏曲学院首届张火丁京剧程派艺术人才研习班结业汇报演出。

2018 年，剧院召开麒派艺术人才培养研讨会，针对麒派青年人才的培养召集专家建言献策。

2019 年，剧院积极推荐杨帆、王胜男参加了国家艺术基金"京剧武旦（阎派）表演人才培养研习班"；推荐一级演奏员杨家勇参加了国家艺术基金"京剧京胡演奏人才培养高级研修班"；推荐高级舞台技师赵昆参加国家艺术基金"剧场（音响）专业技术人才培养"；推荐杨耕参加由文化和旅游部主办的 2019 年戏曲艺术人才培养项目高级研修班（导演班）；推荐丁胜强参加国家艺术基金"舞台美术综合人才培养高级研修班"；推荐优秀青年演员刘纯净、石娆参加湖北省戏曲演员行当经典剧目传承培训班。

此外，朱世慧还鼓励、推荐剧院青年人才参加各类比赛，以赛促练。搭建各类平台为青年人才的成长保驾护航，效果显著。

2011年，剧院组织奚派老生王小蝉携参赛剧目新编历史剧《孔子·杏坛拜师》和奚派名剧《哭灵牌·连营寨·白帝城》赴成都参加梅花奖比赛。王小蝉一举摘下梅花奖。评委们对湖北省京剧院的团队精神、高水准的合作精神给予了很高评价。

2012年，剧院组织青年演员参加中央电视台第7届全国青年京剧演员电视大赛。7月的复赛、9月的决赛都是一场难打的仗，朱世慧请名师为参赛演员量身打造剧目，集中全院各行当人员，全力以赴，积极参与，从而赢得历史上剧院此项赛事最好成绩。万晓慧、王铭、唐恺获金奖，潘欣、陈晓霞获银奖。为此，湖北省政府给予剧院通报嘉奖。

2013年，剧院组织青年演员赴北京参加第2届全国青年京剧演员（北京）擂台邀请赛，优秀青年演员陈晓霞、袁婷、潘欣、李衍茂荣获新星奖（一等奖），吕蒙、李正红、刘纯净、裴学君荣获优秀新人奖（二等奖）。湖北省京剧院获得优秀组织奖。

2016年，剧院原创京剧《建安轶事》在广州友谊剧院参加第27届中国戏剧梅花奖现场竞演。万晓慧以《建安轶事》中蔡文姬一角的出色表演，勇夺梅花奖，成为湖北省京剧院第四位获得此项荣誉的演员。

2019年，万晓慧以《在路上》为参评剧目，获第16届中国文化艺术政府奖——文华表演奖。这是剧院在人才培养、剧目创作上又一突出成果。

湖北省京剧院还积极组织青年演员参加中国剧协、省剧协组织的梅花奖、红梅奖、牡丹花大奖和牡丹花奖的比赛。2010年，易艳、唐恺、吕蒙获红梅金花奖，万晓慧、谈元获牡丹花奖，尹章旭获牡丹杯大奖。2013年，袁婷、吕蒙获得牡丹花奖，江峰获牡丹花大奖。2016年，易艳获牡丹花大奖,郑雪莲、王铭获牡丹花奖。2018年,于巧云、杨帆分别进行汇报演出,赢得专家和观众热烈喝彩。

2019年,剧院国家一级演员谈元、国家二级演员杨帆成功入选由戏剧之家杂志社、湖北省戏剧家协会主办的2019湖北戏曲年度新秀推选活动,均获得专家、评委及观众的一致好评;2020年,剧院选派优秀青年演员李衍茂、杜玥、王胜男、张青民参加湖北卫视《戏码头》全国青年戏曲挑战赛,青年演员的舞台表现可圈可点。

多年来,湖北省京剧院的青年主演频繁亮相于中央电视台戏曲频道节庆直播和录播节目,包括新年戏曲晚会、春节戏曲晚会、元旦晚会、璀璨梨园节目访谈、元宵节晚会、五四青年节京剧演唱会、清明节折子戏专场、《角儿来了》等各类节目。可以说,湖北省京剧院为剧院人才提供了良好的艺术成长氛围。

中国京剧院丑角名家刘习中曾在全国梨园擂台赛感慨地说,"以前只知道湖北有朱世慧、张慧芳,没想到看到这一大批后起之秀,由此,我看到了湖北京剧事业的未来。"梨园擂台赛成绩揭晓的那天,朱世慧破例饮了白酒,那份开心,一如他多年前两度站在中国戏剧梅花奖的领奖台上,"每次看到剧院的剧目和演员获奖,比我自己拿奖还高兴!"朱世慧的事业留人策略是成功的。

发扬剧院"一颗菜"精神,用感情留人,也是湖北省京剧院团结人才的重要举措。给人才良好的生存环境,倡导和谐理念,团结精神,努力化解矛盾,消除不稳定因素,使每一个人在剧院有宾至如归的感觉,是朱世慧治院的追求。他在剧院开展"做文化人,树文化人形象活动",教育职工把京剧事业的兴衰和剧院的兴衰与个人的荣辱结合起来,使他们具有强烈的事业心和责任感。倡导爱岗敬业,工作负责,尊师爱徒,关心他人,团结协作的职业精神,旗帜鲜明的反对论资排辈,行帮习俗,

图 83 朱世慧（中）带领湖北省京剧院青年演员参加中央电视台戏曲频道《角儿来了》节目

图 84 朱世慧（中）携 8 位徒弟参加中央电视台戏曲频道《角儿来了》节目

排外思想。

在与演员们的交心交流中，朱世慧总是会谈到"不要带有个人过重的名利观念来从事艺术工作"。"不想当将军的士兵不是好士兵，不想成角儿的演员不是好演

图85 朱世慧带领党员宣誓

员。戏曲演员的成长成才一定是一个很艰难的过程，需要付出全部的努力，在这个过程中，适当的雄心可以激发向上的斗志，但急功近利的欲望却一定会影响艺术的发展。追求艺术，还是要保有一颗纯粹之心，才能达到真正的艺术顶峰。"他希望全院的演职员可以充分发扬"一颗菜"的精神。"京剧是个综合性极强的艺术。我要完成《徐九经升官记》演出，我需要有好的配角：李倩娘、侯爷、王爷等，还需要再下面的次配角，包括李小二，司务甲、乙等。还要包括一批群众角色，还有乐队，还有后台的服装、舞美。想要这部戏最终得到完美呈现，必须所有的人团结起来，劲往一处使，不分主次，严密配合地演好一台戏。绝不是我朱世慧一个人就可以完成的。"因此，当院长以后的朱世慧始终强调的就是

图86 湖北省京剧院《徐九经升官记》彩排现场

"团结"二字,在与年轻演员交谈时,他也希望他们可以拥有一颗包容、团结之心,"当大角儿的人,他必须要有一颗包容之心,要能团结周围的人,这样人家才愿意像一颗菜一样好好包着他。任何一个垮台的院团,都是因为搞不好内部团结,大家各演各的,互相挑毛病。剧院好不容易花了半年、一年排的戏,几句话就互相否定了,这是最不愿意看到的。"

在朱世慧看来,任何一出戏,都是一个完整的艺术,需要有整体的审美和统筹。所谓"一台无二戏",一台戏的演出,包括表演、音乐伴奏、舞台美术、角色装扮,都要遵循揭示剧本的主题思想和全剧的艺术设计。要互相配合,彼此补台,

图87 朱世慧在关于加强文艺工作者教育管理和道德建设讨论会上讲话

不论戏的主人公还是配角,都要维护全剧表演的完整性和统一性,对表演的尺度进行控制,使表演的火候与整体演出需要相适应。"一出戏一定是一个完整的艺术,有的时候演员之间难免有攀比,这出戏他多唱了一段,我也要唱一段,或者我站一个突出的位置,让观众注意到我,这个地方我想要台下叫好,我多耍个技巧。我永远记得我在戏校的时候老师对我的教导,技巧是为人物、为戏服务的。有的时候,恰到好处,比画蛇添足要好。一出戏也并不是只有主角才需要发挥,实际上所有角色都演好了才能把整个戏给托举起来,配角演得好,对主角的人物也是个烘托,所谓强强联合。"这些观念,朱世慧自己是这么想这么做的,也在慢慢影响着剧院的其他人。

多年来,凡重大活动,湖北省京剧院都要做大会动员,讲清目的意义,使之成为广大职工的自觉行动。老艺术家提携后辈,慷慨传艺,有

成就的主演不浮躁，不骄纵，青年演员虚心求艺，甘当绿叶，剧院呈现和谐稳定的局面。艺术氛围好，求上进，爱人才，院风正，也就能留人。

朱世慧接任院长时，湖北省委书记曾与他谈话，希望他能培养出五个、十个朱世慧来。"我的理解是希望我可以培养出虽身在湖北，但在京剧界有影响、在全国叫得响的艺术人才。"可以说，朱世慧没有辜负领导的期望。担任院长的16年，朱世慧没有片刻放松，也终于让剧院的戏曲界新星将湖北省京剧院的名号唱响在全国！

狠抓剧目生产,剧院以戏立足

演了一辈子丑角的朱世慧,时时散发出一份天然的亲和力,为人随和,易于相处是全院上下的一致评价。"剧院里有人叫我'朱院长',我更愿意他们叫我先生。"舞台下的朱世慧,从不把自己当作一个名人、一位领导,他可以亲切地与你坐在地毯上聊天、玩闹。然而,一旦有演出,全院上下对他又生出一丝敬畏之心,朱世慧对艺术的执着、对细节的计较甚至到了常人难以忍受的地步。有时候,一出戏在排演时,光大幕拉开后,什么时候音乐进入,什么时候幻灯配合,就要来来回回好几次。"大

图 88 湖北省京剧院在京韵大舞台演出传统剧目《法门寺》

幕拉开、关上，说问题，再拉开，不行再关上重来。一个问题都不能放过，这点上我毫不留情。"朱世慧一脸认真严肃地说。

"一个院团凭什么立足？凭戏！京剧院团的宗旨，除了出人，就是出戏。你的戏如果不能被观众欢迎和认可，这个院团就没有存在的意义。"在这一点上，朱世慧非常清醒。为此，湖北省京剧院狠抓剧目创作生产，以按京剧的规律办事为原则，形成老戏老演、老戏新演、新创剧目三条腿走路的剧目生产政策。

老戏老演，就是结合培养人才，请名师，一对一、口传心授的教授传统剧目，侧重于传承、取"真经"，这样既培养了人才，又留下了剧目，通过剧目的演出使人才得以实践和提高，剧目得以传承。据粗略统计，仅2006年至2010年7月间，湖北省京剧院排练演出的传统折子戏就达109个、传统全本大戏42个，是剧院建院40年来剧目生产最多的五年。到朱世慧卸任院长时，剧院复排传统剧目达到近300出。以老戏老演的方式，剧院有效继承了京剧最为优秀的传统剧目和流派精华，打牢了演员基本功，扩充了青年演员的眼界与"肚囊"，丰富了他们塑造人物的表现手段，通过人才传承剧目，通过剧目彰显人才。同时，这么多新排和复排的传统剧目，也大大丰富了剧院的上演剧目，为京剧艺术巩固了一些老观众。

老戏新演，就是按照当代的审美意识、市场需求，整理改编传统剧目。湖北省京剧院2009年精心打造的新创剧目《赤壁之战》，就是以传统剧目《群英会·借东风·华容道》多折戏为基础创作而成，该剧在保持传统精华的同时，对人物场次安排做了新的处理，加快了戏剧节奏，增加了武戏与舞蹈，突出地表现了三国之争时的高超谋略和大气磅礴的争斗之势，使该剧具有更多看点，虽没有大制作，但演出仍受到观众的热烈欢迎。湖北省京剧院赴日本演出时，将该剧作为重要演出剧目之一，

在日连演20场，更是受到日本观众高度评价，认为演出非常精彩，诗化的语言，流畅的唱段，令人舍不得眨眼的武打争斗，使他们领略了京剧艺术的无穷魅力。不少观众说，"从今天起，我会喜欢上中国京剧"。

新创剧目就是在继承京剧传统的基础上，严肃、认真地致力于改革创新，创作新剧目。2006年，剧院创作排演了新编历史剧《曾侯乙》，该剧着重于文化内涵的开掘，着重于人物性格的塑造，发挥了京剧特有的表演手段和技巧，将京剧艺术与楚文化浓郁色彩糅合在一起，形成独特的艺术风格。该剧除在武汉演出外，还先后赴北京参加湖北文化周的演出，北京观众认为该剧新颖别致，不但朱世慧、张慧芳这样的"角儿"演得好，其浓郁的楚文化特征，也使他们领略了楚文化的魅力。在诸次演出中，《曾侯乙》的表现均十分可喜，参加第8届中国艺术节展演一票难求；赴编钟的出土地湖北随州演出轰动该市；赴深圳演出"京腔楚韵喝醉市民"，在深圳大剧院连演两场，场场座无虚席，"新颖的剧情，简单而华丽的舞美，精湛的演技赢得全场的热烈掌声"；参加第5届中国京剧艺术节，荣获新编历史剧二等奖，主演朱世慧获特别荣誉表演奖。2009年，剧院创作排演了由著名编剧张烈、著名导演谢平安、著名作曲谢振强和著名舞美设计师田少鹏为主创的现代京剧《1950——初定成都》，该剧参加湖北省第9届楚天文华奖全省会演，一举获得主演一等奖两项、主演二等奖两项、三等奖一项、舞美设计一等奖一项，得到了专家和观众的充分赞扬，在全省此次会演中荣登榜首。2011年，剧院又创作演出了大型原创京剧《建安轶事》，在第6届中国京剧艺术节上一举荣获一等奖第一名。在第10届中国艺术节、第14届文华奖颁奖典礼上，《建安轶事》最终不负众望摘得文华大奖及优秀表演奖（万晓慧）、文华剧作奖、文华音乐创作奖等三个单项奖。这也是湖北省京剧院继《法门众生相》之后第二次捧得文华大奖，标志着湖北省京剧院在新的时期，

图 89　朱世慧（中）与京剧电影《建安轶事》演职人员合影

图 90　庆祝中国共产党成立 100 周年舞台艺术创作工程重点扶持项目《徐九经升官记》验收工作会现场

创作的又一新高峰。专家评价此剧，"很完整、很成熟、很流畅、水准很高"。此外，《建安轶事》入选 2011—2012 年度国家舞台艺术精品工程重点资助剧目。这是继《膏药章》之后，湖北省京剧院第二次获此殊荣。2021 年，《建安轶事》被拍成了京剧电影。此外，2017 年湖北省京剧院还创作了现代反腐题材京剧《在路上》，该剧与《徐九经升官记》

一道作为原创京剧入选文化和旅游部"庆祝中国共产党成立100周年舞台艺术精品创作工程"之"百年百部"传统精品复排计划重点扶持作品。

老戏老演是取"真经",传承京剧,打基础;老戏新演、新创剧目是继承传统、改革创新。根据不同的需求和剧目特点,湖北省京剧院剧目生产也采取以下三种不同的生产方式。

一是,创作剧目采取导演负责制,剧院研究并采购剧本,对有基础的剧本组织专家论证,确定创作排练计划,以导演为中心确定编创人员,进行二度创作并立于舞台,演出后广泛听取意见并组织专家座谈,提出修改意见,精打细磨,在不断的演出中逐渐完善。

二是,演出剧目的排练与演出采取行政负责制,由演出部门根据市场需求制订排练计划,组织剧目生产。

三是,优秀传统剧目的传承采取专家负责制,由剧院根据人才培养需要,聘请全国各地的著名京剧表演艺术家来院授艺。每完成一个剧目,都要通过演出,接受剧院和观众的审核,此类排练由聘请的专家负责。

如此有针对性的剧目生产模式,可以看出剧院的领导者朱世慧确实是一位"懂"京剧的行家。

开拓演出市场，助力国粹传播

作为湖北省京剧院的掌门人，朱世慧对京剧怀有一份责任。如何开拓京剧的演出市场，不仅是湖北省京剧院作为一个院团亟待努力解决的问题，也是助力国粹京剧更好地传播推广需要思考的问题。"京剧被公认为是国粹，中华文化的代表，其发展雅俗共赏，风靡全国，有过辉煌的历史，然而进入当代，随着改革开放，艺术门类增多，人民大众有了更多的选择，观众大量流失，市场萎缩，这已是不争的事实。这就要求我们根据市场需要生产更多更好的京剧剧目，增强自身竞争能力；要求我们主动出击，开拓市场，培养市场，扩大京剧的影响，在弘扬优秀传统文化，振兴京剧，推动文化的大发展大繁荣方面做出自己的贡献。"朱世慧如是说。

一、培养观众，眼光要长远

1984年12月3日，武汉大学中文系的告示栏前拥挤着人群，大家都在争看刚贴出来的两张海报：一张是影剧院的，预告当晚将放映由日本著名喜剧演员渥美清主演的影片《寅次郎的故事》。海报上那个眯眼、塌鼻、略露微笑的寅次郎形象，散发着令人陶醉的魅力。另外一张是本校新近成立的"大学生戏曲爱好者协会"贴出的,也是预告当晚的活动。他们将邀请该会顾问、湖北省京剧团优秀演员朱世慧来校做《如何欣赏京剧艺术》的报告。海报上那个斜肩、歪脸、瞪着双迷茫之眼的徐九经形象,给人十分亲切的感觉。这两张并列的海报,简直是中日两国喜剧演员在比武打擂。其实,在观看海报的人的心里,还在琢磨当晚电视里的一场精彩球赛,亚太区预选伊朗队对中国队。在这样的情况下,连戏曲爱好者协会的组织者们心里也有点打鼓。会有多少人来看京剧艺术讲座呢?

图 91 朱世慧教孩子们表演京剧

然而,等到朱世慧六点半来到武汉大学时,却收到了这样的通知:"朱老师,对不起,您的讲座时间要稍稍往后推一下。""为什么?"朱世慧不解。"因为想听您讲课的同学太多了,小教室坐不下,我们需要去换一个教室。"负责联系教室的协会会长正在积极为朱世慧重新申请一个大的阶梯教室。

图 92 朱世慧在部队宣传京剧艺术

这堂讲座给朱世慧留下了极为深刻的印象,大大的阶梯教室里,坐满了兴奋的大学生们,甚至连教室的窗台边上都密密麻麻站满了人。有的学生把笔记

图 93 在"京剧进校园"三峡大学专场演出上,朱世慧向大学生介绍京剧艺术

本靠在窗玻璃上做着记录。朱世慧面前的讲台上，摆满了学生们带来的大大小小的录音设备。一张张青春洋溢又充满着求知欲望的脸让朱世慧既激动又感慨："那一下子给我的印象，京剧在大学校园里是有市场的，学生阵地一定要站住！"

当上湖北省京剧院院长以后，"弘扬国粹·大学之旅"京剧艺术走进校园活动成为朱世慧培养年轻观众的重要抓手。"最近十几年，我和湖北省京剧院的同事一直力推戏曲进校园。这一方面是响应中央提倡京剧走进小学、走进中学、走进大学的号召，一方面也是源自我自己的戏曲之路。我自己出生在戏曲大省湖北，父母都是票友，从小便沉浸在京剧、汉剧中。与很多人一样，我与戏曲结缘由看戏开始，听得多了便渐渐喜欢上了锣鼓响，迷上了京剧的腔调。后来成了学校的文艺积极分子，逐渐走上了戏曲这条路。舞台实践这么多年，我的体会是，京剧的眼光一定要放远。京剧的观众正在老龄化，站在舞台上看，看戏的人是白发比黑发多。这是所有京剧人的隐痛。从我担任湖北省京剧院院长开始，

图 94 在"戏曲进校园"活动中，朱世慧接受中央电视台记者采访

我们力推戏曲进校园,沿着我喜欢京剧的这条路子,从娃娃抓起。"

朱世慧要求京剧院的每一个同志都必须从思想上高度重视"送戏进校园"这件事。"我在院里开大会、中层干部会,我都会反复强调:培养一个观众,如同培养一个演员。一个观众他的热爱是可以影响身边一大片人的。一代代的戏曲演员在台上演出,是需要一代代的观众走进剧场给予支持的。"

思想上的重视,必然带来行动上的努力。在湖北省京剧院,"送戏进校园"绝不是为了完成一个任务,而是把它当成与自身休戚相关的一项事业,以等同于培养一个演员一样的大力气来培养青年京剧观众。在剧目的选择上,朱世慧往往会反复斟酌,选择具有京剧特色的优秀剧目。"很多人认为学生也不懂戏,随便演演热闹一下就可以了。这是绝对错误的。相反,我们必须以高质量的戏去吸引他们入门,要比向普通观众、成人观众演出还要重视,还要卖力,才可能真正展现出京剧的魅力,让孩子们产生进一步了解京剧的兴趣,而不是在一开始就败了他们的胃

图 95 在"戏曲进校园"活动中,朱世慧示范京剧行当

口。"从剧目选择到演员配置，朱世慧都秉持高质量、高标准的要求。湖北省京剧院的进校园演出都是派出最好的演员，表演最拿手的剧目，并且文戏武戏、传统戏现代戏相互搭配。"拿出你的真本事来，才能吸引年轻的学子们。"

图96 在"戏曲进校园"活动中，朱世慧向学生们普及京剧知识

除了演出以外，在"戏曲进校园"的活动中，朱世慧还会安排导赏环节。他经常亲自做导赏，给学生们介绍如何欣赏京剧，目的是拉近学生们与京剧的距离。在导赏中，他绝不追求高深，而是尽力以有意思的切入点巧妙地把京剧知识融入讲座中。比如，很多学校为了欢迎京剧院演出，经常会挂"欢迎高雅艺术进校园"的横幅，朱世慧就从这横幅讲起。"其实，我们无须把京剧称作高雅艺术，京剧本来就是雅俗共赏的。过去，不论你是达官贵人还是平头百姓，都在戏园子里欣赏同一个动作，同一段唱腔，为同一个唱段叫好。京剧从来不是专门为某一个阶层或者某一类人群服务的。京剧的确博大精深，但说到底，它就是一门来源于生活的艺术，是将生活典范化的艺术形式。以我自己为例，我虽然是京剧演员出身，但我演过电影、电视剧，参加过晚会，也说过相声，我从来不觉得京剧表演和其他表演形式，和这个时代是隔绝的。"

一开始，人们对戏曲进校园的想法有些偏差，认为戏曲是边缘化的艺术，连学校的老师多多少少都有些排斥，不太愿意接受京剧院到校演出。"学生们不太爱看吧，学生们不会喜欢的吧。"他们常常以这样的理由拒绝。于是，朱世慧就放低门槛，不讲条件，送上门演出。通过在演

出前的宣传和演出中深入浅出的讲解，学生们慢慢了解并知道了如何鉴赏京剧艺术，而演出中的互动，则提高了他们的兴趣，使他们从陌生、排斥到接受并喜爱京剧。

"我们走到哪所大学，就把京剧艺术热闹到哪所大学。"几年来，湖北省京剧院联合湖北省文化厅开展"弘扬国粹·大学之旅""携手国粹·相约剧场"大型系列活动，相继与武汉大学、华中科技大学、华中农业大学、华中师范大学、武汉理工大学江汉大学、湖北大学、武汉工程大学、第二炮兵指挥学院、武汉音乐学院、湖北美术学院、中国地质大学、中南财经政法大学、武汉商学院、武汉纺织大学、湖北经济学院、武汉船舶职业技术学院、武汉枫叶国际学校等各类学校联合开展形式多样的演出活动，并将进校园演出扩大至省内高校，在宜昌三峡大学、黄石湖北师范学院开展京剧知识讲座及表演，进一步在省内高校中普及国粹艺术。2017年，剧院推进"戏曲进校园"全覆盖活动，通过京剧传统折子戏专场演出、普及京剧知识专场讲座、院校合作演出、相约剧场等形式将国粹带进了水果湖第二中学、水果湖高级中学、水果湖一小等中小学校。2018年，一批优秀演员和优秀剧目走进武昌区机关幼儿园、广埠屯小学、中国地质大学、中南民族大学、黄石理工学院、武汉晴川学院等大中小学。通过参观图片展、观看日常排练、观摩演员化妆、欣赏演出等丰富多彩的活动，力推以高质量的演出态势进一步推进国粹艺术在学生群体中的普及。剧院每逢双休演出，都会向各大院校推广演出信息，制作精美宣传海报发布在公众号里，并对各大院校的学子们提供福利，凭学生证免费赠票观看演出，让更多院校的师生近距离接触京剧，喜欢京剧。事实证明，京剧进校园与大学生亲密接触，是普及京剧艺术，培养和发展新观众的成功实践。

"现在有越来越多的年轻观众喜欢京剧，我演《徐九经升官记》时，

图97 朱世慧指导水果湖二中学生"耍枪花"

图98 在"戏曲进校园"活动中,朱世慧为学生们讲解京剧花旦艺术

看到台下黑头发的观众渐渐多起来,很多到后台来找我签名、合影的也都是青年大学生。我感到很兴奋,这说明我们的进校园活动取得了成效。我们要抓住机会,让更多的年轻人看到好戏,欣赏到纯粹的传统艺术。我们不能为了名利丢掉传统艺术这块阵地。"朱世慧说得坚定而真诚。

二、推广京剧需要有自己的"阵地"

湖北省京剧院拥有京韵大舞台大、小两个剧场。朱世慧认为,京剧院团不应因为短期利益随便放弃自己的剧场,这是最为便捷有效的宣传阵地。

长期以来,湖北省京剧院以本院京韵大舞台大、小剧场为基地,只要剧院没有外地演出活动,都会坚持双休日演出。剧院联手湖北《楚天都市报》,联合打造"楚天京韵坊"双休日演出品牌,通过媒体的宣传和包装不断扩大其影响。双休日演出不仅使青年演员有了用武之地,得以实践、锻炼成长并逐渐被广大戏迷熟悉和喜爱。双休日的演出也为京剧培养了一大批戏迷,经过多年的努力,固定的时间、固定的场所,逐渐为武汉市京剧戏迷提供了一个固定的欣赏京剧的演出空间，形成了双休日演出市场，平均每年这儿的演出可达 40 多场。长期的坚持下，双休日演出的观众从近处辐射到远处，老戏迷品头论足，过足戏瘾，青年观众也因好奇接触京剧，逐步发展成京剧戏迷。双休日演出已成为湖北省京剧院"弘扬国粹、培育市场、丰富市民文化生活"的重要舞台。

京剧票社一般是业余京剧爱好者、票友聚会在一起学练京剧的场所，是京剧传播的另一块重要"阵地"。为了传播京剧，更好地推广和普及京剧，加强与京剧爱好者的联系，朱世慧当院长期间，湖北省京剧院首创在专业院团中成立了湖北中天京剧票社，剧院派出专业人员辅导、协助票社定期组织活动。通过学唱、演唱竞赛、票友交流等多种形式切磋京剧。票社开办以来受到分布武汉市乃至湖北各票社的热烈欢迎，也吸收了更多的群体关注京剧，参与京剧的普及和发展，甚至连香港声名显赫

图 99 《赵氏孤儿》演出结束后，朱世慧向授课老师安云武（左二）、主演沈红（左三）表示祝贺

图 100 湖北省京剧院演出《群·借·华》，朱世慧饰蒋干

的票社也提出和剧院票社联合行动。票社与香港振兴京剧票房举行联谊活动，赴长江三峡及香港互动交流演出。在票社成立一周年庆典演出活动中，日本京剧票友、香港振兴京剧票房纷纷前来参加庆祝演出，湖北省各级领导与省市各票房、京剧爱好者700余人观看了演出。在中央电视台举办的京剧票友大赛中，剧院票社有5名个人社员和1名团体社员进入决赛，成绩斐然，进一步扩大了京剧在湖北的影响力。

三、讲好"中国故事"，让国粹"走出去"

大力推动京剧艺术"走出去"，不断扩大中华文化的国际影响力和竞争力，也是朱世慧作为湖北省京剧院院长任职期间给自己赋予的一项重要职责。"在地球上任何一个国家，只要有华人的地方，就能听到京胡响。京剧的艺术风格在全世界得到广泛认可，这正是我们文化自信的体现。"朱世慧自豪地说。

2009年9月，剧院携创作剧目《徐九经升官记》与国家京剧院、北京京剧院、上海京剧院等国家重点京剧院团一起参加了在日本举行的"东京中国京剧艺术节"；2010年，又两次赴日本，带去新编历史剧《赤壁之战》《秋江》《天蓬元帅猪八戒》《擂鼓战金山》等短小精悍的折子戏，在日本东京、福冈、横滨、京都、福岛、北海道等18个城市演出20多场，

其中有14场更是深入日本的大学和中学演出。

2014年，剧院赴俄罗斯参加"荆楚风·中俄情"——湖北文化走进俄罗斯系列文化交流活动。湖北省京剧院演出的京剧专场作为第一炮的重头戏在格林卡音乐博物馆、莫斯科中国文化交流中心、普希金造型艺术博物馆连演三场。当地多家媒体高度关注，著名电视节目主持人现场采访报道。

2016年，剧院赴韩国首尔参加"荆楚文化走韩国"活动，分别在群山市、议政府市、首尔市演出5场；应墨尔本中国戏剧节组委会邀请，赴澳大利亚参加第8届墨尔本中国戏剧节；应邀赴英国参加爱丁堡艺术节之中华文化艺术节，朱世慧在中华文化艺术节专题演讲中讲述了中国京剧的发展脉络、艺术特色和表现形式。《英国华商报》对此次活动进行了报道；在澳门粤华中学举行了一场京剧知识导赏讲座，朱世慧为中学生们介绍了京剧的起源和形成，普及了京剧表演知识；参加"荆楚风·中埃情·湖北文化走埃及"的首场活动，并受文化部委派代表中国参加中智文化交流年巡演。

图101 2016年湖北省京剧院赴韩国首尔演出

2017年，剧院赴波兰参加"欢乐春节·波兰行"巡回演出，表演经典折子戏《三岔口》《游街》《天女散花》《大闹天宫》，将中国京剧艺术送到波兰弗罗茨瓦夫孔子大学、克拉科夫雅盖隆大学、Kopalnia Guido 煤矿娱乐中心等地，受到热烈欢迎；赴香港参加"2017迎接香港回归20周年京剧专场"演出；赴新加坡参加"艺满中秋"演出活动。将传统剧目《群·借·华》《秦香莲》《乌龙院》、原创剧目《徐九经升官记》等优秀剧目带到国外，采用展览、讲解、表演相结合的方式，全面展现真实、立体的中华国粹文化。

图102　2016年在澳大利亚演出期间，朱世慧与小戏迷合影

图103　2016年在英国爱丁堡，朱世慧接受媒体采访

图104　2016年在澳门"京剧导赏知识讲座"上，朱世慧向观众讲解京剧生行知识

图105 2017年湖北省京剧院全体演职人员与波兰参议院副议长Adam Bielan（后排右十）及中国驻波兰大使徐坚（后排右八）合影

图106 2018年澳门演出结束后，戏迷观众上台与演员合影（后排左三朱世慧）　　图107 2018年朱世慧在柏林讲座

2018年，剧院受邀派出100余人演出团，赴澳门、香港参加由中央电视台戏曲频道组织的"2018 CCTV空中剧院港澳行"活动。湖北京剧院成为继京、津、沪京剧院团后，首个将京剧专场演出以空中剧院节目录制形式走进港澳的院团；为纪念中日和平友好条约缔结40周年，由朱世慧带队的访日巡演团历时18天，到访东京、名古屋、大阪三座城市，献艺15场，将创作改编的京剧《楚汉春秋》带给日本观众，这也是湖北省京剧院第七次赴日巡演；同年，赴美国参加文化部重大文化交流品牌项目"欢乐春节"巡演交流活动，带去经典折子戏《战马超》《双阳公主》《壮别》《泗州城》《三岔口》；赴德国、匈牙利参加省部合作项

目"天涯共此时——中秋庆典"系列演出交流活动,通过讲座、服饰和乐器展览的形式,与当地华侨华人共度美好节日,让各国观众了解和喜爱中国的京剧艺术,同时也展现了荆楚文化软实力。

多年来,朱世慧带领湖北省京剧院走遍全球五大洲,每到一处都备受追捧。

他在国外创造性地将演员的化妆室、服装室搬到演出大厅,让外国观众在等待演出时可以欣赏到京剧演员们如何画京剧脸谱,如何着装。"我们有自信,让世界看到国粹之美,惊艳于中国的传统艺术。"

做了16年的院长,朱世慧将湖北省京剧院办得有声有色!最令他感到欣慰的是,2004年,湖北省京剧院被文化部评为"国家重点京剧院团",2008年又被国务院评为"国家级非物质文化遗产(京剧)"保护单位,在全国京剧院团中排名第五。而湖北省已与京津沪三地齐名,成为全国京剧艺术的第一方阵。

"实际上总结我这一生,我主要做了两件事情:一个就是在舞台上,我为京剧的丑行艺术做出了自己的努力。其二就是我作为一个京剧艺术院团的管理者,为京剧艺术的发展做了一点力所能及的实事。这两件事情都没有离开京剧。如果大家对我有个评价:朱世慧在适当的时候做了一点儿适当的事情,我就满意了。"朱世慧感触颇深地说。

图108 朱世慧与体验京剧脸谱艺术的波兰孩子

对于当代的京剧工作者，朱世慧也有一些自己的希望："我觉得放在我们京剧工作者面前、亟需完成的事还有很多。如何守好京剧艺术这块宝地，如何在守正的基础上创新，如何继续吸引培养人才，等等，诸多方面有许多事情需要当代的京剧工作者扎扎实实、一步一个脚印地干。对于一门已经传承了数百年的艺术，京剧当然也有危机，但我相信国粹艺术会越来越好，我有坚定的信心。"

第五章
政协建言：为京剧呐喊

朱世慧从 2003 年开始担任全国政协委员整整 15 个年头。他是全国政协第十、十一、十二届委员。多年来，朱世慧秉持极为认真努力的态度，不仅在京剧丑行艺术的继承和发展上取得了不少成果，而且作为政协委员，心系祖国、心念人民，多年以来以团结和民主的精神，履行政治协商、民主监督和参政议政的职责。他时刻提醒自己，以一个合格的政协委员的标准来要求自己，坚持勤学习思考，多倾听考察，重建言献策。朱世慧说："当政协委员不能图虚名，要做工作，要不就甭当政协委员。"对于他，这样要求自己不是一件容易的事。每年要承担剧团的 100 多场演出任务，还要参加中央、省、市的大型文艺活动。在繁忙的演出间歇，他没有忘记履行自己的委员职责，注意了解社情、体察民意，认认真真地写好委员提案。从担任第十届政协委员开始，朱世慧就积极履行着一个政协委员的义务，自觉担当起政协委员的职责，服务科学发展、关注民众民生、体察民情民愿、反映社情民意。每年，他都要撰写本年度提案。15 年来，共提交提案 40 件，提案内容涉及戏曲人才培养、戏曲院团发展、城市文化设施建设、食品安全、保护和支持非物质文化遗产等多个方面。

关于如何提高委员提案的质量和议政的水平，朱世慧认为，委员除了要了解情况，注意加强学习，提高政策水平；还要注意拓宽思路，尽可能寻求提案的改进与联系，在递交提案前争取与意见差不多的委员在一起集思广益，使提案更有说服力。

2007 年，朱世慧作为湖北省文艺界唯一的出席者参加了中国共产党第十七次全国代表大会，他也是全国京剧界与会的两名代表之一。在全会分组讨论会上,时任中共中央总书记、国家主席胡锦涛亲自听取了他长达 16 分钟的小组发言。作为湖北省京剧院院长,朱世慧尤其立足于本职工作,为保护和传承京剧艺术、京剧院团发展和建设戏曲人才队伍提出了很多宝贵建议。

注重戏曲人才培养，让经典久演不衰

作为一院之长，"出人出戏"始终是朱世慧最为关心的问题。他曾以严谨务实的态度，根据自己平日工作实践和个人思考，撰写了多个提案，就戏曲人才培养问题建言献策。

在《关于完善戏曲人才培养 人才进出机制的提案》中，他写道：

> 中国戏曲发展的历史，也是一部戏曲人才培养实践的历史，一代又一代戏曲人以中国人的精神智慧对人的身体潜能和艺术潜能进行坚韧开发，创造出为世界所折服的戏曲艺术。不同于其他舞台艺术，中国传统戏曲人才的培养方式极具特色。
>
> 随着经济全球化的影响，文化多样性、文化多元化的影响，中国戏曲的式微和衰落成为一个不争的事实。戏曲人才也出现了匮乏。政府要从弘扬和培养民族精神出发，完善戏曲人才培养、人才进出机制，着力解决戏曲院团人才梯队结构问题。针对新时期戏曲艺术保护发展、戏曲人才培养面临的新问题、新情况，应采取特殊的专门政策。
>
> 首先，按照文件提出的"健全学校教育与戏曲艺术表演团体传习相结合的人才培养体系"的总体目标以及"建立院校教师与院团骨干双向交流机制"的要求，支持有条件的地方通过定向委托培养等方式或实施"校、团联合办学""团、校一体化""以团代训"或"团、校联合培养师资"，鼓励已划转为研究类或传承保护类机构专

业人员参与学校教育特别是基础教育实践教学，为戏曲基础教育培养更多合格师资、发挥"双师传授"的优势创造条件。

其次，建立与普通事业单位相区别的符合戏曲行业、专业和岗位特点的公开招聘考试机制，对急缺的专业技术人员，可适用人社部《关于进一步规范事业单位公开招聘工作的通知》中的有关招聘紧缺人才的规定，采取直接考核的方式招聘；对武戏演员，学历要求可放宽至中等职业教育；建立引进高级专业人才的长效机制，将戏曲类人才有条件地纳入地方引进人才的重点行业范围，通过提供安家补助费、岗位津贴等激励措施，促进高水平人才向有需求院团流动。

再次，畅通人才出口，完善演员转调机制，鼓励由于年龄、健康等原因已不能胜任演出或适合参与实践教学的演员转向研究教学、传习培训、群文阵地以及政府购买的公益服务项目等领域；转调从事实践教学的，学历、专业要求可适当放宽；转入民营剧团或业余文艺团体的，财政给予项目引导和资金扶持等方面的支持。

鉴于戏曲文化在中国民众中的影响和社会各方面的独特作用和地位，新中国成立以来，党和国家及各级政府特别重视戏曲艺术的继承和发展、戏曲剧团管理、戏曲人才队伍建设等工作。希望通过以上几点措施，完善人才培养、人才进出机制，为戏曲发展提供继往开来的人才保障。

面对青年戏曲演员的生存发展，朱世慧总能站在他们的角度，设身处地思考问题。在《关于提高青年戏曲演员待遇的提案》中，他指出"戏曲经历了数代人的传承，才能走到今天，但是现在各剧种正在逐渐缩小减少，各戏曲院校招生的生员已产生危机"。他看到目前部分青年戏曲

演员的待遇现状:"在什么都讲究经济效益的今天,戏曲演员的工资普遍偏低,特别是青年戏曲演员的待遇,更是低得不可想象,演出一场戏只有可怜的几十元,仅靠这点微薄的工资,他们根本无法养活自己。所以,目前戏曲界青年人才流失比较严重,特别是一些地方剧种,青年演员更是越来越少。还有一些戏曲武戏演员,年轻的时候都是剧团的骨干力量,但由于武戏演员容易受伤,有些演员到了30多岁就已是全身的伤病,无法再从事武戏的工作,只能转行,艺术生涯非常短暂。武戏这个行当的危险性很高,待遇又很低,导致现如今无人愿意从事武戏行当,高水平的武戏演员奇缺,高水平的武戏技巧更是少见,极大地影响了舞台的呈现力,现在的一台武戏要演好,演出彩都很难了。"最后,他大力呼吁:"民族传统的东西需要保留,戏曲的传承靠什么?就靠人一代代的传下去。青年戏曲演员,他们需要生存,如果解决不了他们的基本生活问题,想要留住人才,继续弘扬民族艺术绝对是一句空话,口号而已。有了好的生存环境,他们才可能安心地继续发扬研究传统艺术的精髓。为了更好地贯彻落实会议精神,'弘扬国粹艺术,保留传统文化'不应该只是一个口号,更应该拿出实际行动来。所以,我建议提高青年戏曲演员的待遇。只有提高了他们的待遇,才能够让他们的生活后顾无忧,让他们这群守着民族文化而吃饭难的群体有个良好的生存状态,才能让他们安心地从事戏曲这个行业,扛起传承戏曲事业的旗帜,认真学习并刻苦钻研,完好地将戏曲这个事业一代代传承下去,让戏曲事业真正能够后继有人,为戏曲事业的发展和传承做出他们的贡献。"

如何给予青年演员快速成长的平台和机遇,一直以来也是朱世慧非常重视和关注的问题。2021年,面对"青京赛"可能停办一事,朱世慧专门写有提案,力述此类赛事对青年演员发展的重要助推作用:

CCTV全国青年京剧演员电视大赛，简称"青京赛"。青京赛是经由中共中央宣传部、国家文化部、国家广电总局等主管部门批准，中央电视台主办的国内京剧大型赛事，在业内具有高度权威性、广泛传播性和专业指导性等特点。多年来，在党中央的号召下，为了弘扬民族文化，振兴京剧事业，青京赛已经成功举办七届。青京赛经过多年的实践和不断创新，已成为弘扬民族艺术、振兴京剧事业、发掘和推出京剧人才、引领和推动中国京剧事业繁荣发展的重要平台，极大满足了广大人民群众的艺术生活需求，为中国京剧界输送了众多优秀人才。青京赛历届的获奖选手许多现在都已经成为中国京剧舞台的领军人物。

正如每四年举办一届的奥运会一样，CCTV青京赛也成为中国京剧界的"奥运会"，成为青年演员期待的四年一度的盛会。不少青年京剧演员为之努力，为之奋斗，就像我们的运动员一样，期待在这样一场盛事上展示自己的实力，为金奖、银奖的争夺去拼搏、去努力。然而，今年这个赛事停止举办了，我感到非常遗憾。

这一赛事的停办，对于青年演员来说，不是一件好事。一方面，抹杀了他们展示的机会，破灭了他们等待，促使他们奋斗的动力没有了；另一方面，在青年演员职称评聘的时候，需要全国性奖项，然而这样的赛事不举办、不设奖，这对青年演员的发展也是不利的。

戏曲演员一般是在年轻的时候出成果，无论是唱念做打，还是手眼身法步，都对年龄有着较高的要求，青年演员在这个阶段最容易出成果。在年轻的时候获得肯定和褒奖，才能激发他们的发展潜能。过去很多演员都是在青年时期得到认可，比如梅兰芳先生19岁就红遍全国，李万春先生13岁开始挑班唱主演，京剧的发展有着行业自身的特点，青年时期是最珍贵、最容易出成绩，也是最需要鼓励和认可的阶段。

中央电视台举办的青京赛、学京赛、票友大赛这三个京剧界的大赛,共同构成了中央电视台戏曲频道的文化品牌,对于京剧人才进入公众视野,对京剧艺术的普及起到了极大的推动作用,对京剧的宣传力度也是空前的。在国家大力提倡弘扬传统文化的时期,更要把这些优秀赛事继续坚持下来。

因此,我建议青京赛不应该停办,而是应该继续办下去。

加强交流合作 发挥重点院团领头羊作用

2004年，湖北省京剧院被文化部评为"国家重点京剧院团"。如何发挥重点剧院的资源优势，更好地传播交流推广精品剧目，在《关于全国重点京剧院团每年或每两年到各院团所在城市进行交流演出活动的提案》中，朱世慧做出了自己的思考。

每四年，文化部都会举办中国京剧艺术节，将全国各京剧院团创作的精品剧目集中评比，让广大观众欣赏到了这些优秀的艺术作品，并使各院团花大力气制作的精品剧目走向了市场，深入广大观众中间去。但是，四年一次的活动，远远满足不了各地戏迷观众的文化需求，全国各地演出市场很大，全国的观众对文化的需求更大，但苦于没有机会接触。其实各重点京剧院团也非常希望自己的创作作品不仅能在本地和北京演出，更希望能走向全国各大城市，送向农村，学校，基层单位，让广大老百姓能享受到更多更好的文化权益。

现在各京剧院团的创作剧目都有面临这样一个问题，院团花了高昂的费用创作出一台精品剧目，参加了某些比赛，得了奖，然后就束之高阁，很少演出，或者干脆不演了，现如今，已很难出现一

图 109 国家京剧院、湖北省京剧院结对共建签约仪式现场

台剧目演出几百场的盛况了，真正称得上精品的剧目是屈指可数。为什么？因为实践的机会太少，不能只在本地演，要走向全国，特别是边远的城市。以京剧为例，全国有 11 个重点京剧院团，但没有哪个院团能说，这几个重点院团所在城市他们都曾演出过，这不能不说是很遗憾的事情。京、津、沪的观众稍好，但其他地区的观众只有在本地举办京剧节等比赛，才能欣赏到一些创作剧目，平时根本就无法观看到这些优秀的精品剧目，那又如何促进京剧事业的发展呢？优秀的精品剧目是要通过多演出，多实践才能产生深远的影响，而不是自扫门前雪，只有大家抱成团，相互交流演出，学习，京剧事业才能有更大的发展，才能世代传承下去。

因此，我建议，由文化部牵头，并给予一定的资金资助，每年或每两年选定一个重点京剧院团所在的城市，轮流举行京剧优秀创作剧目的交流演出，将各院团每年创作的精品剧目集中展示，也让每个院团的优秀京剧演员们有一个展示的舞台，得到更大的锻炼，让全国各地，特别是边远城市的观众也能在现场欣赏到这些优秀的艺术作品，也使这些精品剧目得到更多的实践，从而深入群众中，产生深远的影响。这不仅是对各重点京剧院团起到一个宣传和推广的作用，也把这些国家重点京剧院团推向了一个领头羊的重要位置，必将更大地推动京剧事业的传承和发展，使国粹京剧在观众心中流传的不仅仅是那些前辈留下的优秀传统剧目，也让这些年创作的优秀精品剧目扎根到观众心中，并能一代代的流传下去，否则，京剧仅靠那些传统剧目支撑，仅在京、津、沪地区享有较多的观众群，迟早是要被全国其他观众所遗忘的。只有相互交流，推陈出新，让全国观众欣赏到更多更好的文艺作品，看到更优秀的艺术人才，国粹京剧才能吸引更多的观众，才能有更深厚的群众基础，才能够进一步地发扬光大。

以多种媒介扩大戏曲影响力

如何繁荣戏曲艺术市场,集众媒介之力尽可能扩大戏曲的宣传力度,从而使更多人接触到戏曲进而喜爱上戏曲,提高戏曲演出剧场的票房上座率,是朱世慧一直在思考的问题。针对这一问题,朱世慧多次提交相关提案,

图110 湖北卫视记者专访朱世慧

恳请各新闻媒体为推动民族戏曲走向市场鼎力支助,并恳请宣传主管部门多多鼓励、支持各大媒体有力推动剧目与演员的宣传力度,在媒体上扩大戏曲演出台前幕后的曝光率。

在《关于推动民族戏曲走向市场请媒体鼎力支助的提案》中,朱世慧写道:

纵观近些年来,媒体在歌曲、电影、电视剧等方面所起到的宣传、包装作用有利地起到了烘托、包装以至深入人心的宣传效果,这些效果直接关系到这些艺术门类的票房上座率和收视率,票房收入直线上升,文艺市场繁荣,展现了一派良性循环的社会影响,也

大大促进了这些艺术门类的发展和壮大，令人可喜。

然而，再回过头来看一下我国民族戏曲艺术的市场进展情况，实在令人深感前途不光明和令人寒碜。据我了解，不是这些艺术门类的工作者们不努力，不勤奋和不出新的作品，而媒体也不是不找上门来求宣传，但是苦于媒体宣传要价的门槛太高，动则几千、上万甚至几万元。作为这些戏曲院团何尝不知包装的重要性，何尝不知宣传所带来的社会效果，可是，这些戏曲团体（我指的是全国）都苦于这笔永不间断的费用资金从哪里而出，而实际根本就拿不出来！那么，带来的恶果可想而知，总是神不知鬼不觉的演，凄凄惨惨的收，长年的恶性循环结果就是门庭萧条，只落得个市场永不景气。而为了演出市场的有所改观，这些戏曲团体长年疲于奔命，为了市场繁荣而艰苦努力，但是宣传力度极为有限。

我的提案：恳请中央宣传部门以及全国宣传部门为民族艺术在一段相当长的时间里鼓励各大媒体免费或象征性的收取费用，或是定下各类戏曲团体所能够接受的价码，为戏曲团体的演出作好宣传、包装支持工作，比如演出刊登广告、排练期间有跟踪报道、演出有评论，我坚信再加上各戏曲院团的自身努力，戏曲艺术市场会在我国各地开拓一番新的局面，民族艺术将在我国文艺市场上开创一派繁荣的景象。

在《关于再次恳请各新闻媒体为推动民族戏曲走向市场加大宣传力度的提案》中，朱世慧以湖北一场文化惠民戏曲活动为例，再次指出了宣传对于打开戏曲演出市场的重要性：

提起流行音乐的"四大天王"，提起美国大片，可能是妇孺皆知，尽管票价很高,大家还是踊跃争看。但提起戏曲名家,提起"生旦净丑"许多人会显出茫然无知的神情。的确,影视明星、歌星的一举一动,往往会牵动各大媒体的神经,引起众多媒体的关注,甚至不惜大篇幅、大版面给予跟踪报导,而戏曲演员的辛勤排练和演出动态,却很少引起报刊、电视等媒体的关注,即使是获了大奖,可能也仅限于圈内人知道。这其中的一个重要的原因就是宣传不够。下面就此问题,仅举一例:

2009年12月18日至28日,一场前所未有的文化惠民、免费看戏的活动在湖北荆楚大地展开。虽然"免费"是吸引观众的一个重要因素,但是媒体所给予的大量及时的宣传也是显而易见的。此次惠民活动,为了方便观众看戏,各大报刊、电视等媒体都给予了系列报道,每天报刊会刊登演出剧目、演出时间和演员阵容,另外具体到可发票量数、领票电话等信息读者也能每天从报刊上查询。由于宣传到位,观众从四面八方涌来,清晨四点钟就有了不少想看

图111 朱世慧参加"东湖戏剧惠民演出周"活动

戏的观众来排队领票。每场演出都是座无虚席，甚至达到了一票难求的空前氛围。很多观众感叹：原来我们湖北还有这么好看的演出，还有这么设施完备漂亮的剧场，还有那么多好的演员。

对于此次惠民演出活动的成功，各新闻媒体起到了至关重要的作用。观众通过媒体知晓了演出讯息，了解了演出阵容，熟悉了各大剧场，知晓了本省、本市还有那么些好戏、好演员。的确，我们的传统文化，我们的民族戏曲是精粹，她不应该自言自语，她应该得到被众人关注，被世界关注，应该有更多的人来为之倾倒。作为戏曲工作者和新闻媒体工作者，我们有责任联手去弘扬、去振兴她，有责任让她生存繁衍下去，有责任让民族戏曲靓起来。

基于此，我再次恳请各新闻媒体为推动民族戏曲走向市场鼎力支助，恳请我们的宣传主管部门多多鼓励、支持各大媒体免费或象征性的收取宣传费用，辟专栏为各戏曲团体刊登演出讯息、排练跟踪报道、演出评论等等，强有力地推动剧目与演员的宣传力度，在媒体上扩大曝光的频率。如果有一天我们的民族艺术表演艺术家们的排练演出讯息能达到像宣传"四大天王"那样的力度，那么我想，我国的民族艺术演出市场一定会逐渐走向繁荣，走向良性循环的轨道，我们的民族艺术才会真正有个更美好的明天。

而在《关于各省级电视台增设戏曲频道的提案》中，朱世慧指出，除了观众走进剧场，或者剧团走进基层等多样的形式之外，戏曲的宣传更需要借助现代高科技电视媒体的支持：

现在，全国各省市级电视媒体对戏曲关注太少，宣传太少。因受经费限制，各省级电视台不得不考虑到经济效益和频道的收视率，

图 112 朱世慧在京韵大舞台接受采访

如今电视台,都被各种娱乐节目充斥,有的电视台甚至开设了专门的购物频道,都没有为戏曲留一个栏目。目前,全国只有中央电视台 11 频道的《戏曲频道》、河南电视台的《梨园春》、山西电视台的《走进大戏台》、甘肃电视台的《大戏台》、陕西电视台的《秦之声》和安徽电视台的《相约大戏楼》等省极少数电视台有戏曲频道,宣传力度太小太小,远远满足不了对戏曲宣传力度和广大戏迷观众的需求,这对于戏曲的发展和传承以及培育观众群是十分不利的。戏曲作为有着历史悠久及深厚群众基础和广大市场,并在世界上是独一无二的一种艺术门类,理应享受与其他文化门类同样的待遇,在全国各媒体电视频道中名正言顺占有一席之地,加大宣传,不断扩大其影响力,让人民群众享受更多更好,代表中华民族的文化权益。

党的十七届六中全会向全党明确提出了"增强国家文化软实力,弘扬中华文化,努力建设社会主义文化强国"的战略任务。因此,我建议在全国各省级电视台增设戏曲频道,因为电视媒体的受众面广,节目的播出可以让全国几亿人同时观看,戏曲通过电视媒体的广泛传播，宣传效果将是其他媒介不可比拟的。尤其请各地政府应予以高度重视，将增设戏曲频道作为一件大事来抓，戏曲频道更应由各地政府专门和大力扶持，划拨专项资金支持电视台运作，不能仅以收视率为考核目标，而以继承和弘扬民族优秀传统文化为己任，把文化发展状况作为评价各地贯彻落实科学发展观的重要内容，首先要建设精神高地，加强文化之"魂"的建设，不断巩固和壮大社会主义思想文化，这势必会对戏曲的发展和传承产生深远的影响和市场扩大。

附 录

附录一：弟子谈恩师

2009年，朱世慧当选为国家级非物质文化遗产项目代表性传承人。多年来，他有教无类，不光尽心竭力地传授自己的徒弟，还不辞辛苦为秦腔、豫剧等其他剧种的丑行演员倾囊相授。作为国家级非物质文化遗产项目代表性传承人，朱世慧认为艺无止境、学无止境，不仅在从艺的道路上如此，在传承的道路上更是如此。为抢救丑行、振兴丑行艺术，朱世慧不遗余力。2015年，他担任"国家艺术基金优秀保留剧目《徐九经升官记》人才培养班"导师；2016年入选"名家传戏当代戏曲名家收徒传艺"工程，担任导师；2018年成立首批戏曲名家工作室，充分发挥了戏曲名家的传帮带作用；2019年入选"中华优秀传统艺术传承发展计划"年度戏曲专项扶持项目。他还担任中国戏曲学院"全国京剧文丑中青年高端人才"研习班导师、客座教授，上海戏剧学院客座教授、中央戏剧学院客座教授和京剧专业名家名师教学顾问委员会委员，指导青年学子，为他们传道解惑。从2006年第一次收徒开始，朱世慧迄今共收9位弟子，他不仅教授徒弟们技艺，更是在艺术发展上为他们搭建平台。如今，他的徒弟们已经逐渐成为各自院团丑行演员的骨干力量，使得丑行艺术承传不止，薪火相继。朱世慧为戏曲丑行艺术的传承做出了重要的贡献。

师父是我的指路明灯

人物小传：金不换，豫剧丑角表演艺术家，国家一级演员。现任河南省鹤壁市豫剧牛派艺术研究院院长。中国戏剧家协会会员，中国戏剧表演学会理事，河南省剧协副主席，鹤壁市文联副主席。享受国务院津贴的专家。

他12岁从艺，自幼跟随著名丑角大师牛得草，得到牛派真传，后又拜京昆表演艺术家、教育家钮骠和京剧丑角表演艺术家朱世慧为师，吸取了京昆的表演艺术，形成了自己的丑角风格，被评为"中国豫剧当代第一丑"。

戏曲影视作品有《七品知县卖红薯》《憨憨公子扳倒爹》《法海禅师》《七品知县进道观》《草根秀才》等。代表剧目《七品芝麻官》《七品知县卖红薯》《卷席筒》《十八扯》《做文章》《伙夫县长》《石武举别传》《草根秀才》《宝贝》《徐九经还乡记》《三打金枝》《屠夫状元》、新编喜剧《借乌纱》，新编大型现代戏《大石岩》，等等。

中国戏剧梅花奖获得者、中国电影华表奖获得者、第28届上海白玉兰主角奖获得者，河南第10届、第11届、第12届人大代表，第13、14届全国人大代表，河南省劳动模范、河南优秀专家，河南鹤壁市第7届、第8届、第9届人大常委，河南省"五四奖章"获得者、河南省第9届戏剧大赛表演第一等奖、河南省第11届戏剧大赛表演一等奖、河南省"五个一工程奖"、"香玉杯"艺术奖获得者，河南省中青年大赛金奖得主、第3届中国豫剧节表演一等奖、"濮阳杯"第7届黄河戏剧节大赛表演一等奖、河南省第15届戏曲大赛表演一等奖。

朱世慧先生是京剧丑角表演艺术家、国家一级演员，京剧国家级非物质文化遗产代表性传承人、全国政协委员。他也是我的恩师，更是我艺术道路上的引路人和指路明灯。

我随豫剧牛派宗师牛得草恩师学艺时就常听朱世慧先生大名，牛先生每每谈起他们二人在1988年中央电视台春晚合作的《清官难断家务事》，总是难掩真情。在北京40余天的相处，彼此相互敬重，结下深厚友谊。一次偶然的机会，我从电视上看见朱老师的电影版《徐九经升官记》，他一招一式、一颦一笑尽显规范严谨，又不失诙谐幽默，真可谓"丑而不'丑'，丑中见美，美中取乐，乐中回味"，对朱老师的表演钦佩不已，一心想拜在他门下学习京昆技艺。

1999年，我以牛派看家大戏《七品芝麻官》进京参评17届中国戏剧梅花奖，朱先生凭借《法门众生相》参评二度梅花奖。（次年颁奖），我们双双如愿。同年，我向朱先生行拜师礼，自此虔心向恩师学习京昆丑角艺术。在先生的支持下，我创排出《徐九经还乡记》，属《徐九经升官记》的姊妹篇。剧情在原有故事的基础上有所发展延伸，讲述的是徐九经辞官回乡后面对老百姓受到的不公正待遇，他陷入了管还是不管的两难境地……最后，徐九经坚持初心，与贪官污吏斗智斗勇，表现出邪不压正的廉吏形象。后来该剧被中央电视台戏曲频道录制播出，受到观众的广泛好评。

我和先生也曾多次参加中央电视台春节戏曲晚会的录制，并有进一步的合作。如1999年央视春晚的群丑荟萃《考状元》，2000年的《戏迷招亲·绝技荟萃》，2017年的《群丑大拜年》等。每次合作先生都是当场说戏，给我和谈元师弟亲自规范舞台调度、念唱节奏等。记得他跟我们说："一身之戏在于脸，一脸之戏在于眼"，丑角演员的眼睛更要懂得如何去表达人物的思想，用会说话的"眼睛"准确无误地把剧中人物的所思所想传递给观众，如此才能算是一个合格的艺人。还说京剧丑行中四功的排序是说、做、唱、武，和豫剧的排序有所不同，叮嘱我们一定要咬字清晰、口齿伶俐，需要积年累月勤加练习才行。

为达到预期，他和导演商讨协调，不断改进，力求呈现最佳效果，对观众和自己都高度地负责任，这一点不服不行，也深深地感染了我日后的行为举止。后来在演出之余，我还专程到湖北省京剧院拜访过先生，恩师对我们特别好，盛情款待，畅聊艺术，好不快哉。恩师没有名人架子，平易近人，给人极强的亲和力。我很喜欢和先生待在一起探讨艺术，他也毫不保留，倾囊相授。我也曾多次邀请先生到鹤壁豫剧院指导工作，支持我们"芝麻官大舞台"的演出工作。和先生的种种经历，恍如昨日，与先生的点点滴滴，尽在心头。

2023年，恰逢豫剧牛派宗师牛得草先生诞辰90周年，我邀请央视《角儿来了》栏目组为牛先生举办了隆重的纪念活动，年逾古稀的朱老师和昆曲老艺术家林继凡两位老先生不辞辛苦莅临参加，同大家讲述了他们二位和众多丑角名家在1993年春晚舞台上合作的《群丑争春》中的点点滴滴。两位老前辈还现场发挥，给大家带来了精彩的表演，我由衷且万分感谢二位老前辈对牛派艺术的大力支持。

凡此种种，书不尽言……和先生的相识相知既是偶然也是必然！先生的人格魅力和艺术造诣深深地吸引着我，得遇良人乃人生伴侣所属；身为从业者，得遇先生，就如海上之灯塔，照亮我前行的方向，充满力量！

师父的教诲永铭我心

人物小传：谈元，国家一级演员，工丑行，第5届中国京剧优

秀青年演员研究生班研究生。现就职于湖北省京剧院。

师从张忠明、张咸良、刘习中、刘异龙、郑岩、张金梁、马增寿、寇春华、黄德华、孙正阳、王福民、石晓亮、萧润年、叶金森、吴建平、王梦云等。后拜著名京剧表演艺术家朱世慧、钮骠为师。常演剧目有《徐九经升官记》《游街》《连环套》《十五贯·访鼠测字》《双下山》《秋江》《连升店》《海舟过关》《小放牛》《老黄请医》《蒋干盗书》《审头刺汤》《起解》《铁弓缘》《失印救火》《战宛城·盗戟》《三打祝家庄》《清风亭》《法门众生相·太监的自白》《法门寺》《敬德装疯》等。

文化和旅游部全国戏曲表演领军人才、湖北省青年拔尖人才、湖北省首批舞台表演艺术青年英才、"荆楚百优"宣传思想文化青年人才。2019年、2021年两次登上中央电视台春节联欢晚会，2022年入选由中宣部、中国文联、中国戏剧家协会共同举办的"艺苑撷英"全国优秀青年艺术（戏曲武戏、丑戏）人才展演，领衔主演的新编历史京剧《优孟》入选第10届中国京剧艺术节。

曾荣获中央电视台第6届全国青年京剧演员电视大奖赛金奖、中国剧协第4届中国戏曲红梅花称号、中国戏曲红梅之星、湖北省第7届"屈原文艺奖"人才奖、第9届湖北戏剧牡丹花奖等。

我的师父朱世慧先生是德艺双馨的艺术家，为人谦和、低调。师父一生忠于京剧，忠于丑角，孜孜以求，毫无懈怠，为京剧丑角的发展和推广做出了卓越的贡献。在平时生活中，师父的言传身教也感染着我，激励着我，对我产生了深远的影响，使我终身受益！每当别人问起我"如何来评价你师父"的时候，善良、真诚、温暖、质朴、可爱……是我提到最多的词，我也一直觉得自己何其有幸能遇到师父这样的贵人。如果没有师父，我绝不可能有今天的成绩，师父改变了我的命运，改变了我的一生。师父不仅是我艺术道路上的启迪者，更是我职业生涯发展过程中的引路人。

自11岁学戏以来，我就非常崇拜朱世慧老师（因那时候还没拜师，所以还不能叫师父），我记得那时候只要剧院有朱老师的演出，我都会专门去观摩学习，拿个小本，随时记录下精彩的瞬间。时间一晃6年，我从艺校毕业后顺利进入湖北省京剧院工作，那时候想拜朱老师的想法就愈加强烈了，可一想，朱老师这样一位京剧大家，怎么可能会收我这样一个刚刚毕业才参加工作不久的小年轻呢？时间走到2005年中央电视台第5届全国青年京剧演员电视大奖赛决赛前的那段时间，我那时可谓喜忧参半，喜的是顺利入围决赛，忧的是没有主演的剧目参赛了，因为那时候会的戏实在是太少了。朱老师得知这一消息后，主动提出教我《徐九经升官记》"上任"一折，并且分文不收。我闻知此事，感动不已。这出戏是朱老师的代表作，也是经典名剧，"上任"一场又是丑角的核心场次，唱念做表都有展示之处。可在这么短的时间能不能胜任，我心里一点底都没有，师父不断地给我增强信心。记得那时候我院的新排练厅还没建成，临时排练厅在办公楼的顶楼，没有空调，只有几个大的壁扇在呼呼吹，上课的那段时间又正逢武汉的三伏天，那种闷热和高温可想而知。师父没有一丝埋怨，每天一手拿着茶杯，一手拿着折扇准点到达排练厅，不厌其烦地一遍遍给我排戏。那时候我还没有拜师，师父对一个连学生都算不上的后辈都能如此倾尽全力，说真的，我当时感动得眼泪都快出来了。最后决赛时，不负众望，我摘得银奖，心里的感激之情不言而喻！终于在2006年7月29日这天，我如愿以偿地拜在朱世慧先生的门下，也从那天开始，改口叫师父了。那时候我心里就暗暗下定决心，一定要好好努力，刻苦钻研业务，今后拿出好的成绩来回报师父。

从拜师那天开始，我的事业进入了快车道，一路顺风顺水，师父方方面面帮我铺平垫稳，给我提供和搭建了很多的机会和平台。师父真正做到了用爱心、细心和耐心帮助徒弟成长，无私传授我们立身的本领。

拜师这18年来，我们师徒的关系如同父子，师父就像是一盏明灯，为我照亮前进的路，引领我走出黑暗，走向光明。感谢师父，您的谆谆教诲如春风，似瑞雨，永铭我心！遇见您，是我一生的幸运！真心祝愿您健康长寿！生活幸福！

恭贺此书出版，相信这本书会带给读者们许多启示和感动，也将激励和鼓舞无数人。

师父是我生命中璀璨温暖的光

人物小传：金鑫，毕业于中国戏曲学校附中，国家二级演员，工丑行。现任职于河南省京剧艺术中心。

师承方荣慈、汪荣汉、郭新生、杨长秀、米福生。2014年拜著名京剧丑行表演艺术家朱世慧为师。常演剧目有《三岔口》《闹龙宫》《秋江》《盗银壶》《八仙过海》《钓金龟》《时迁盗甲》等。

曾荣获河南省第9届戏剧大赛三等奖、河南省第10届戏剧大赛表演二等奖、河南省第5届青年戏剧演员大赛三等奖、河南省第11届戏剧大赛表演三等奖、河南省第6届青年戏剧演员大赛二等奖。

我的师父朱世慧先生，是著名的京剧丑角表演艺术家。他是我一直以来心目中的偶像，也是因为师父我才坚定不移地选择了以京剧丑行为毕生的追求。从我在戏校学戏之时，再到在剧团参加工作，我梦寐以求的心愿就是拜在朱世慧先生门下，成为他的一名学生。终于在2014年的一天，我梦想成真，拜在了师父的门下！成为他的一名亲传弟子。于我而言，有幸得遇恩师，是我前世修来的福报！

提起师父的艺术，最先让我想起的就是他曾九次登上中央电视台春晚的舞台。其中，1993 年先生表演的《群丑争宠》，其细腻的表演，对人物细节的刻画，时至今日，仍让我记忆犹新！毕业参加工作之后，我又观看了师父演出的《膏药章》《徐九经升官记》《曾侯乙》等剧目。师父在舞台上活灵活现的表演、行云流水般的艺术呈现，包括对不同人物心理的刻画，总是能恰到好处地呈现给观众，让我十分钦佩。师父独具一格的表演风格，将丑角表演艺术提升到了一个新的高度。

除了在舞台上表演，师父也特别注重对生活的观察和体验。他总是善于抓住生活中的点滴小事，也时常教导我们要处处留心生活的各种细节，并把它灵活运用到舞台表演上。

师父是我生命里一道灿烂温暖的光！是师父激活了我对京剧艺术的热爱！师父对艺术的执着精进，激发了我对京剧艺术不懈求索努力攀登的热情；师父对于国粹艺术精髓的通透，升华了我对于京剧艺术的觉知，使我在京剧艺术里艺无止境；师父对于京剧艺术不知疲倦精益求精的传承，让我深深地感受到老一辈传灯人对我们的殷切期待，原来能担当、能承担真是无上的荣耀与幸福！

师父孜孜不倦的教导，使我受益终生。师父不仅指导了我的艺术事业，更为我打开了一重生命的新天地！

先生指引我攀登艺术高峰

人物小传：张波，国家二级演员，工秦腔丑角。现就职于陕西省戏曲研究院一团。陕西省戏剧家协会会员，陕西省书法家家协会

会员，农工党陕西省文化委员会副主任。

师从秦腔丑角名家闫振俗，2017年拜著名京剧丑角表演艺术家朱世慧为师。常演剧目有秦腔《徐九经升官记》《十五贯》《双下山》《滚灯碗》《活捉三郎》《教学》《柜中缘》《窦娥冤》《看女》《翰墨缘》《玉堂春》《周仁回府》等。

曾荣获首届中国秦腔艺术节优秀表演奖、陕西省丑角大赛一等奖、陕西省折子戏大赛一等奖、陕西秦腔青年演员大赛一等奖，被评为秦腔"百佳演员"。2007年8月随"中韩陕西合作周"文化代表团赴韩国演出《滚灯碗》《二鬼摔跤》，获演出特别奖。

20世纪80年代，还是一名秦腔学生的我有幸观看了朱世慧先生主演的戏曲电影《徐九经升官记》，第一次被丑角艺术之美所折服，同时被朱先生将主人公"寓丑于美"而出神入化的表演所深深吸引，在我对艺术尚且懵懂的心灵中留下深刻印象。先生广学博取，受教多方，其表演兼具丑角的诙谐与老生的稳健，开创了戏曲舞台上丑角挑大梁的先河，终成独树一帜的艺术风格。他执着的追求精神、深厚的艺术造诣，以及谦逊宽厚的为人风范，令人敬仰。

我与先生有幸相识于2005年，恰遇全国戏曲晚会同台演出。幸遇大家，请教心切却不敢接近，不料先生毫无架子，对晚辈不吝赐教，使我顿时放下思想包袱，深感亲切。之后，电话常往，打扰请教，向先生汇报表演心得。虽无师徒之名，先生却始终不厌其烦，毫无遮掩和保留地给予我点拨指导，点点滴滴，长此以往，使我在丑角表演方面受益匪浅，启发我不断窥探和渐进戏曲"门道"。在我感到表演中百练不到位、心有余而力不足时，就会一遍遍仔细揣摩先生所讲"丑角表演在情理之中，又于意料之外，通过具体而传神的舞台人物形象带给观众幽默滑稽之感。"先生告诉我,"无论歌剧、舞剧、话剧核心都是演人物,但戏曲不同的是,它不仅演人物,还演行当,要把行当独特的艺术手段和独有的艺术语汇融入人物……"先生的谆谆教诲,给我启迪和指引,令我铭记于心。先生犹如我艺术道路上的灯塔,为我指明方向、点拨智慧,激励我不断攀登艺术高峰。

2016年,我接到湖北省京剧院电话,选我参加由朱先生负责的国家艺术基金2015年度艺术人才培养资助项目京剧《徐九经升官记》人才培训班。这令我既兴奋、紧张又深感忧虑——兴奋的是能够得到先生给予的学习机会,这是我的荣幸;紧张的是有名师教我,我行不行?忧虑的是有名师授课,其费用一定不菲。谁知当我忐忑不安地将心里话告诉联系人后,他当即转达先生之意,"人来就行!"这句话让我如释重负,我心怀感激欣然前往。

学习班上,先生从动作、眼神开始,从表演的四功五法入手,不断启发我们感受表演的心理变化。手、眼、身、法、步这些表演手段,以及身上穿戴具体是什么、怎么样?这些动作的出发点到底是什么?所传递的潜台词又是什么?准确性应该怎么把握?先生结合自己的表演体会,为学生深入浅出地示范讲解,既赐学生以"鱼",又授之以"渔",干货满满,令我们醍醐灌顶,收获颇丰。特别是让我对《徐九经升官记》中主人公的形象塑造,有了更加深切的体会和感悟。

长此以往受先生恩情,称"师父"自是必然。2017年,我正式拜先生为师,有幸成为先生的入室弟子。在西安,我所在的陕西省戏曲研究院为我们举办了热烈而又隆重的拜师仪式,先生和师母携几名师弟应邀出席,那场景令我难忘,先生情真意切、语重心长的话语更是让我时时萦绕于心。此后,每每排戏、演戏,不论进步、困惑、感受、体会,发去文字、图片和影音,一一汇报先生。先生给予我更多、更深、更悉心

的指导意见，传授丑角表演艺术的真谛，讲解中国戏曲艺术的表演法则。

人生难得一恩师，艺术道路亦是如此。我有幸结识先生，更有幸成为先生的学徒，实乃从艺之幸、为人之幸。在此，我再一次表达对朱老师的钦佩和敬重，祝福朱老师健康长寿，艺术长青。

以师父为榜样振兴丑角艺术

人物小传：张飞飞，毕业于上海市戏曲学校，国家一级演员，工文丑。现就职于福建京剧院。

师从白涛、孙瑞春、屠永亨、萧润年、冯万奎、卢东来，2017年拜著名京剧表演艺术家朱世慧为师。常演剧目有《海舟过关》《醉皂》《玉堂春》《金玉奴》《凤还巢》《望江亭》《徐九经升官记》《法门众生相·太监的自白》等。

曾荣获福建省第9届青年演员比赛银奖、福建省第19届"水仙花"戏剧奖一等奖、福建省第10届青年演员比赛金奖。

小时候就在电视上看过师父朱世慧先生的《徐九经升官记》《法门众生相》，印象特别深刻，学戏以前对丑行的基本认识、了解都来源于此。学习丑行的过程中，我更是把师父视为偶像和目标。

福建京剧院2015年在湖北武汉演出的时候，我演了《苏三起解》中的崇公道，《三盗令》中的王良，还有《陈三两爬堂》中的魏鹏。演出结束后的第一天早上，我接到电话："你好，我是朱世慧。"当时我听到"朱世慧"这三个字，特别激动。先生首先简单地评价了一下我们演出的三出戏，说作为丑行，身上、嘴里都得干净，并特意指点我，丑行贵在干净，希望我能够坚持下去。对于我个人来说，在相识而不相知的情况下，有名人指点是一种莫大的荣幸，也是一种鼓励和鞭策。

2016年，国家艺术基金资助项目京剧《徐九经升官记》人才培训班在湖北开班，我有幸参加此次培训并感恩有机会学习先生的代表剧目。此次培训，先生亲自授课，让我们这些学习传统戏的丑行演员有机会真切感受、了解丑行的创作剧目，对我而言是很重要、影响深远的一次学习，也让我对先生有了更深刻的了解。先生作为丑行表演艺术家，作为一个院团的管理者，在身兼多重身份的情况下，一直在提携更多的青年丑行演员，让我们更好地去传承丑行艺术，让"丑中见美"的艺术魅力，被更多的观众喜爱。

2017年，我很荣幸拜在朱世慧先生门下，成为先生的入室弟子。在拜师仪式那天，我演了《徐九经升官记》的"上任"一折，获得出席嘉宾的认可。后来，我又在师父的指导下，学习了《法门众生相》《膏药章》等剧。这些戏中师父所塑造的角色，无不遵从传统而又不拘泥于传统，亦庄亦谐，亦丑亦生，唱功吃重。在学习中，我深刻地感受到师父在这些戏里对新的丑角人物的创作实践，对传统丑角艺术的传承和发扬。

2019年，在福建京剧院70周年院庆之际，师父来到福建，带着我和师哥谈元，共同演绎了一出《徐九经升官记》，让这一经典剧目在东南沿海一带生根发芽。

一直以来，师父都非常关注中国戏曲艺术中"丑"这一行当的艺术传承与发展。师父认为，当前戏曲界，丑行整个行当都面临后继乏人的困境。因此他收徒并不拘于京剧这一单一剧种，在我们师兄弟当中，除了学习京剧的我们，大师兄金不换来自豫剧，李强来自河北梆子，张波来自秦腔。可以说，只要是对整个戏曲丑行艺术有益的事，师父都会尽力去做。比如，福建闽南地区的高甲戏是一个非常有特色、以丑见长的地方剧种，在来福建期间，师父对高甲戏的丑角艺术也给予了大力帮扶。

此外，师父还将丑角表演融入戏曲小品当中，带着我们众位弟子登上了中央电视台以及各大卫视，把丑角的诙谐幽默搬上更广阔的舞台，让更多的观众朋友通过戏曲小品了解丑角、了解戏曲，从而爱上丑角，爱上戏曲，弘扬中华优秀传统文化。

师父早年通过《徐九经升官记》红遍大江南北，成为一代人的经典回忆，在我们眼中可以说是功成名就。后来，他回到院里担任院长一职，花了15年的时间，为戏曲的传承发展培养人才梯队。常听师父说，人要怀有感恩之心，他是因为京剧丑角而拥有了这么多东西，现在他要通过自己的知名度来更好地回报京剧。

"振兴丑角艺术，做京剧的孝子贤孙。"师父的这句话令我印象深刻，师父的这种精神也值得我们年轻一代继承和发扬。我将以自己的实际行动回报师父，不辜负他对我的殷切期望。

师父是德艺双馨的艺术家

人物小传：邓稳，毕业于湖北省艺术学校，国家二级演员，工文丑。现就职于湖北省京剧院。中国戏剧家协会会员，湖北省戏剧家协会会员。

师承张咸良、张忠明，又多次求教于著名京剧丑角表演艺术家郑岩先生。2016年参加国家艺术基金资助项目《徐九经升官记》人才培养班；2017年参加中国戏曲学院全国京剧文丑中青年高端人才研习班，同年拜著名京剧丑角表演艺术家朱世慧为师。

常演剧目有《小上坟》《钓金龟》《小放牛》《秋江》《黄金台》《起解·会审》《胭脂宝褶》《蒋干盗书》《审头刺汤》《法门众生相》《打渔杀家》《楚宫恨》《望江亭》等。

生、旦、净、丑是京剧艺术的四大支柱，丑行的特殊性在于包罗角色众多，人物类型复杂，虽多以绿叶为主，但一出戏却总少不了这剂"调味料"，因此业内常有"无丑不成戏"之说。师父是丑行前辈中的佼佼者，其艺术成就之高、造诣之深、风格之多样，用一个"绝"字来形容亦不为过。师父曾创造出许多让人难以忘怀的经典角色，且久演不衰，他是我们心中的艺术偶像。

让我记忆犹新的是，2017年正式拜师之前，师父教授我《法门众生相》"庙堂"一折的情景。7月的武汉已酷暑难当，排练场虽开着空调，但师父的衣衫早已被汗水浸透。他一招一式、全神贯注地给我说戏，每一个字、每一句唱都讲解得细致入微。师父教授我如何更准确地塑造揣摩人物，其中的轻重缓急、抑扬顿挫，转身的劲头在哪儿，夜明珠怎么放怎么拿，伸手的速度、尺寸是什么，同时不厌其烦地给我一遍又一遍地做示范，让我倍加珍惜这个充满师生温情的课堂。那会儿师父虽已年近七旬，但说戏的时候依然神采奕奕，没有丝毫的疲倦感，我想这也许就是前辈京剧艺术家对待艺术精益求精，对待传承一丝不苟的态度吧！师父所做的一切，都深深感染着我，我也从师父的身上看到了"德艺双馨"这几个大字散发出的无限光芒，激励着我们努力向师父靠拢！

师父常言，京剧艺术乃一门严谨之技艺，容不得半点马虎。在京剧发展的过程中，虽广泛吸纳其他艺术门类的精髓，但总是为京剧之本体服务，其规格、尺寸，自有属于京剧的讲究。因此，我们这一代年轻人在学习过程中，须将师父所传授的要点、劲头、韵味、人物铭记于心，确保在日后传给下一代时能够遵循正道。

践行千里之旅，必始于迈步之际。我为能拜这样德艺双馨的艺术家为师深感荣幸！愿始终紧随师父的步伐，踏踏实实学艺，清清白白做人，并祝愿恩师身体健康，长寿百岁。

感恩师父的知遇之恩

人物小传：李强，毕业于河北省艺术学校，国家一级演员。现就职于河北省河北梆子剧院。河北省戏剧家协会会员，中国戏剧家协会会员。

他12岁从艺，起初学习武生、小生、老生，1991年考入河北省艺术学校后改工文丑，师从贾超武，后拜著名京剧丑角表演艺术家朱世慧为师。常演剧目有《窦娥冤》《卧虎令》《牧羊圈》《钟馗》《六世班禅》《大都名伶》《双错遗恨》《临江驿》《三上轿》《新陈三两》《瓦桥关》《好南关》等。主演剧目有《豆汁计》《徐九经升官记》《法门众生相》《作文》、现代戏《杏妹与憨哥》《没有共产党就没有新中国》等。

曾凭借《武松》中"柳怀"一角荣获第4届中国戏剧节优秀表演奖。主演的《徐九经升官记》在河北省优秀剧目展演中荣获优秀表演奖，在第7届、第8届、第9届河北省戏剧节中均获优秀表演奖。主演的《没有共产党就没有新中国》荣获河北省第12届戏剧节"五个一工程奖"和文艺振兴奖。

我与师父的缘分要从2008年排演河北梆子《徐九经升官记》说起。因为我从小看师父演出的京剧电影《徐九经升官记》，对这出戏特别喜欢。因此当2008年有机会排演这出戏时，我下定决心一定要把丑角挑梁的河北梆子版《徐九经升官记》排出来。当时我们没有现成的剧本，我看着电脑，把戏词一字一句手抄下来。然后对着先生的录像，一个动作一个眼神地去模仿。当时心里想着：什么时候能请朱世慧先生前来指点指点该有多好啊！

功夫不负有心人，终于等到 2015 年，由国家艺术基金资助、湖北省京剧院举办的京剧《徐九经升官记》人才培训班开始招生。尽管该班最初只招京剧学员，但我还是认认真真准备了视频资料踊跃报了名。先生看到我的资料后，破格录取了我这个学梆子戏出身的学员，这让我非常激动和感恩，觉得自己很幸运，终于梦想成真了！

我怀着激动的心情来到了湖北省京剧院参加培训。先生和蔼可亲，平易近人，如慈父般，不厌其烦地一句台词、一个动作、一个眼神、一个脚步的亲自为我们做示范，讲内心独白，使我对人物的理解茅塞顿开，常有恍然大悟之感。三个月的时间虽然短暂，但我感觉自己在艺术上突飞猛进，明显提高了不少！我突然想：如果能拜朱先生为师该有多好啊！于是，我大胆地向师父提出自己拜师的想法。师父竟然毫不犹豫地答应了，我当时高兴地跳了起来，觉得自己离理想又更近一步。更为可敬的是，师父处处为我们着想，拜师仪式选择在武汉举行，由湖北省文化厅主办，为我们提供了场地和服务，让我们省去了很多经费。师父说，既然收了徒弟，就要为徒弟负责。

师父还为我们争取到很多上台表演的机会。在他的带领下，我们参加了中央电视台戏曲频道《角儿来了》节目录制。在节目现场，师父和我同台演唱《徐九经升官记》"当官难"一段，那是京剧、曲剧、河北梆子大联唱，不仅增加了我的知名度，还为我后来的艺术发展拓宽了道路！

感恩先生对我的厚爱，在此我衷心地祝愿先生：福如东海，寿比南山！

我与师父的师徒情缘

人物小传：余伟伟，国家二级演员，工文丑。现任鄂州市演艺公司艺术团团长。

师从胡志超、胡志强、王孝兵等，2017年拜著名京剧丑角表演艺术家朱世慧为师。常演剧目有《徐九经升官记》《女起解》《金龟记》《凤还巢》《遇后龙袍》《乌盆记》《锯大缸》《铁弓缘》《杨门女将》《李逵探母》《龙凤呈祥》《谢瑶环》等。

2016年10月，国家艺术基金2015年度艺术人才培养资助项目京剧《徐九经升官记》人才培训班正式开班，我有幸通过单位推选作为学员参加了此次培训班。此次培训班由湖北省京剧院主办，中国第一名丑、著名京剧丑角表演艺术家、湖北省京剧院院长朱世慧先生出席了培训班开班仪式，当天先生还给我们讲授了一堂精彩的京剧讲座。

先生一直是我最为崇拜的艺术家。其实初学京剧之时，我主攻的是武生，并不是丑角行当。只因一次偶然的机缘，我从电视荧幕上观赏到了先生的表演，感到无比震撼。先生能演擅唱，应工丑行，又不囿于丑行，表演既有丑行的神韵，又有生行的气质，创造的角色出神入化，令人耳目一新。从那以后，我便迷上了丑角的表演，继而转攻丑角行当。

在培训班上能见先生一面，我心潮澎湃，激动兴奋之余，又深感惶恐——激动的是机会难得，除了能见到先生，还能增长见识，提升自身业务素质；惶恐的是，自知自身各方面能力存在一定的差距。

10月26日培训班正式开课，先生亲自挂帅。主教老师谈元也是先生的爱徒。羡慕崇拜老师之余，我也暗暗告诫自己，给自己定下目标，要把握这次难得的机会，认真上课，提升自己。让我记忆特别深刻的是，在学习第四场"谒侯出场"时，因为对人物揣摩得不够深刻，这一段总是演不好。先生看出了我的紧张和问题，亲自给我做示范，耐心细致地讲解人物的性格特点和内心活动。在先生的悉心指导和严格要求下，我感悟颇深，受益匪浅，最终较为完美地完成了这一片段。彼时，内心无比激动，无比兴奋！

其实，自从我改学丑行以来，心里就一直有个梦想，不敢言说却又按捺不住——先生是我学习丑行路上的榜样，是京剧丑角行当里所有后辈的偶像，是所有人梦想的导师。我梦想着有朝一日能够有幸追随先生，拜其门下，学其技艺，把丑行艺术继承下来，发扬光大！

2017年，梦想终于照进现实。通过自己勤学苦练、不懈努力，加上院团领导的大力支持，我正式拜入朱世慧先生门下，完成人生夙愿！作为热爱京剧事业、誓要坚持奋斗在京剧艺术舞台上的丑行演员之一，如今的我又多了一重身份——朱世慧先生的弟子，这是我骄傲的荣耀，也是鞭策我奋斗的动力，指引我前行的灯塔。在追寻先生足迹的过程中，我深深地体会到"戏比天大"的真谛。一万年太久，只争朝夕！我将继续以先生为榜样，倍加珍惜自己的身份和荣誉，怀揣梦想继续勇毅前行、砥砺奋斗！不光学戏，还学做人，我立志用最好的艺术和最真挚的感情来服务人民，回报社会，与所有热爱京剧、从事京剧艺术事业的工作者一道，坚定地走下去！

师恩浩荡　深情感恩

人物小传：白东京，哈尼族，毕业于云南省文艺学校滇剧科。国家二级演员，主工文丑，现就职于云南省滇剧院。云南戏剧家学会会员，云南省文促会会员。

在校时先后师从马志坚、杨鸿飞、孙晓鸿等老师。2023年拜著名京剧丑角表演艺术家朱世慧为师。常演剧目有《徐九经升官记》

《法门众生相》《春草闯堂》《荷花配》《画眉》《斩三妖》《打面缸》《借亲配》等，也曾在新创剧目《粉·待》《村长的生日宴》《赛装姑娘》《张桂梅》《忠诚》等多部省、市级创排作品中担任主要角色。

曾荣获云南省第9届青年演员大奖赛参赛《法门众生相》个人表演二等奖，河南省第12届新剧目展演《赛装姑娘》个人表演三等奖。2021-2023年受邀参加全国小戏会演（北京站、上海站、香港站）活动，获得多项荣誉。1999-2022年先后评为厅、院优秀并获先进工作者称号。

戏曲百年，和其他民俗艺术一样，它的历史流脉多年来以师徒之间的私密传授为其主要手段之一。师父对徒弟的选择和培养不仅是他自身艺术生命的延长，而且关系到整个流派、行当，乃至整个戏曲事业的前途。"师徒如父子"，作为老师，有传道、授业、解惑之责，徒弟也称弟子，除学习师父的技艺本领外，应尽孝悌之道，并注意自己的言行和应负的社会责任。"德有伤，贻亲羞"，传统的师徒传承不仅包括技艺上的传授，也注重精神品质的传承。

一直想给恩师写首诗，可是一直写得不满意；一直想给恩师一次惊喜，可是一直没有制造出来。想对先生说的话很多，挤在一起，不知如何说出才能有序美丽，于是文字在心里纠结，无从下笔。最想表达的是一份感恩，那感觉溢于心口，却难诉诸笔端，唯愿先生能够感知。

初识先生纯粹源于自己无法抑制的"追星"冲动。朱世慧先生，当代剧坛名丑，誉满艺坛，能演擅唱，时称一绝。看先生的演出，至今感叹，台上潇洒尽显，令人喜爱，又让人觉得高不可攀。那时候，先生离我很远，我不敢想，怎么能和他走得近些，更不敢想有一天，自己能如愿以偿，拜入师门。

记不得第一次是如何与先生交谈的，只记得那年，随院团领导赴武汉，在谈元师兄的引荐下，终于近距离见到了偶像。还记得当时，我怯生生地站在他面前，半响，不敢发一语，最后还是先生用其爽朗的声音开口道：小伙子不错，是个演"丑"的材料……至今，我仍清楚地记得，那时的我心里早已浪潮翻滚，是喜悦，是激动，向往的偶像此刻正在眼前，在和我说话，甚至在鼓励我，每每回忆自己当时的窘态，都不禁自嘲。之后，在院团领导与师兄的撮合与努力下，我们团成功移植了先生的代表剧目《徐九经升官记》，先生亲自操刀执排，把我送上舞台。也是在那天，我在他跟前一跪，他唤我一声"徒儿……"

从此心花怒放，因为师父于我心中是极神圣的字眼。一旦师徒一次，一辈子的情意都长在这里，于是欢笑时就会想先生一定也高兴，不争气时就会想我不能给先生丢脸，流泪时就会想，我要和先生一样坚强，下雨天就会牵念，先生此刻不会忘了带伞吧？先生总是很忙，一年见面次数寥寥，虽隔山水，却也感恩今生与师父的这段缘分。

先生常说，戏乃细也，切忌油滑，为了更好地呈现丑角艺术，塑造好徐九经，先生在我身上没少费功夫。每当授课，先生总是细心点评，耐心指点，循循善诱，告诉我一招一式背后的道理，告诉我在表演中如何深、繁、融、简，如何表现的诗意些、戏曲化些，意境要美，呈现不落俗套，要让人看到真诚、听到新颖、读到别致。如何避免审美疲劳，如何做到与人物共情。那时候我听着，似懂非懂，但是我努力，争取离人物近些再近些。我不敢说自己有一天也能成为别人的师父，但我肯定是个比较刻苦和用心的学生。台上的洒脱与生动，不是一朝一夕可以赶上和模仿学会，我常在梦中畅想，获得先生的真传，让自己也那般潇洒一次，也那般自然地不要任何雕饰，也能成为风景。

师父的性格严肃又不失诙谐，他潇洒、冷静，华如盛宴，又淡淡如茶。他是干净的，低调的，无论何时，他都异常冷静，不显山露水，不一争高低，总能平静地面对任何的人和事。不懂他的人以为其孤傲，懂的人会明白，纯净的内心是如何海纳百川、包容万物的，那张深邃又开朗的脸上，如一智者，笑看人间。虽然师父离我很远，但我总觉冥冥中有一缕目光，我的一举一动，都逃不脱师父的法眼，所以，我要如师父期望的那样严格要求自己，一生一世，以德从艺。

拥有师徒之谊，是幸福的。是师父的教诲让我在艺术的低谷燃起希望；是师父的叮咛让我在无数忧郁徘徊的时刻再次坚定信念，整装出发；是师父一声"徒儿"的呼唤让我在观望的失落中仍感受到真情与温暖。

师恩浩荡，深情感恩。我要一直把师徒之谊用心延续下去，成就人生的精彩。

附录二：朱世慧署名文章选编

"当官难"演唱点滴谈

"当官难"这个唱段是徐九经内心情怀的大抒发，人物性格的大展现。演唱时，我以"怨恨"的情绪为感情基调。在演唱方法上，本来京剧丑角和老生同是本嗓发声，为了区别于老生而体现我们丑角的艺术特点，我是这样处理的：首先是发音，要发挥我们京剧丑角的上膛音，用"音膛相合"的方法使声音宽厚，这样既可"打远""响堂"，也能区别于老生苍劲、清雅的嗓音。其二是咬字，喷口的"劲头"比老生硬一些，字的处理要有力一些，这个方面，我学习、借用了京剧麒派老生苍劲有力、激昂强烈的报字行腔来为表达人物服务，比老生幅度大一些，棱角要鲜明一些。下面我就具体谈谈我对这段腔的处理，就教于读者。

"当官难"三个字要起得好，一般开口从轻到重，我反过来处理为两头重中间轻，"官"字唱轻而含，是徐九经深感这个官不好做。另外"当官"二字均属字的四声中的阴平，如无区别也影响字的旋律美。"难"字的咬字使劲也是为了突出他怨恨的心情，接下来的"难当官"，我又跟前三个字相反了，是两头轻而中间重，这都是为了贯穿他的心情，含意在于字的重音不论落在哪个字上都是难的。下面是："徐九经做了一

个受气的官啊，一个窝囊官"这两句要唱出他的不平、愤懑，而不能单一去表现他的凄楚的心情。"徐九经"三个字要唱得厚实、有劲。"受气"的"气"字要唱得压抑，"窝"字用上滑音一挑，用嘲讽的口气唱出心内的不平。下来有十八句，是随着人物思绪的进一步扩展，陈述自己从求官、考官、贬官、升官倒成了夹在石头缝里的一瘪官的辛酸苦辣的历程。演唱时，我注意"情"上的变化、深化。比如唱"文章满腹我得意扬扬，洋洋得意进京考大官"的"腹"字我用重音来表现他的自信，也是为了衬托下面"得意扬扬，洋洋得意"这八个字的轻快，可转下来的一句是"又谁知，才高八斗我难做官"，这时的情绪有个一百八十度的急转，从"又谁知"一张口就从喜悦变成颓丧的情绪，"高、斗、我"三个字用力音往上挑了近乎八度。这样鲜明的起伏跌宕，是用来表现徐九经的激愤。唱"皆因是爹娘没有为我生一副好五官，啊，我怨，怨五官"这句时，我使足了全身的气力，几乎用呼喊的唱法，把徐九经多少年的积怨一下子倾泻出来，把徐九经感情的波澜推向了一个小高潮。为了造成这样一个小高潮，演唱时，我注意了表达感情和咬字清楚的同时还用节奏的变化、紧凑，促成高潮的形成。下面的五句，内中安排了说唱结合的曲式结构，这就要求我们演唱者把唱和说衔接好，过渡得自然、润贴。它虽然以平稳为主，但包含着激愤，我是这样处理的："头名状元到那玉田县当了一个小小的七品官"，用"头"字的重音和"小小的"的轻声，表现他对大材小用的不平，"九年来，我兢兢业业做的是卖命的官"，"九年来"在尾音上落长一点，以示九年不是一个短时间啊，"我兢兢业业"要一字一字唱得铿锵有力，这正是徐九经的本质所在，所以"卖"字我又使用上滑音来唱的。下面三句为，"却感动不了那皇帝大老官"……这"感"字几乎用说白的唱法，加强它的嘲讽感，"老官"我虽也加重了语气，但意在蔑视皇帝昏庸。下面我用轻重音的对比达到徐九经对封建专制的深刻挖苦,"不该"(轻)升官的"总升官"(重)"该"(重,上滑音)升官的只有梦里"跳"(轻)加官。

  接下来的九句,是陈述眼前的事实,所以,意境上比前面的唱句又推进了一层,怎样表现出演唱的层次来呢?我把节奏加快了,通过偷气换气而保持它的连贯。而后面的"垛板"第一要注意快而不乱,关键要把字报清楚,特别是"管"和"官"同属"言前"辙,要把上声的"管",和阴平的"官"准确地发出。第二把稳节奏,由慢而快:管官(慢)官管(稍慢)官官管管(稍快)管管官官(快)叫我怎做官(加快加重音)啊(重)我成了(轻)夹在(重)石头缝里的一瘪(重)官(放膛声由弱渐强)。意在表现此时的徐九经啊,真是无尽无休的苦和怨啊!而唱段的第二高潮推出便顺理成章了。下面的四句是表现徐九经由此冷静下来权衡着利与害,这时我开始放慢节奏,刻画他的心理活动"我若是顺着了王爷做一个昧心官",声音放轻,但报字要真,"若是"二字,明显放慢节奏,"做一个"加重音量,"昧心官"三个字虚而颤抖。"阴曹地府躲不过阎王和判官",有一种负罪心情。"我若是成全了倩娘做一个良心官"这一句不仅节奏加快,而且唱得流畅,就是说这样办本是理所当然的。"怕的是,刚做了大官,又要罢官","怕"字愤得有劲,"大官"二字的节奏放慢和"罢官"二字的颤音都是渲染他的内心矛盾。紧接下来的"垛板"是徐九经更激烈的思想交锋,轻重音的对比较强烈,"我是升官"的"我"字用颤音,表现出他选择道路前心里不踏实"是升官、是罢官",我是用同等音量来唱的,表现升官、罢官这一点在他脑筋里已开始觉得不是十分重要的了。下面用音量轻重的对比来处理的:"做清官(轻),还是做赃官(重)?做一个良心官(轻),做一个昧心官(重)?"以下的节奏逐步往前推了,而且逐步加强,顿挫要鲜明,力度要强,因为这里是整个唱段即将结束之际,一定要在演唱方法、技巧上墩得住底,形成一个"龙尾",而不能让它形成了一个"蛇尾"。"升官"(顿)(重),"罢官"(顿)(轻),"大官"(顿)(重),"小官"(顿)(轻)(换气),"清官赃官好官坏官"(这八个字要轻,好像一个人在茫然地数着什么一样)然后由慢到快,由轻到强唱出十五个"官"字,到最后一个"官",又戛然一收,停一拍,接着无限愤慨地唱出:"我劝世人莫做官"这是整个唱段的思想核心所在,"莫"字上要强调分量,这句唱词后面的拖腔有两个地方要顿得鲜明和干净,拖腔的最后将用力往上一挑,然后把节奏放慢一点,但气息不要断,然后唱出最后五个字,全段即到此结束。

(《长江戏剧》1982 年第 4 期)

传统艺术要出新创新

朱世慧 李春芳

党的十二大把建设社会主义精神文明作为一个重要的战略方针问题提了出来,对我们是很大的教育和鼓舞,也是非常有力的鞭策。我们是京剧演员,也是精神文明的建设者和传播者,深感责任重大。

社会主义文艺是社会主义精神文明的重要组成部分,它担负着用共产主义思想教育人、感染人,提高人们精神境界,激发人们建设热忱的历史重任。京剧是我国人民喜闻乐见的传统艺术,应该在建设社会主义精神文明中发挥自己的作用。我们必须坚持为人民服务、为社会主义服务的方向,经常了解和研究新时期的社会状况、群众要求和人民的审美观,尽可能地多排练和演出人民群众喜爱的具有高尚的思想情趣和完美的艺术形式的好戏来,给人民群众提供丰富的健康有益的精神食粮。但是,我们感到戏曲艺术发展的速度比较缓慢,还有些跟不上时代前进的步伐，比如观众面越来越窄，上座率也越来越低，就是值得认真研究的问题。是不是现在的观众不懂或不喜欢京剧了呢？不是。从我团自己编演的大型讽刺喜剧《徐九经升官记》公演的情况看，广大观众（其中包括中、青年观众）是看得懂也很爱看京剧的。问题在于我们能不能在传统艺术的基础上出新、创新。时代在不断地向前发展，人民群众的艺术趣味和欣赏水平也在不断提高。如果我们老是演那几个人们看厌了的戏，老是拘守于那些过了时的旧程式，而不能在思想内容和艺术技巧上达到新的高度，那就必然要为时代所淘汰。因此，我们要坚持"三并举"和"推陈出新"的方针，搞好传统剧目的改编整理，排好新编历史剧，特别要编好演好现代戏，使京剧这朵艺术之花在我们这一代人手中开得更加艳丽。

传统艺术的出新和创新，要求文艺工作者努力提高自己的思想水平和艺术水平，使自己成为具有高度的社会主义精神文明的先进战士。如果我们思想境界不高，就不可能塑造出具有高尚品德的人物形象，看我们戏的人也就得不到高尚的娱乐。在这方面，我们决心向武汉市说唱团模范共产党员、优秀文艺工作者夏雨田同志学习，从各方面严格要求自己，在改造客观世界的同时认真改造主观世界，不断加强自身的思想建设。在当前和今后一个时期内，我们要认真学好十二大文件，坚决贯彻十二大精神，决心以新的精神面貌和新的工作态度投入社会主义精神文明建设的洪流中来，为开创社会主义文艺的新局面而努力工作，并在这一壮观的历史进程中，争取早日加入伟大的中国共产党，为共产主义事业奋斗终生。

（《文艺学习》1982年第2辑）

丑角与我

我在孩提时代，父亲就总是对我说："丑角这一行，跟你有缘分哪！"《打砂锅》《打城隍》《打面缸》等京剧丑角戏，我常常能背出里面的戏词。同小朋友一起玩耍，我总要模仿杂技团小丑的滑稽表演，把旁观者逗得在地下打滚。学校的各种联欢会，总有我的京剧清唱和相声，看到台下笑成一片，以至笑声使我不能继续表演，我虽然不能明白是什么原因，但我似乎感到一种心理上的满足。

进戏曲学校后，我被指定学演老生。常言道："江山易改，本性难移。"过分的好动、好奇，惹得老师常常罚我撕腿、拿顶。有一次被罚拿顶的时间长了一点，累得筋疲力尽，头冲下地栽下来，额上肿起大包，却依旧和同学耍笑。或许正是有了这种天性，没过多久，我就被调到丑行课堂试学起来。在丑行课堂，我感受到一种勃勃的生气——老师念词时的每一种神情，表演中的每一个动作，甚至脸上的肌肉的每一次抖动，我都产生了共鸣。而且丑角人物变化多端——有男有女、有老有少、有好有坏、有智有愚，还有操异乡方言的和生理上有缺陷的……总之，当我走进丑角课堂，顿时觉得丑角伟大极了。我常自豪地露着光头在街上走，唯恐别人不知道我是个丑角演员。但是，冷水一盆盆地向我浇来。好心的老师摸着我的头说："过去科班里，不灵的、没嗓子的、没扮相的学生才学丑。孩子你可惜了！"同学中也有的说："小花脸是傍角儿的。"有时我找拉胡琴的老师吊嗓子，回答竟是："得了，小花脸四六句儿，别瞎耽误工夫儿了！"我感到自己幼小的心灵受到损伤，难道丑角真的这么低下吗？！此后的一段时间，我心中充满了自卑、不解和不平！应当庆幸，学校坚持让我继续学丑角。不仅在文戏方面努力，而且在舞蹈戏、武打戏上也请来老师，或者把我送出去学习，并给了我较多的演出实践。

另外，学校根据我对麒派老生的爱好，又让我学演了《徐策跑城》、《清风亭》和《追韩信》等戏。在后来的舞台实践中，在创作剧目的排演中，我深感受益不浅。"四人帮"倒台后，我心中积郁多年、想搞丑戏的愿望就更强烈了。但是怎么搞得好呢？我决定以移植河南曲剧《卷席筒》作为一次尝试。这是一出以丑角为主演的大型古装戏。主人公苍娃，年仅15岁，他正直善良、天真活泼，在家庭的悲剧中却挺身而出、卫善斗恶。我喜欢这个剧本，更喜欢这个人物。我的想法得到团领导和余笑予、谢鲁二位老师的支持。排练前，二位老师对我有6个字的要求：演人物、唱感情。为了表现人物，苍娃有大段的念白和翻打。最麻烦的是"公堂"一场，跪在台上连唱四十多句反二黄。作为丑角演员，我第一次唱反二黄，而且第一次唱这么多！同时，为了避免以往丑戏"贫、闹、俗、脏"的通病，我时常提醒自己注意格调，绝不为剧场的廉价效果而用游离于剧情、人物之外的硬噱头。该剧首演于九江城，连满十三场，使我激动不已。我并不认为我个人取得了什么成绩，我觉得丑戏只要认真严肃地去排演，观众同样是会喜爱和承认的。在初战告捷的时候，我也清醒地看到一些问题。在传统丑戏中，唱不是丑角刻画人物的主要手段，所以丑行一直没有成套的板式和声腔体系。显然，这个问题不认真对待，今后就不可能排出很好的丑角大戏来。比如这40多句反二黄，观众和专家就认为仍属老生发声和老生唱法，而没有丑行自己的特点。带着这个问题，我在谢鲁老师的指导下，在后来排演历史剧《徐九经升官记》和现代戏《药王庙传奇》中，逐步地摸索，以求解决。由于水平限制，还未创作出什么新的板式来；但我们在原有的板式上加以变化，使其区别于老生那种平稳的规范。如《药王庙传奇》中高小明写信时的一段唱，用的是成套的"二黄导板"、"回龙"、转"原板"的板式。但唱时节奏根据人物的情绪不断变化，快慢反差突出，有时"吟板"，有时"流水"、

"快板"。另外，唱中夹念，念中有唱，这是我们传统丑角的一种特有的探索。在发声上，我们在本嗓的基础上，以小膛音来润色，保持并发挥了丑行音色上的特点。如何发挥各种艺术手段，搞好丑角戏，这仅仅是一个开始，今后的道路还长得很呢！

(《团结报》1985年6月8日)

二十五年"杨衙内"

杨衙内在京剧《望江亭》中是个反面人物，在京剧丑行里属鞋皮丑（又称邪僻丑）。这个角色，是个配角，但分量重、戏很多，把他演好不是件容易事。我认为扮演反面人物在于深刻地揭示他们的丑恶本质，引起观众的痛恨、蔑视和嘲笑。我初演此剧是1962年，当时我还是戏校的学生。北京京剧院的张君秋、李四广、刘雪涛等老师来汉演出此剧，并将此剧传授给了我们。名丑李四广先生所扮演的杨衙内深深地吸引了我，他那入木三分的绝妙表演，看得我如醉如痴，我决心努力学好，一招一式地模仿，一字一字地学。记得首场演出后，张君秋老师上台来见到我第一句话就说："真像李四广先生！"后来周信芳老先生来汉看了我演这个戏，高兴地说："这个'小衙内'演得好！"这个戏我在戏校时演的场次很多，至今也有25年。近几年，我在演出中对人物又有了更深一步的理解，于是我根据自己的想法大胆地作了一些小的改动，这次我们到香港去演出，也带了这个戏。

首先谈谈杨衙内的三次出场。

第一次出场很重要，这是给观众的第一印象，使观众从戏的开始就对人物有一个概括的但也是鲜明的印象。原先的出场为慢"水底鱼"，杨衙内随四家丁、张千、李万上。我认为节奏慢了不能完全体现出杨衙内上来抢亲的急切心情。另外，作为剧中重要人物出场也不够鲜明和醒目。我是这样改的：在快"水底鱼"的锣经里，四家丁急步走到台口一条边站好，张千、李万二人并排，凶狠地走到台口。在"水底鱼"末一锣中，二人突然分开，做出恭迎衙内的奴才样，这时我斜插纸扇于脖子上，左手撩褶子，右手拿马鞭踩着急切的"五锤"快步走至台口大喘一口气，表示路上奔忙的劳碌；接着冲张千一努嘴，示意他快叫门；然后下马掏出扇子来边扇边不耐烦地看看紧闭的观门。这一连串的表演，我力求做到交代清楚，干净准确，把这个花花公子来此抢亲的架势简练地展现在观众面前。

第二次出场虽不比第一次出场那么重要，但此时的杨衙内身份不一样了，是奉圣命来潭州拿办白士中的"钦差大人"。我是这样出场的：张千喊道"衙内请！"我事先在后台酝酿好饱满的洋洋得意的情绪，身着蟒袍、头戴乌纱、袖装圣旨，怀里抱着尚方宝剑，随着乐队鼓师"打、打、打……"的节奏，慢悠悠地侧着身子走了出来。虽然杨衙内身着官服，但我却不按照传统袍带丑的走法。因为杨衙内胸无半点墨，根本不是为官的料；但是他此时身份又毕竟是"钦差"，所以他又要装作儒雅。为此，我设计了一种矫揉造作的走法，即学走方步，可总是不那么协调，而且脚跟落地重，显得那么拙，那么可笑，我力求用这种夸张的、漫画式的表演方法来揭示古代封建官僚的腐败和丑恶。

第三次出场，也是全剧的最后一场戏。杨衙内来潭州府衙拿办白士中，在"急急风"的锣鼓中，我紧随着杀气腾腾的四校尉、张千、李万，双手撩蟒快步冲出来，在九龙口一个"挫步"，同时双手"涮蟒"急刹住亮相。这个"涮蟒"我每次都用手腕上的劲头让它涮得"刷"的一声响，为的是渲染紧张和嚣张的气焰，也让这种快节奏把杨衙内此时恨不得立即拿办白士中，抢到谭记儿的迫切心情体现出来。另外，此时不可一世的嚣张气焰也为后面杨衙内成为阶下囚那种丢魂丧胆的狼狈样形成一鲜明的对比。

下面我再谈谈杨衙内在戏中几种笑的处理。戏曲里的笑是很有特点和见功力的。杨衙内在剧中的几处笑，我力求要笑出人物性格和规定情境，也要笑出丑行的特点来。总之，要笑得有根有据，合情合理。

如第一场，杨衙内来观中抢亲却未见到谭记儿，为了急于找到谭记儿的下落，杨衙内只有求助于白道姑。但是刚才对白道姑又太野蛮和粗鲁，为了讨好她，我是这样笑的：先看她一眼，见她根本不理睬我，我随即脸上出现反感，很恼火地把脸偏向另一边去；可是为了找到谭记儿，只有先忍下这口气吧，当身子还没有完全转过来的时候，脸部突然堆起笑容，来了个直通通地、一个调门的、皮笑肉不笑地："哈哈哈……"这种笑为干笑，特点是调门起得较高，但是突起干收，听上去那么不贴切，那么不由衷。下面紧接着有一个冷笑，家奴张千听说要去追白士中，害怕地说："白士中是朝廷命官，小人们不敢下手哇！"我的处理是不等张千话说完，急转身对张千说："什么？朝廷的命官？！"杨衙内的心上人被白士中结为夫妻并且双双往潭州赴任去了，这对杨衙内来讲，真是当头一棒、太岁头上动土哇！他是绝不会就此罢休的。这里的笑，我用的是冷笑加狂笑。我是这样笑的，先张嘴再咬牙切齿地由胸腔发出"哈哈哈……"，而收尾时则转换成"哼哼哼哼"的笑声了。这尾音是从鼻腔里发出来的。戏是演给观众看的，应该让观众理解演员所表现的一切。因而这里，我力求使观众从杨衙内的笑声中听出他的恼怒、颓丧、妒恨和他预谋的杀机。

另外，第三场戏中，杨衙内见到扮成渔妇模样的谭记儿后，有近10个地方出现笑声。这些笑声有时长，有时短，各有所异。在大轮廓上，我把它分成两种类型：一类为浑身酥软、魂不附体的诌笑，调门忽高忽低，并且"哈哈哈"和"嘿嘿嘿"不固定地相互出现，声音里略带颤音，力求体现杨衙内这个花花公子见到女性恨不得一口吞吃下去的那种轻佻的丑态。在表演上，我每次笑完后嘴不立即合上，形半张开状。另一类笑是更夸张的诌笑。这出现在后半场。谭记儿要盗取圣旨、尚方剑，就必须灌醉杨衙内，而杨衙内也要迫不及待地占有她，只得让谭记儿牵着鼻子走，顺着她的手心转。谭记儿一个劲儿地劝酒，杨衙内就一个劲儿往嘴里送，根据酒的量数不断加多，我讲话时，舌头就越来越大，直至心有余而力不足。他自以为这个渔妇已经到手了，明日拿办白士中后还可得到谭记儿。我在演到此处时，眼露淫光、手脚随着身子不听使唤，笑时出现怪音；而且在正常情况下不该笑的地方，这里也笑个不停，表现出他已醉得不能自控。比如谭记儿借理由还要罚他三大杯，我用右手使劲一挥说："罚，罚！"又毫无目的地"嘻嘻嘻……"笑了起来。着力勾画一副饿狼扑食而又落入陷阱的丑恶形象。

通过这个反面人物的舞台实践，我悟出一个演员无论表演生活中的好人或坏人，都不应忘了演戏是舞台艺术，应该给予观众以艺术美的享受。喜剧讲究夸张、突出，但同样也要讲究含蓄。如果演坏人而采用下流猥亵的动作去丑化他，那么肯定这种不适当的丑化会流入粗俗，而离开"艺术"二字。

（《楚天剧论》1987 年第 2 期）

《徐九经升官记》在香港

今年月初，湖北省京剧赴港演出团在香港进行了为期半月的演出访问活动。祖国古老的京剧艺术在香港收到了热烈欢迎，关正明、杨至芳、李春芳等人的精彩表演博得了观众的赞誉。京剧《徐九经升官记》更是受到了出乎意料的好评。

海峡两岸情相通

每当大陆有京剧团赴港演出，总有一些戏迷从新加坡、中国台湾、美国飞来一饱眼福。有一对年逾花甲的老夫妻，专程从台湾来香港看戏，原打算看几场老戏就飞回的。谁知看完《徐》剧后，竟异常激动。当他们得知此剧最后还要加演一场时，马上挂长途电话给台北的两个女儿，要她们速赶来看《徐》剧，并且一再嘱咐"机不可失"。为此老夫妻俩专门跑了一趟移民局，申请推迟返台日期。看完戏后，他们全家人专门来住地看望演员，并邀请演员、乐队同志到酒店用餐，合影留念。老人激动地拉着我的手说："《徐九经》这个戏好呀，看两遍还想看。这个戏到台湾去演，一定能叫座，受欢迎。"离别之时，老人握住大家的手依依不舍，深情地说："但愿有一天能在台北看到你们的演出。"我们忍不住眼睛湿润了。但愿古老的京剧艺术能成为沟通海峡两岸的一根纽带。

"徐九经"与"徐经九"

在港期间，香港亚洲电视台特地把关正明、杨至芳和我请到台里，在黄金时间"香港早晨"这个节目中和香港观众见面。主持节目的是一个20岁左右、风姿绰约的小姐，我们先在会客厅交谈了10分钟，主要是介绍情况。然后，她便说："好了，我们可以开始了。"我有些不相信，这么短的时间她能了解什么？何况刚才谈话间她还一直把徐九经说成"徐经九"呢。于是，在去演播厅的电梯上，我有意半开玩笑地提醒她："小姐，徐九经"，她马上微笑点头说："谢谢。"当摄像机对准我们后，这位节目主持人用流利动听的粤语、汉语、英语，将我们3人所带剧目的基本内容、表演风格及京剧知识，风趣幽默、明白畅晓地介绍给观众。我曾担心她把"徐九经"3个字念错，结果她竟一次也没说错。节目结束了，她歪着脑袋得意地说："朱先生，我没有说错吧！"我连声表示感谢。她却调皮地说："其实，徐经九这个名字也不错呀。"我们不禁笑了起来。

舆论界反应强烈

《徐》剧开演，剧场内从始至终笑声不断，活跃异常，尤其是"当官难"一段唱，被多次鼓掌叫绝。应观众的强烈要求，《徐》剧加演一场。消息传出，售票窗口竟排起了长龙，场中休息15分钟，竟售出了8000多港元戏票。观众说，在香港一个新编京剧能这么受欢迎是少见的。两天内，香港报纸发了18篇有关《徐》剧的报道和评论。香港中文大学及传统艺术协会专门就《徐》剧和《岳飞夫人》一剧召开座谈会，认为《徐》剧为戏剧改革找到了一条路子，表示要写文章向国外介绍。观众将对徐九经的喜爱倾注到我身上。戏演完了，总有不少观众等在后台拉我去消夜。有一次竟被"围困"到半夜一点钟，好不容易才逃出了热情的"包围圈"。

（《湖北日报》1987年7月19日）

一柱擎天——与"中国第一名丑"朱世慧的对话

光头、巧嘴、月牙笑；轻言、细语、情深长。这，就是著名京剧表演艺术家朱世慧。他为人低调，九上春晚，十多次上春节戏曲晚会，却

"不为人知";他打破京剧"丑"不能担当主角的陈规,开"丑生一派"……

刚参加完上海东方卫视《非常有戏》节目录制,2月1日进京录中央台春节联欢晚会,2月2日录湖北台春晚……朱先生一路马不停蹄,怎一忙字了得。"一个小时,够吗?"1月30日联系专访,朱先生在电话里先征询起记者的意见来。见了面,没有寒暄客套,直奔主题。真正"话匣子打开了,思路也清晰了",朱先生干脆把手机关机了,整整一个下午,说演学唱,一地笑,满怀春。

春晚献技

问:九上春晚,也意味着您9年没跟家人一起过除夕夜。

朱:对。如不算两次临时被枪毙的,应该是十一次上春晚。中央电视台戏曲晚会,每年参加,习惯了(笑)。

问:节目被枪毙,您还乐,好像说别人的事呢?

朱:节目枪毙了,刚好和家人共度除夕(笑)。用我们圈内逗哏的话说,"你有块好活就有块好火"。活不行,上春晚,完蛋。节目不能上,说明还差点什么,是对我好。

有时,我的节目在前面,表演完毕,立马背着行囊,赶火车回武汉。正月初一上街,街坊围着,问我"春晚是录播还是直播"。

问:春晚漫长的节目审查,劳神劳力,现在一提到春晚,演员就"头疼",有同感吗?

朱:我把节目审查当进修,心思放在学习上,不会觉得受折磨(笑)。艺术本身是需要打磨的。春晚小品,一个包袱怎么铺垫,怎么抖才响,多少人出点子呀。春晚大腕云集,这么好的学习机会,怎么能浪费掉呢?多看多学多记,时间就很好打发。

当然,也有辛苦。因为家不在北京,改节目要住很长时间,最长在北京住50天。这次还好,排练了几天,2月1号再去录音,逢单彩排,一直到腊月三十。

问:气韵足,说话好听,和您对话,"演官吏演百姓演好人演坏人演男人也演女人都是我的",感觉听相声贯口活儿。

朱:贯口活儿可是我的专长。我演的《膏药章》,一口气报出九九八十一味中药名;《徐九经升官记》我唱的"当官难",36句唱,要唱75个官,每一句唱都有官。今年中央台的戏曲晚会,已经录完,年三十晚上播。我在里面演出《群丑争春》。既然争春就要报春,我在里面一口气报出带有20多个春字的戏名:杨八姐游春鼎盛春秋春香闹学春秋被春秋亭春秋笔春闺梦一堂春……

问:如此嘴皮子功怎么练的?

朱:两个字,苦练(笑)。现在练是来不及了,要从小练。我12岁进戏曲学校,每天早上5:30起床,第一个项目就是对着树木喊嗓子,啊啊啊,咿咿咿……武汉长大的人"四""十"不分,怎么办?头一个学的就是"贴着窗户撕字纸,字纸里面包着四十四只死虱子皮……(哈哈笑)。

一专多能

问:俗话说"艺多不压人"。可您却是京剧、小品、相声等,遍地开花。

朱:(笑)我常讲要一专多能。京剧还是我的专,不能京剧也唱、小品也演、相声也说、主持也搞,最后问哪个好?都不好,那就遭了。

演员一行,博采众长,用心积累,方能炉火纯青。火大是蓝火,小也是蓝火,有时候火小一点,戏就好看了。因为有张有弛,有放有收。我觉得观众最安静的时候,地下掉根针都听得见,那是最佳效果。

京剧跟相声、曲艺有相通的地方。京剧讲"千斤念白四两唱",有时候也是靠语言取胜。比如《法门众生相》，当小品演出，可叫《一个太监的自白》。我演这个"太监自白"，长达10分钟，没一个鼓声，没一个胡琴旋律，节奏、情感都在你的嘴里头。

问：小品圈有何评价？

朱：黄宏、游本昌等圈内人看了好几遍，说"你真沉得住气"，评论都是两个字——精品。

问：可否给表演一段？

朱：（表演）"你想想，干我们这行苦不苦？笑有笑的规矩、哭有哭的艺术、睡有睡的时候、走有走的辛酸，我就是玩儿，也是提着脑袋的。"

"你说我陪老佛爷打牌，我容易吗？她不能输的，输了我就要掉脑袋的。"有的牌不是随我心的，我一拿"天牌"，老佛爷拿"地牌"，我的妈呀，明显天比地大，怎么办呀？你敢说天比地大，还要脑袋不要？说呀，老太太，地大呀。没有大地托天，天就塌（拖音）下来了，地大（斩钉截铁地）！

问：如果下一回牌掉过来了呢？

朱：（紧张状态）老佛爷说"这回你赢了"。坏了，吓得我出汗直哆嗦，我赶紧说，老太太，老祖宗，刚才是刚才，这会儿变了。我这个"地"没有您那个"天"罩着，"地"就蹦出去了，"天"大！

形式借用了小品，但无论专家还是观众，都认为那就是京剧，这就是"专"。

立派丑生

问：作为"八艺节"献礼剧目，您去年新排演的《曾侯乙》备受关注。以往您演的贾桂、蒋干、崇公道等，都是小人物，如今演帝王，那是怎样的一种感觉？

朱：（笑）过瘾。我不喜欢演同一类型的人物，喜欢变。贾桂、蒋干、崇公道……演了那么多小人物，我觉得我应该演一回大人物了（笑）。等《曾侯乙》这个剧本我等了10年。

问：京剧中惯用生角来演帝王，因为生角厚重端庄，合乎帝王气度。幽默滑稽见长的丑角似乎与帝王气质相差很远？

朱：不错，丑角在京剧里，从来是不担当主演的，君王这种位置，更轮不到我们。我做主演，行话讲叫"您欺了祖了"。说实话，我演曾侯乙，有压力。但是，"生旦净丑"，我们叫"四梁四柱"，丑角既然列入京剧的四大行，也是柱头之一。我在戏剧学校学过生、丑两个行当，有优势，完成曾侯乙的人物塑造，生、丑并用。

问：毕竟是"中国第一名丑"，不担心砸自己牌子吗？

朱：一个演员能够走到我这一步，很难的。我常想，从此岸到彼岸，中间是条河，河中就是石头，人一生，得蹦多少石头呀。有时候是很大很干燥的，蹦上去很稳定；有时候可能石上有青苔，很滑。踩到滑的，就不能顺利跳到下一个石头。如果在滑石头上都站稳了，你还有什么不敢跳的石头呢？

问：《曾侯乙》算滑石头吗？

朱：算。但我站稳了（笑）。去年在北京长安大戏院连演了三场，有很多观众不止一遍地看，和我交流说：华丽，气派很大。丑角演出，气派很大是很难得的。专家评论比较高，说丑角饰演君王，堪称京剧舞台上的一大突破，认为我创造了一个新行当——丑生。

推陈出新

问：京剧是我们的"国粹"，大家觉得还是原汁原味好。

朱：我做湖北京剧院院长，上台的头一句话，就是坚决不能轻视传统戏，传统戏是我们的根，我们的本。

问：您会多少丑角传统戏？

朱：百十来出，剧目就太多了，无丑不成戏，有时一出戏里好几个丑，你必须得都会。我经常参加文化交流活动，几个角儿聚到一起合作一出戏，比如今天排《群英会》，你就得会蒋干；明天演《苏三起解》，崇公道你得会吧；人家突然唱一个《打渔杀家》，你得会教师爷呀……其中还有丁郎葛先生呢！

我们这一代里，丑角还有不少，下一代很少了，面临断代，所以要葆有艺术青春。

问：去年看到您带徒弟了。

朱：我们京剧界讲究师承，我有责任，承上启下。去年是正式公开收徒弟。其实在全国，我徒弟不少，河南豫剧、上海越剧都有。豫剧徒弟金不换，已经很有名了。

问：生活中也这么可乐吗？

朱：还行吧，丑角就是京剧的喜剧演员。艺术源自生活，饱吸养分，才能典型发挥。所以我平常也喜欢收集些包袱，发现些喜剧素材，逮到机会就抖出去（哈哈）。

很多人把喜剧当成逗乐子，其实不然，喜剧是最严肃的艺术，最难演。相声大师侯宝林给我写过一段话，其中一句特别好，叫"喜剧忌讳油滑"。我们喜剧一定要观众笑，观众要会心地笑，不要让观众笑得很累、很苦，甚至很尴尬。

问：何以乐而不淫？

朱：八个字——意料之外，情理之中。比如演《膏药章》刑场戏，为找到犯人告别人生的眼神，我跟武汉公安局联系，两次去看枪毙人。那场戏有大段地唱，还有很诙谐的对白，如果我净顾着唱，净顾着说诙谐的话，观众固然哄堂大笑，但没什么意思，因为不深刻。

问：您怎么看京剧传统戏的创新？

朱：我们京剧有出老戏叫《法门寺》，流传200多年，脍炙人口。我演的那个《法门众生相》就是从《法门寺》改过来的。侧重点给了小太监贾贵，把老祖宗的章法都改了。有评论说"非但没有诋毁传统京剧《法门寺》，而是在我们京剧宝库里，又增加了一颗明珠"。艺术要焕发活力，唯有创新，过去老前辈们改戏改唱词那多了去啦！

（《楚天都市报》2007年2月4日）

用三十年演好一部戏
——从我演《徐九经升官记》说起

1980年我院当时的青年编剧郭大宇、习志淦和著名导演余笑予先生共同创作的新编历史京剧《徐九经升官记》开始排练了，光阴似箭，已有30余年了。至今此剧已演出近700场，最近又刚刚荣获文化部第二批优秀保留剧目奖。用30年演一部戏，我心中似有许多话想说。

30年来，此剧的不断排练，不断演出，我的感慨是思考多多，体会多多，激动多多。想得最多的还是京剧丑角如何能演好一台大戏，或者说京剧丑角如何能挑梁唱好一出大戏。"唱做念打"唱为先，这也就是说丑角要排好一出大戏，首先要解决的是唱的问题，戏曲戏曲是戏一半曲一半，不唱或少唱肯定不成其为戏曲，或称其不成为京剧了。丑行和老生的发音同用本嗓，但老生在传统上有成套的板式腔体，而丑行呢，念和做为特长，而唱在传统剧中多为插科打诨或者仅为四六句，没有成套的板式腔体，创作起始我想首先要在文学剧本上就应该要着手为丑行的唱做好前期功夫了。如剧中有一大段唱："当官难"长达35句之多，原词大意是："湖水平静，我的心潮翻滚"，如果照此唱词来唱，观众就去听老生唱吧，何必来听丑角唱呢？也就是说，文学本子上没有为丑角创下特点，或留下发挥的空间，经肯定？否定？来回折腾。原创班子一起大动脑筋，一要根据《徐九经升官记》的剧名大做文章，二要根据徐九经此时为官在风口浪尖上的心态做文章，三要在如何体现丑行特点上做文章。终于，一段至今脍炙人口的"当官难"出现了，那么，丑行唱的特点也就随之出现了。这段唱那么长，要唱75个"官"字。我们选取了既能叙事，又能抒情的二黄"四平调"，但又特意将原"四平调"平稳节奏的格式变化了，运用可慢可快甚至有时还垛起来唱的方式，又刻意插进了唱中加念，念中加唱的丑行风格，使这一大段唱一气呵成。我认为，此段唱较准确地表达了徐九经此时是升官？是罢官？做清官？还是做赃官？在公与私斗争和平衡之间的心理动态。当然，还要注意唱段给观众的听觉感，也就是得上耳、好听。

　　做（即表演），也是难点之大，传统剧中赋予丑行的官吏形象基本为贪官污吏，多为好酒好色之徒，一位刚正不阿的清官、好官而且他更有的是才高八斗、足智多谋的儒官文才，如何体现，如何把这很主要的一方面呈现在舞台上？在著名导演艺术家余笑予先生的指导下，我发挥了在戏校时学了几年麒派老生的专长，糅进了麒派老生艺术的刚劲有力的气度，糅进了马派老生艺术的飘逸和潇洒，也就是说，用老生的气质、丑行的风采来完成徐九经这一特有人物形象。生中有丑，丑中有生，互相糅，互相化，刚谐结合，来完成徐九经这一才华横溢、刚正不阿、疾恶如仇但又有狭隘的知恩图报性情、本身长相丑陋又好酒贪杯，人称"醉半仙"的丰满的人物形象。

　　这其中还包括丑行专长并是一特有功能的念白方式在此剧中的处

理：京白中加有浓郁的韵白，韵味中又托出流畅的京白，等等。另外还包括锣经的处理和运用，将具有麒派特点的"冷锤""冷锣"具有强烈感染力的锣经体现徐九经在大是大非面前说一不二的强硬姿态。

　　戏是演给观众看的，京剧是舞台艺术，直面观众，如何让一个人物从文学剧本上活灵活现地展现在观众眼前？作为京剧演员，我觉得，首先是传统基础要打好、打扎实，也就是前辈艺术家留下的遗训：肚子里要宽绰，会的越多越好，学的越扎实越好。只有这样，在排练新编剧中，才能体现人物和京剧、人物和行当的结合。这个结合点很重要，结合得好，这个戏就好看、就耐看。其次是，演员在排练新剧中，不要单一只从二度创作时才走进来，而应该从一度创作开始，也就是在文学剧本创作时就应该实实在在地介入。最后是，在导演的排练场上，和导演的合作、配合极其重要，千万不能让自己简单地站在一个被动的角度上，要站在一个主动的角度上，因为此时的你不是在学一个戏，而是在和导演合作共同创作一个戏，和导演在思路上、处理上互相撞击。多年来，我有幸和著名导演艺术家余笑予先生就是在这样一种创作状态中合作了一系列创作剧目。我们之间情感融洽，配合默契，广开思路，有时也有争执，但是在真理面前、在合适面前让路、服从，如何使戏好看，是我们的合作前提。

　　从艺几十年，深知一个好剧本的出现不容易，但排不好，演不好，呈现不成功，那将是很大的遗憾！

（《人民政协报》2013年1月7日）

附录三：朱世慧获奖情况

1981年，主演《徐九经升官记》获湖北省文化厅颁发的优秀演员奖，同年拍成电影《升官记》获文化部颁发的1982年优秀戏曲片奖。

1984年，主演《药王庙传奇》获全国现代题材戏剧观摩演出主演一等奖。

1985年，被推选为武汉地区十佳演员，获金像奖。

1987年，主演《膏药章》获全国京剧新剧目会演优秀表演奖、第6届中国戏剧"梅花奖"、第3届中国京剧艺术节优秀表演奖、中国戏曲学会奖。

1991年，主演《法门众生相》获文化部颁发的第2届文华表演奖。

1994年，以《徐九经升官记》《法门众生相》片段参加梅兰芳金奖大赛，荣获梅兰芳金奖。

1994年，被文化部授予"文化部优秀专家"称号。

1995年，获第7届上海白玉兰戏剧表演主角奖。

1995年，被评为"全国先进工作者"。

1999年，参加第2届中国京剧艺术节，以京剧《法门众生相》再获中国戏剧"梅花奖"，并获文华表演奖、上海白玉兰戏剧表演主角奖。

《膏药章》入选2003—2004年度国家舞台艺术精品工程。

2021年,当选2020"中国非遗年度人物"。

2021年,被授予"湖北省杰出人才奖"。

湖北省委、省政府授予的优秀戏曲演员、有突出贡献的中青年专家、湖北省劳动模范称号,享受国务院特殊津贴。

附录四：湖北省京剧院剧目创作和生产情况（2009—2020）

2009 年

1. 创新改编大型传统京剧《火烧赤壁》（上、下集）。在原剧本框架上进行了剧本、舞台表演及舞美灯光的创新改编，并集合剧院最强演出阵容。该剧受到日本演出商的一致赞誉，并应邀于 2010 年 5 月份赴日演出。此剧也是剧院根据文化部对重点京剧院团改编优秀传统剧目的要求改编创作完成的。

2. 加大排演优秀传统剧目的力度。新排练演出了《失·空·斩》《穆桂英挂帅》《荒山泪》《范进中举》《黄金台》《连升店》《雅观楼》《诗文会》《辛安驿》《截江夺斗》《天女散花》《打侄上坟》《西施》《宇宙锋》《打青龙》等优秀传统剧目，大大提高了剧院中青年演职员的艺术素质。

3. 由文化部提议并批准，北京山和水国际传媒有限公司拍摄的电影舞台艺术片《膏药章》，历时整整 11 天圆满完成拍摄任务。这也是湖北省京剧院继《徐九经升官记》后又一个自创剧目搬上银幕。

2010 年

1. 创作演出《1950——初定成都》，该剧原是话剧剧本，特邀著名编剧张烈，历经 3 年，数易其稿，改成京剧剧本，特邀著名导演谢平安、著名音乐唱腔设计谢振强、著名灯光设计周正平和湖北省京剧院老专家田少鹏、洪福娣、李显明等组成创作班子。由一级演员尹章旭、王小蝉及国家二级演员、优秀青年尖子人才万晓慧等担当主演，于 2010 年 7 月 14 日正式开排。9 月 9 日立于舞台与观众见面，广泛征求各方面意见。11 月 13 日该剧参加湖北省第 9 届楚天文华奖全省会演，一举获得主演一等奖两项、主演二等奖两项、三等奖一项、舞美设计一等奖一项，得到了专家和观众的充分赞扬，在全省此次会演中荣登榜首。

2. 新排和复排了《楚宫恨》、《断密涧》、《陈三两爬堂》、《秋江》、《打渔杀家》、《孔子·杏坛拜师》、《天蓬元帅猪八戒》、《贵妃醉酒》、《秦香莲》、《铡判官》、《白蛇传》（青春版）、《金玉奴》、《海舟过关》、《飞虎山》、《擂鼓战金山》、《红楼二尤》、《壮别》、《赚历城》等 18 出剧目，使湖北省京剧院常演的保留剧目达到 42 台大戏、110 台折子戏。

3. 为了剧目人才的流传和留存档案、史料的需要，完成了《秦香莲》《楚宫恨》《王小蝉演出剧目集锦》《贵妃醉酒》《赚历城》等几台剧目的录像制碟工作。

2011 年

1. 革命历史题材、原创现代大型京剧《贺龙——1950》经加工、修改、排练后两度立于舞台，演出效果颇佳，各方好评不断，并荣获了湖北省第九届楚天文华大奖，作为备选剧目入围第六届中国京剧艺术节。

2. 创作演出了大型原创京剧《建安轶事》，该剧由著名剧作家罗怀臻编剧，特邀著名导演曹其敬、著名音乐唱腔设计朱绍玉、著名灯光设计师邢辛、著名昆曲表演艺术家胡锦芳等一批国内知名艺术家组成创作班子。由剧院两个年轻的 80 后演员万晓慧、王铭担纲主演，一级演员尹章旭、江峰、易艳等助演，该剧情节扣人心弦、舞美华丽炫目、表演

细腻动情、音乐大气磅礴，是一部不可多得的佳作，在11月第6届中国京剧艺术节上荣获一等奖第一名。

3. 2010年至2011年连续两年，为湖北省政协新创排了一台京剧中秋晚会，此台晚会分别赴大型厂矿、企事业单位演出，反响强烈，收效甚好，在普及弘扬国粹的同时，取得了社会效益与经济效益的双丰收。

4. 新排和复排了《麒麟阁》《反西凉》《大·探·二》《勘玉钏》《白水滩》《赵家楼》《金沙滩》《金刀阵》《穆柯寨》《起步问探》《罗成》等10余出剧目。

2012年

1. 创作排演的大型原创京剧《建安轶事》继续进行创作修改，4月赴北京巡演，8月又应邀赴北京参加全国优秀剧目展演，11月参加上海国际艺术节演出，受到广泛赞誉。12月与湖北交响乐团合作，运用《建安轶事》所特有的声腔优势，将京剧与交响乐结合、传统与现代结合，打造了一台大型京剧《建安轶事》交响乐音乐会，这是传统京剧唱腔与西方交响乐结合的一次突破，受到了观众的喜爱和好评。

2. 创作排演了原创京剧《青藤狂士》，该剧是著名作家郑怀兴经过20多年的艺术构思创作的新编历史剧。描述的是明代畸人怪才、杰出文学家、艺术家徐渭奇特坎坷的一生。该剧聚集了强大的创作阵容，除了著名编剧郑怀兴外，剧院著名导演、文华导演奖得主欧阳明担当导演，另外还有著名作曲和唱腔设计朱绍玉，著名舞美设计、中央戏剧学院教授刘杏林，著名灯光设计、中央戏剧学院教授胡耀辉，著名服装造型设计彭丁煌加盟创作，梅花奖获得者王小蝉饰演徐渭，剧院著名中青年演员甘当配演。《青藤狂士》于8月21日晚在京韵大舞台举行首演并取得圆满成功。10月份参加首届湖北艺术节获得楚天文华大奖。这是继《建安轶事》之后湖北省京剧院精品创作工作取得的又一阶段性成果。

3. 新排和复排了《铁笼山》《状元媒》《徐策跑城》《盗银壶》《黄金台》《洛神》《太真外传》《斩经堂》《贺后骂殿》《长坂坡·汉津口》《一箭仇》《洪母骂畴》《别窑》《辕门斩子》等十多台优秀传统剧目。

2013年

8月至10月，剧院集中时间、集中人力再次对原创新编历史剧《建安轶事》进行加工、修改，按照"微调、精排、提高"的原则精心打磨。在第10届中国艺术节、第14届文华奖颁奖典礼上，《建安轶事》摘得文华大奖及优秀表演奖（万晓慧）、文华剧作奖、文华音乐创作奖等三个单项奖。这也是湖北省京剧院继《法门众生相》之后第二次捧得文华大奖，标志着湖北省京剧院在新的时期，创作的又一新的高峰。专家评价此剧"很完整、很成熟、很流畅、水准很高"。此外，《建安轶事》入选2011-2012年度国家舞台艺术精品工程重点资助剧目。这是继《膏药章》之后，湖北省京剧院第二次获此殊荣。

2014年

1. 完成京剧现代戏《青山作证》的剧本。

2. 为备战第7届中国京剧艺术节，剧院对新编历史剧《青藤狂士》进行深度加工和排练，在保持原来人物、情节大的框架基础上，对剧本进行了大胆的修改和重新创作排练，在充分展示奚派艺术特色的同时，重点增加了人物冲突，细节的刻画，语言的提炼，力求在保持艺术性的同时，增强可看性和娱乐性。经过再次修改重排的原创历史剧《青藤狂士》以全新的面貌重新立于舞台。

3. 新创作排演了新编传统京剧《楚汉春秋》。该剧由朱世慧担任艺术总监，特邀国家一级导演宋强担任编导，特邀中国戏曲学院教授逯兴才担任艺术顾问，特邀著名戏曲音乐家朱绍玉担任作曲、配器，一级舞美设计师田少鹏担任舞美设计，特邀上海戏剧学院教授伊天夫担任灯光设计。该剧不断修改、整理、打磨，为备战京剧节，多次召集主创人员开会，调整剧本、细节设计等，光剧本修改历经了32稿。第7届中国京剧节上，《楚汉春秋》唱响天津。两场演出全场爆满。19日晚，中央电视台戏曲频道对该剧进行了现场直播。20日上午，京剧节组委会召开的"七京节"剧目评论会，各位专家、领导对《楚汉春秋》的演出给予了高度赞誉。

4. 排练和演出传统剧目，新排和复排了《连环套》《御碑亭》《锁麟囊》《龙凤呈祥》《四郎探母》《宇宙锋》《珠帘寨》《红鬃烈马》《伍子胥》《汉明妃》《逍遥津》《秦香莲》《大·探·二》《铡判官》《状元媒》《胭脂宝褶》《吕布与貂蝉》《凤还巢》《取洛阳·白蟒台》，加上年末名师传授并演出的《哭秦廷》《碧玉簪》等优秀传统剧目，以及《打焦赞》《拾玉镯》《三岔口》《徐策跑城》《访鼠测字》《春闺梦》《洗浮山》《小商河》《打侄上坟》《柜中缘》《行路训子》《凤凰岭》等传统折子戏。

2016年

1. 恢复排练并上演《杨门女将》《古城会·斩蔡阳》《状元媒·宫中》《太真外传》《徐策跑城》《龙凤呈祥》《老黄请医》《审头刺汤》《截江夺斗》《林冲夜奔》《罢宴》《望江亭》《起解》《辕门斩子》《痴梦》《雅观楼》《痴梦》《岳母刺字》《战宛城·思春》《翠屏山》《贵妃醉酒》《斩黄袍》《扈家庄》《九更天》《蒋平捞印》《锁麟囊·春秋亭》《奇双会》《泗州城》《搜孤救孤》《一箭仇》《周仁献嫂》等传统剧目和上演新编剧目《楚汉春秋》《建安轶事》《青藤狂士》等，不断丰富演出戏码。

2. 特邀著名导演孙桂元排演经典剧目《杨门女将》，该剧由优秀青年演员担纲主演，阵容强大，此次复排强化了武戏，在道具、布景上进行改良增添了观赏性，展现了剧院的武戏实力，是国家京剧院与湖北省京剧院结对共建促发展的重要举措。

3. 特邀著名编剧姜朝皋为剧院创作反腐倡廉题材的大型现代戏《楚天红梅》，多次召开研讨会听取专家意见。

2017年

1. 创作现代反腐题材京剧《在路上》，该剧以党的十八大精神和党风廉政建设思想为指引，树立了一位忠诚、干净、有担当的新时代纪委干部形象，展现主人公的付出、奉献、牺牲精神，具有警示性和教育意义。该剧由著名编剧姜朝皋、著名导演曹其敬、著名作曲家朱绍玉等强大班底联合创作，剧本历时二年7稿，终于2017年5月立上舞台并进行了首演，此剧一经上演就引起社会各界广泛关注，截止11月中旬，该剧省内、省外共演出25场。5月南京第8届中国京剧艺术节剧评会上，专家组给予充分肯定，剧院随后广泛搜集各方建议，于8月集结所有主创人员和全体演员进行二次大规模修改打磨，随后进京在梅兰芳大剧院展演、省内九地20天展演，均受到一致好评，并应邀在中央党校进行演出，反响强烈。

2. 重点复排了保留经典名剧《三打祝家庄》，并恢复排练上演了《包龙图》《金水桥》《楚汉春秋》等传统戏。

2018年

1. 恢复整理了经典传统剧目《借赵云》，由著名京剧表演艺术家叶少兰老师亲授，剧院叶派小生王铭饰演赵云一角。该剧也是中国京剧艺

术基金会"京剧艺术传承与保护工程"资助项目，于 10 月 12 日在京韵大舞台完成了汇报演出并通过了中国京剧艺术基金会的验收。

2. 积极贯彻落实中宣部、湖北省委宣传部、省文化厅的工作安排，投入创作了一台现实题材京剧"大潮中的浪花"系列小戏，由《唢呐声声》《母女情》《战汉江》三个小戏组成，经过数月的认真筹备，于年底立上舞台。

2019 年

1. 打磨修改现实题材小戏《大潮中的浪花》。再次邀请导演陈霖苍、作曲朱绍玉来汉进行二度创作，从剧本、音乐、舞美、角色设置等方面进行全方位的重塑打磨，并参加庆祝中华人民共和国成立 70 周年湖北省优秀戏剧作品展演月闭幕式演出。

2. 按照湖北省委领导关于做好革命题材京剧《革命母亲》（后改名为《连心带》）创作指示要求，自 2019 年初开始，先后组织了三批创作力量进行剧本创作。由于"革命母亲"同类题材创作较多，创新难度较大，加之时间紧任务重，创作存在重重困难，然而剧院始终以高标准、严要求抓好剧目创作，不断打磨剧本，精心组织排练，拟于年底进行首演。

3. 继《在路上》之后，剧院积极响应湖北省纪委监委和省文化和旅游厅安排，筹备创作一台廉政题材京剧小戏。完成了剧本初稿，并根据省纪委监委意见进行修改打磨。

2020 年

1. 在中共湖北省纪律检查委员会、湖北省监察委员会、湖北省委宣传部、湖北省文化和旅游厅的指导和支持下，剧院参与创作的廉政小戏《明心正道看镜鉴》在京韵大舞台完成了首场汇报演出，并于 11 月 5 日圆满完成该剧的全省巡演工作，获得广泛好评，充分发挥京剧催人向上、艺术育人的教化功能，使廉政清风更加深入人心。

2. 继续打磨修改现代京剧《连心带》。该剧是湖北省京剧院以歌颂"英雄母亲"为题材创排的现代戏，2019年底该剧初稿已立上舞台，2020年11月，剧院再次邀请主创人员来汉召开座谈会，并启动二度创排，12月23日，该剧在京韵大舞台成功首演，省内各大媒体对演出进行了现场报道。

3. 剧院《徐九经升官记》《在路上》两部原创京剧入选文化和旅游部庆祝中国共产党成立100周年舞台艺术精品创作工程之"百年百部"传统精品复排计划重点扶持作品，廉政小戏《特别考试》入选"百年百项"小型作品创作计划重点扶持作品。

附录五：湖北省京剧院交流演出情况（2009—2020）

2009年

国（境）外传播交流

应中华人民共和国文化部和日本财团法人都民剧场邀请，赴日本参加在东京举办的纪念中华人民共和国成立60周年暨中日文化协定缔结30周年"2009东京京剧节"，演出京剧《徐九经升官记》。此次演出是文化部和日方指定国家京剧院、北京京剧院、上海京剧院和湖北省京剧院四家国家重点京剧院团集中在东京会演，是一次弘扬国粹、宣传民族艺术、中日文化交流的公益性的大型文化交流活动。

国（境）内传播交流推广

1. 三下乡演出活动。在春节期间赴温州连续演出126场，并于11月份再次赴温州沙城镇参加温州孔庙落成庆典，观众累计达20多万。另赴洪湖、宜昌、咸宁、黄石、云梦等地演出多场，反响强烈。

2. 参加由文化部举办的庆祝中华人民共和国成立60周年献礼演出活动，在北京国家大剧院演出《徐九经升官记》。演出结束后，香港凤凰卫视及中央电视台戏曲频道对该剧进行了专题采访。随后参加在北京梅兰芳大剧院举行的庆祝中华人民共和国成立60周年国家重点京剧院团优秀折子戏展演活动，演出《膏药章》"二公堂"片段及《谢瑶环》"花园"选场，受到一致好评。

3. 开展"弘扬国粹·大学之旅"大型系列活动，相继到武汉大学、华中科技大学、华中农业大学、武汉音乐学院、湖北美术学院、武汉船舶职业技术学院、武汉枫叶国际学校等学校进行了25场演出。

4. 坚持双休日演出。双休日演出成为剧院的品牌栏目，剧院通过低票价，精挑细选精品剧目，不仅保留了固定的中老年观众群，还带动了不少年轻观众欣赏京剧，与京剧爱好者建立了良好的互信关系。

5. "文化惠民，免费看戏"活动。在京韵大舞台连续演出10场优秀传统京剧，取得了令人欣喜的结果。

2010年

国（境）外交流推广

1. 实施文化"走出去"战略，5月携新创整理改编的《赤壁之战》（上、下集）赴日本商演，连续在东京、福冈、名古屋、大阪等各大城市巡演，十几天时间连演20场。

2. 10月，携《秋江》《天蓬元帅猪八戒》《擂鼓战金山》等短小精悍的折子戏赴日本东京、福冈、横滨、京都、福岛、北海道等18个城市演出了22场戏。其中有14场是在日本的大学和中学演出，获得圆满成功。

国（境）内交流推广

1. 为纪念京剧大师张君秋诞辰90周年。北京、天津共同举办京剧名家演唱会、张派剧目专场演出等活动，湖北省京剧院应邀携《楚宫恨》参加。

2. 和湖北楚天都市报联合打造"楚天京韵坊"双休日演出品牌，由于媒体的参与，影响不断扩大。京韵大舞台全年完成演出场次107场。

3. 为传播京剧、普及京剧、加强与京剧爱好者的联系,湖北省京剧院率先在专业院团中创办了湖北中天京剧票社。剧院演出专业人员辅导、协助票社定期开展活动,通过学唱、演唱比赛、交流等各种形式切磋京剧,受到各票社的热烈欢迎。香港最大的票房和名票友也来汉和剧院票社共同举办活动。

2011 年

1. 参加由文化部主办,文化部艺术司承办的 2010 年全国京剧优秀剧目展演活动。在长安大戏院演出了由著名京剧表演艺术家朱世慧领衔主演的新编古典喜剧《徐九经升官记》。演出受到首都专家、观众的一致好评。优秀折子戏专场由一级演员王小蝉、江峰、尹章旭及优秀青年演员万晓慧、谈元、唐恺、郑雪莲等主演,观众对演员的表演和剧院的整体水平给予高度肯定和评价。

2. 陆续在武汉大学、华中科技大学、华中师范大学、中国地质大学、中南财经政法大学、湖北经济学院、武汉音乐学院等高校开展"携手国粹·相约剧场"和"弘扬国粹·大学之旅"系列演出活动,演出达 20 场。事实证明,京剧进校园与大学生亲密接触,是普及京剧艺术,培养和发展新观众的成功实践。

3. 以湖北省京剧院京韵大舞台大、小剧场为基地,坚持双休日演出。双休日演出是"弘扬国粹、培育市场、丰富市民文化生活"的重要舞台,2006 年至今已举行双休日演出 200 余场,平均每年约 40 场。携手楚天都市报共同打造的"楚天京韵坊"双休日演出品牌,继续发挥其影响,目前双休日演出已成为剧院工作的亮点,逐步走向成熟和稳定。

4. 剧院首在专业院团中成立了湖北中天京剧票社,通过学唱、演唱竞赛、交流等多种形式切磋京剧,扩大了京剧的影响,培养了京剧观众。

票社与香港振兴京剧票房举行联谊活动,赴长江三峡及香港互动交流演出。在票社成立一周年庆典演出活动中,日本京剧票友、香港振兴京剧票房纷纷前来参加庆祝演出,湖北省各级领导与省市各票房、京剧爱好者700余人观看了演出。在2011年中央电视台举办的京剧票友大赛中,剧院票社有5名个人社员和1名团体社员进入决赛,成绩斐然。

5. 三下乡演出活动,赴温州、大冶、黄石、黄冈、新洲等地及社区演出达百场之多。《贺新春》《三岔口》《盗库银》《天女散花》《收大鹏》《京剧彩唱》《雁荡山》等剧(节)目,受到了观众们的热烈欢迎。另外,丝宝日化、武汉长江龙公司、武汉凡谷电子公司、工行等企业陆续在剧院包场演出,反响十分热烈,均取得了不错的效果。

2012年

国(境)外交流推广

1. 5月赴马耳他、意大利举行京剧讲座和经典折子戏专场演出。

2. 6月携《建安轶事》赴中国香港参加湖北舞台精品演出周活动。

国(境)内交流推广

1. 携《建安轶事》《大·探·二》《白帝城》赴京演出,在中央党校、梅兰芳大剧院、北京大学连演6场。

2. 《建安轶事》应邀再次赴京参加文化部举办的2012年全国优秀剧目展演。

3. 《建安轶事》应邀赴沪参加第14届上海国际艺术节。

4. 春节期间,剧院将流动舞台车开进东湖开发区豹澥社区、佛祖岭社区、九峰三星苑社区举行"新春京剧社区行"下社区演出活动,受到居民的热烈欢迎。紧接着又赴黄石大冶有色金属集团连演两场《建安轶事》,给工人们带去精品佳作。年底,为了促进湘鄂赣三省文化交流,赴江西瑞昌码头镇朱湖村送戏下乡到村头，5天演出10场，演出了8台大戏、2台折子戏。这是瑞昌演出史上规格最高的一次。

5. 完成"两会"专场演出、新春京剧晚会、纪念"延讲"的湖北省优秀剧目展演月活动启动仪式暨京剧现代戏交响乐演唱会、省十次党代会暨京剧现代戏交响演唱会专场汇报演出、省政协中秋戏曲交响乐演唱会等众多重大演出活动。

6. 全年坚持校园演出，坚持已成为剧院品牌的双休日演出。双休日演出48场、校园演出21场。京韵大小两个剧场全年完成场次97场。

2013年

1. 名剧重获新生，《徐九经升官记》圆满完成全国巡演任务。剧组演职人员辗转河南洛阳，广东深圳、佛山，江西南昌，天津，浙江杭州、绍兴、宁波，重庆等六省九地，连演十五场。此次全国巡演活动把湖北省京剧院再次推向全国，《中国文化报》《洛阳晚报》《河南电视台》《宁波晚报》《天津今晚报》《天津日报》《渤海早报》《湖北日报》《楚天都市报》《楚天金报》都进行了报道，扩大了《徐》剧的影响，让广大观众又一次亲历了精品剧目的艺术魅力，再次认识了湖北省京剧院这一湖北的文化品牌。在《徐九经升官记》巡演过程中，湖北省京剧院与天津京剧院协商并达成共识，湖北省京剧院携《徐九经升官记》赴天津，天津京剧院携同获保留剧目大奖的作品《华子良》来汉，开展了一次两地国家重点京剧院团的交流演出活动。交流演出后，两院还商议了第2届的交流演出事宜。巡演活动搭建了津汉两地的交流艺术平台，将对今后促进两地京剧发展、拓展演出市场、扩大京剧的影响起到积极的推动作用。

2. 通过承办汉口银行迎新春京剧名家名曲名段专场晚会、"决胜2013"武汉石化2013年新春文艺晚会、武汉长江龙文化艺术有限公司专场演出、"谭鑫培大戏楼新春演出季"京剧专场,与武汉市各大企业达成了长期合作,将京剧艺术与企业风采展示相结合,受到企业领导、职工和广大客户的热烈欢迎,目标是开拓演出市场。

3. 剧院完成校园专场演出25场。"弘扬国粹·大学之旅"多次走进华中农业大学、华中科技大学、武汉纺织大学、武汉大学、中南财经政法大学、武汉商学院、中国地质大学、武汉音乐学院等高校,得到学校老师和学生的热烈欢迎和一致好评。

4. 参加"学习贯彻十八大、争创发展新业绩"湖北省优秀剧目优秀美术作品展演月,《徐九经升官记》《建安轶事》《斩经堂》等优秀剧目以及经典折子戏《雁荡山》《盗库银》《辕门斩子》《借东风》等为广大观众带来了高水准的演出,展演月期间共演出17场,观众达到一万多人次。

5. 成功承办2013年春节团拜会文艺演出、2013年湖北省政协各界人士中秋京剧晚会演出。

6. 坚持双休日演出品牌,优秀传统剧目《杨家将》《大·探·二》《勘玉钏》《珠帘寨》《乌龙院》《白蛇传》《斩经堂》《诗文会》《大闹天宫》《失·空·斩》《宇宙锋》《四郎探母》以及新编剧目《徐九经升官记》《建安轶事》等多次上演。

2014年

国(境)外交流推广

赴俄罗斯参加由文化部、湖北省人民政府主办,中国驻俄罗斯大使馆、莫斯科中国文化中心、湖北省文化厅承办的荆楚风·中俄情——湖北文化走进俄罗斯系列文化交流活动。湖北省京剧院演出的京剧专场作为第一炮的重头戏,于2月25日至27日分别在格林卡音乐博物馆、莫斯科中国文化交流中心、普希金造型艺术博物馆连演三场。精选的6出传统优秀文戏片段《游湖借伞》《赤桑镇》《拾玉镯》《访鼠测字》《徐策跑城》《贵妃醉酒》全面展示了代表中国国粹京剧的唱念做舞的艺术手法。当地多家媒体高度关注，著名电视节目主持人现场采访报道。演出获得圆满成功，载誉而归。

国（境）内交流推广

1.联合湖北省文化厅推出2014年京剧进校园演出系列活动，包括"弘扬国粹·大学之旅"、"弘扬国粹·相约剧场"两大板块，分别与武汉大学、华中科技大学、华中农业大学、江汉大学、湖北大学、武汉工程大学、第二炮兵指挥学院、武汉纺织大学、武汉理工大学等高校联合开展形式生动多样的演出活动。并将进校园演出扩大至省内高校，在宜昌三峡大学、黄石湖北师范学院开展京剧知识讲座及表演，进一步在省内高校中普及国粹艺术。

2.积极开展送戏下乡演出，在随州、鄂州、荆州、黄陂、松滋等地演出第2届优秀保留剧目大奖作品《徐九经升官记》、第14届文华大奖剧目《建安轶事》，以及多台优秀经典折子戏，深入基层，惠民演出。

3.在由中国戏剧家协会、湖北省文学艺术界联合会等单位联合主办的"夏之风"东湖戏剧惠民展演周上，演出"优秀青年演员才艺展示专场"以及京剧折子戏专场演出。

4.圆满完成由湖北省文化厅承办的"2014年春节团拜会"和"楚风汉韵花竞艳"第2届湖北地方戏曲艺术节开幕式演出，湖北省戏剧精品剧目展演开幕式暨湖北楚剧之乡福星授牌仪式演出，以及"红色之梦"2014年湖北省政协中秋京剧交响乐晚会，剧院实力得到了很好呈现。

5.积极联系外省市交流演出事宜。应邀赴南京参加南京文化艺术中心承办的2014文化系列活动，在紫金大戏院演出《建安轶事》。作为系列演出中唯一一场京剧，演出受到观众的热烈欢迎。

6. 与同为国家重点京剧院团的天津京剧院继续开展交流演出。由朱世慧院长带队，9月赴天津演出优秀传统剧目《大·探·二》，麒派经典《斩经堂》和高派名剧《逍遥津》，以及《铁笼山》《壮别》《访鼠测字》等经典折子戏。"走马换将"是京剧的优良传统，也是对一个院团实力的考验，在经济上也大大降低了成本。

2016年
国（境）外交流推广

1. 赴韩国首尔参加"荆楚文化走韩国"活动，分别在群山市、议政府市、首尔市演出5场，活动采用展览、讲解、表演相结合的方式，使外国观众更好地领略到了国粹京剧的魅力。

2. 应墨尔本中国戏剧节组委会邀请，剧院携原创剧目《建安轶事》及经典折子戏《坐宫》《访鼠测字》《赤桑镇》《徐策跑城》《壮别》《战马超》参加第8届墨尔本中国戏剧节及在悉尼的交流演出活动，这也是《建安轶事》首次登陆外国，一代才女曲折坎坷的爱情故事征服了在场所有观众。中国驻墨尔本总领事馆代总领事黄国斌上台祝贺道："剧目十分抓人，从头到尾都全神贯注地观看演出。"更有来自内蒙古自治区的观众称"流着泪看完了整场演出，剧情感动人心。"

3. 应邀赴英国参加爱丁堡艺术节之中华文化艺术节，朱世慧院长在中华文化艺术节专题演讲中讲述了中国京剧的发展脉络、艺术特色和表现形式，由裴咏杰、王小蝉、万晓慧等20多名演员献演的折子戏《三岔口》《游湖》《访鼠测字》《霸王别姬》《战马超》为苏格兰人民贡献了精彩纷呈的视听盛宴。《英国华商报》《新华网》《湖北日报》《荆楚网》分别对此次活动进行了报道。

4. 一级演员江峰和优秀青年演员袁婷、杨帆代表剧院赴哈萨克斯坦参加由文化部组织的"感知中国·哈萨克斯坦行"非物质文化遗产展演活动,演出了《天女散花》《泗州城》和《铡美案》经典选段,展现了京剧艺术的独特魅力,受到当地观众的热烈欢迎。

5. 应韩国釜山政府和大邱中国文化院的邀请,剧院再次访韩受到热捧,演出了《三岔口》《游湖》《闹天宫》等经典剧目取得圆满成功。

6. 以朱世慧院长为团长的湖北省京剧院一行47人启程赴日本,在东京、大阪、名古屋等城市演出16场新编京剧《真假美猴王》,赢得日本观众的热烈掌声。

7. 由中国京剧艺术基金会、澳门基金会主办,湖北省京剧院承办的中国京剧艺术团一行57人赴澳门演出。9月4日在澳门粤华中学举行了一场京剧知识导赏讲座,朱世慧院长的精彩讲解结合演员的生动展示,为中学生们介绍了京剧的起源和形成,普及了京剧表演知识。9月5日在澳门永乐戏院上演了京剧折子戏专场。《徐策跑城》《白蛇传·游湖》《十五贯·访鼠测字》《赤桑镇》等优秀传统剧目。

8. 作为"荆楚风·中埃情·湖北文化走埃及"的首场活动,并受文化部委派代表中国参加中智文化交流年巡演,剧院一行26人启程赴埃及、智利演出,为两国观众带来《拾玉镯》《贵妃醉酒》《三岔口》《徐策跑城》等经典剧目,向世界展示中国京剧国粹艺术的魅力。

国(境)内交流推广

1. "深入生活、扎根人民"主题展演活动、2016"我们的中国梦·文化进万家"活动全省巡演,送戏到红安、罗田、竹山、等地社区、福利院、干休所等地,将优秀剧目和精彩演唱送到基层百姓身边。

2. 推进"戏曲进校园"全覆盖活动,共计进校园演出42场。通过京剧传统折子戏专场演出、普及京剧知识专场讲座、院校合作演出、相约剧场等形式将国粹带进了武汉大学、中国地质大学、中南财经政法大学、华中农业大学、华中科技大学、华中师范大学、湖北大学、武汉工程大学、武汉理工大学、武汉纺织大学、水果湖第二中学、水果湖高级中学、水果湖一小等院校，将中国国粹艺术——京剧送到武汉各高校及中小学。剧院每逢双休演出，都会向各大院校推广演出信息，制作精美宣传海报发布在公众号里，并对各大院校的学子们提供福利，凭学生证免费赠票观看演出，让更多院校的师生近距离接触京剧，喜欢京剧。

3. 赴大连进行交流演出，在大连京剧院宏济大舞台演出《群·借·华》《二进宫》《逍遥津》《徐九经升官记》等经典剧目，10月再次赴天津演出，向天津观众献演传统京剧《群·借·华》《秦香莲》和新编传统京剧《楚汉春秋》。12月赴福建演出《群·借·华》《秦香莲》以及《哭灵牌·火烧连营·白帝城》。

4. 携《徐九经升官记》《建安轶事》两部剧目参加"第9届东方名家名剧月"、国家京剧院"致春天"优秀剧目展演活动。

5. 为迎接第11届中华人民共和国艺术节暨纪念京剧艺术大师尚小云先生诞辰115周年，与陕西省京剧院开展"走马换将"交流演出活动，联袂演出了红色经典《智取威虎山》以及传统戏《武家坡》《徐策跑城》《双阳公主》等剧目，为古城人民奉献了精彩的演出。

6. 与国家京剧院合作共建，湖北省京剧院一级主演在汉与国家京剧院京剧名家联袂演出了《红鬃烈马》《四郎探母》《龙凤呈祥》三台经典传统大戏，增加了剧院间交流合作。

7. 为中央电视台"CCTV空中剧院·湖北行"录制了经典剧目《群·借·华》《大·探·二》《奇双会》《秦香莲》及两场折子戏。

2017 年
国（境）外传播交流

1. 赴波兰参加"欢乐春节·波兰行"巡回演出，表演经典折子戏《三岔口》《游街》《天女散花》《大闹天宫》。

2. 赴中国香港参加"2017迎接香港回归20周年京剧专场"演出。

3. 赴新加坡参加"艺满中秋"演出活动。将传统剧目《群·借·华》《秦香莲》《乌龙院》、原创剧目《徐九经升官记》等优秀剧目带到国外，采用展览、讲解、表演相结合的方式，全面展现真实、立体的中华国粹文化。

4. 选派优秀青年演员袁婷赴智利参加中华文化大乐园活动。

国（境）内传播交流推广

1. 积极开拓京剧发展基地，在武汉梨园中心建立京剧传承和发展基地。

2. 完成"空中剧院·湖北行"录制工作，包括空中剧院十五周年"璀璨梨园"系列大型戏曲演唱会和《状元媒》、《白水滩》一折、《斩经堂》等经典剧目录制工作。3场演出老中青三代艺术家全梁上坝，向全国观众充分展现了湖北省京剧院作为国家重点院团的应有实力。

2018年

国（境）外交流推广

1. 受邀派出百余人演出团，赴中国澳门、中国香港参加由中央电视台戏曲频道组织的"2018 CCTV空中剧院港澳行"活动。湖北京剧院成为继京、津、沪京剧院团后，首个将京剧专场演出以空中剧院节目录制形式走进港澳的院团。此次活动加强了内地与港澳戏曲艺术的交流。5月5日至16日，节目在中央电视台戏曲频道《空中剧院》播出。

2. 为纪念中日和平友好条约缔结40周年，6月，由朱世慧院长带队的访日巡演团历时18天，到访东京、名古屋、大阪三座城市，献艺15场，将创作改编的京剧《楚汉春秋》带给日本观众,这也是湖北省京剧院第七次赴日巡演,对促进中日两国人民互信交流具有重要意义。

3.赴美国参加文化部重大文化交流品牌项目"欢乐春节"巡演交流活动,带去经典折子戏《战马超》《双阳公主》《壮别》《泗州城》《三岔口》。

4.赴德国、匈牙利参加省部合作项目"天涯共此时·中秋庆典"系列演出交流活动,通过讲座、服饰和乐器展览的形式,与当地华侨华人共度美好节日,让各国观众了解和喜爱中国的京剧艺术,同时也展现了荆楚文化软实力。

国(境)内交流推广

1.反腐题材现代京剧《在路上》京津沪展演,相继在北京中央党校(国家行政学院)、国家大剧院、天津滨湖剧院、上海云峰剧院进行了5场汇报演出,充分发挥了现代反腐题材京剧对广大党员干部的警示教育意义,完美诠释了坚持"全面从严治党永远在路上"的深刻内涵。中央电视台、《人民日报》、《光明日报》等10余家媒体相继报道演出盛况。

2.红色经典现代京剧《红灯记》助演洛阳"牡丹文化节"。该活动由洛阳市文广新局、洛阳广播电视台主办,在洛阳市会议中心连演两场,场场爆满,在河南人民面前,全面展示了湖北振兴戏曲的丰硕成果。

3.参加由湖北省委宣传部、省文化厅主办的荆楚"红色文艺轻骑兵"——省京剧院京剧名家小分队深入基层,为当地群众献演《赤桑镇》《三岔口》《岳母刺字》等优秀传统剧目和红色经典现代戏《智取威虎山》《红灯记》《沙家浜》选段。在襄阳剧院,朱世慧院长领衔主演的《徐九经升官记》更是为群众送上一台好戏。通过一系列有特色、有创新、有实效、有质量的文化服务、文化惠民活动,打造了新风正气、正能量的、润物无声的纪法宣传教育品牌。

4.京剧进校园活动如火如荼地开展。一批优秀演员、一批优秀剧目

走进武昌区机关幼儿园、广埠屯小学、中国地质大学、中南民族大学、黄石理工学院、武汉晴川学院等大中小学。通过参观图片展、观看日常排练、观摩演员化装、欣赏演出等丰富多彩的活动，力推以高质量的演出态势进一步推进国粹艺术在学生群体中的普及。

2019 年

国（境）外交流推广

应台湾文化艺术发展促进会的邀请，湖北省京剧院一行 80 人在朱世慧院长率领下赴中国台湾开展交流演出，精选的三出优秀保留剧目《徐九经升官记》《白帝城》《乌龙院》展现出京剧艺术的独特魅力，让观众重温了两岸共通的文化背景，增进了同胞情谊，为两岸文化交流谱写了华丽篇章。

国（境）内交流推广

湖北省京剧院与兄弟院团福建京剧院、云南省京剧院、天津京剧院开展交流，通过经典名剧展演，双方互派演员，强强联合，加强院团交流与合作，促进了资源与市场的对接。

2020 年

1. 积极响应湖北省委宣传部、省文化和旅游厅组织的"我们的中国梦文化进万家"——荆楚"红色文艺轻骑兵""与爱同行·惠游湖北"等主题实践活动，走进丹江口市、洪湖市、保康县、竹溪县、通山县、房县等地进行文化惠民和精准扶贫慰问演出，把优秀剧目带到百姓身边，激励群众打赢文化脱贫攻坚战。

2. 疫情期间，湖北省京剧院的演员艺术家们纷纷行动起来。朱世慧率先录制了抗击疫情小视频为武汉加油。该视频在中央电视台、湖北卫视、河南卫视等频道播出，成为抗疫的生动教材。一级演员王小蝉、万晓慧、江峰、易艳及优秀青年演员李衍茂、杨曦、杜玥等录制了京歌，凝神聚气，弘扬正能量，坚定了战胜疫情的决心和信念。

3. 剧院官方微信平台共推出四十四期"经典剧目·在线欣赏"节目，为广大戏迷提供了足不出户、宅家赏戏的机会，为打赢这场没有硝烟的"战疫"贡献文艺力量。

4. 推出"艺术温润心灵"云直播，《秦香莲》《凤还巢》《大·探·二》《清风亭》等经典剧目，一经推出就燃爆云端，好评如潮。其中首场演出《秦香莲》在线观看人数更是多达3.54万人次。通过云端看戏、线上直播这种全新的文艺演出模式，激活了文艺创作活力，为戏曲市场打造更多展示机会。

后 记

经过大半年陆陆续续的写作，书稿即将付梓。提笔写下这最后的文字时，不禁想起自己第一次看朱世慧先生戏的情形。作为一名戏剧编剧，我在找寻京剧优秀剧本案例时发现了《膏药章》的剧本，一读之下立刻被剧中膏药章这个人物所吸引，旋即找来朱先生的演出视频观看。犹记得自己观剧时被朱先生饰演的膏药章所牵引，这个抹着八字胡的小郎中一出场就吸引了我的注意。赞其可爱却又哀其不幸怒其不争，随着剧情的推进，心底渐渐蔓延着无可名状的悲凉，直至看完以后心情还久久不能平复，几天都在回味。真正是达到了让观众"含着泪在笑"。在此之前，我从来也没有想过京剧丑角艺术竟能带给我这样的震撼，竟能把"人""人性"咂摸得那么意味深长。这出悲喜剧至今仍是我最爱的剧目之一，而我也由此走进朱先生的丑角艺术并为之深深折服、敬畏、感佩。

近一年的时间里我反复在朱先生的丑角艺术世界里徜徉，他的几部代表剧目我也找来不同时期的版本反复观看，从唱念做打的技巧看到人物情感，再看到细节，越看越是钦佩。朱先生对人物的把握绝不是大而化之的，而是渗透在每一个细微的动作、方寸之间小的节奏，甚至是一个字的轻重、一个微表情的变化上。其对人物情感的感知敏感而准确，情绪的细节和层次亦给予得充分而清晰，表演中形、神、意始终贯穿，内心始终充盈而没有表演的空白点。麒派老生之气质与丑角之程式样态是如此融洽地糅于一体而被其自如化用，时常令我拍案叫绝。

写朱先生的艺术人生经历，我感叹于人生机缘之奇妙非常，倘若没有其父几次为他做的坚定的人生抉择，抑或没有遇见余笑予等艺术创作道路上志同道合的伙伴，断不能造就如今的他。生命中出现的"贵人"真如十字路口珍贵的引路人，在恰当的时机托举了我们一把，助了我们一程。

写至书的后半程，作为一个京剧爱好者，我又由衷地为能有这样一位爱京剧、懂京剧，爱人才、惜人才，为京剧事业默默地但又脚踏实做事的院团管理者感到何其有幸！何其可贵！振兴、弘扬、传承京剧艺术，是一项极为艰巨而系统的大工程，新时代的京剧工作者真当如朱先生一般，静下心来做一些基础工作，贡献自己的一份力量。

由于写书的缘故，我得以近距离与朱先生交流，聆听朱先生诉说自己的人生经历。朱先生眉目弯弯，为人亲和，但其行为方式却秉承严谨负责的态度。写书期间，有段时间朱先生正为培养徒弟、为丑角艺术的传承发扬而奔忙，但对于我提出的问题，朱先生总是抽出时间认真解答，绝不马虎对待。在核对稿件期间，由于长时间认真伏案看稿，先生陈年腰伤复发，但仍挂心于我的稿件进度，令我十分感佩。

尽管本书对朱先生的人生历程与代表性剧目有所论及，但限于篇幅和体例，原本设想的一些内容还未纳入，期寄以后有机会再深入续作。像朱先生这样具有代表性的艺术大家，需要有识之士进一步对其艺术实践与艺术经验进行系统梳理和全面总结，与音像资料互为参证，为后人留下学习、研究的宝贵资料。

写作的过程得到多方人士的帮助与关心。感谢朱世慧先生对我的不吝赐教，感谢朱先生的徒弟们对我书稿内容的补充与帮助。感谢我的爱

人张正贵，没有他在精神和写作上给予我的支撑与协助，我是完成不了这项工作的。特别要感谢当时已 103 岁的郭汉城老先生为本书写序，先生对京剧事业的热忱令人钦佩！祈愿读者方家的批评指正。

陆 蕾
2024 年 5 月于北京